本丛书属于国家社科基金重大项目
　　——梵文研究及人才队伍建设

梵汉佛经对勘丛书

梵汉对勘
唯识论三种

黄宝生 译注

中国社会科学出版社

图书在版编目(CIP)数据

梵汉对勘唯识论三种/黄宝生译注.—北京：中国社会科学出版社，2017.10（2025.3重印）

（梵汉佛经对勘丛书）

ISBN 978-7-5203-1014-7

Ⅰ.①梵… Ⅱ.①黄… Ⅲ.①唯识宗—宗教经典—校勘 Ⅳ.①B946.3

中国版本图书馆 CIP 数据核字（2017）第 229912 号

出 版 人	赵剑英
责任编辑	史慕鸿
特约编辑	郑国栋　常　蕾
责任校对	朱妍洁
责任印制	戴　宽

出　　版	中国社会科学出版社
社　　址	北京鼓楼西大街甲 158 号
邮　　编	100720
网　　址	http://www.csspw.cn
发 行 部	010-84083685
门 市 部	010-84029450
经　　销	新华书店及其他书店

印刷装订	北京君升印刷有限公司
版　　次	2017 年 10 月第 1 版
印　　次	2025 年 3 月第 4 次印刷
开　　本	710×1000　1/16
印　　张	20.5
字　　数	266 千字
定　　价	96.00 元

凡购买中国社会科学出版社图书，如有质量问题请与本社营销中心联系调换

电话：010-84083683

版权所有　侵权必究

《梵汉佛经对勘丛书》总序

印度佛教自两汉之际传入中国，译经活动也随之开始。相传摄摩腾和竺法兰所译《四十二章经》是中国的第一部汉译佛经。这样，汉译佛经活动始于东汉，持续至宋代，历时千余年。同样，印度佛教自七世纪传入中国藏族地区，藏译佛经活动始于松赞干布时期，持续至十七世纪，也历时千余年。据赵朴初先生的说法，汉译佛经共有"一千六百九十余部"，而藏译佛经共有"五千九百余种"。[①] 中国的佛教译经活动历时之久，译本数量之多，而且以写本和雕版印刷的传承方式保存至今，堪称世界古代文化交流史上的一大奇观。

印度佛教在中国文化土壤中扎下根，长期与中国文化交流融合，已经成为中国传统文化的有机组成部分。就汉文化而言，最终形成的传统文化是以儒家为主干的儒道释文化复合体。汉译佛经和中国古代高僧的佛学著述合称汉文大藏经。它们与儒家典籍和道藏共同成为中华民族的宝贵文化遗产。为了更好地继承和利用文化遗产，我们必须依循时代发展，不断对这些文献资料进行整理和研究。儒家典籍在中国古代文献整理和研究中始终是强项，自不待言。相比之下，佛教典籍自近代以来，学术界重视不够，已经逐渐成为中国古代文献整理和研究中的薄弱环节。

---

① 赵朴初：《佛教常识答问》，上海辞书出版社2009年版，第147、150页。另据吕澂著《新编汉文大藏经》目录，汉译佛经有一千五百零四部。关于汉译和藏译佛经的数量迄今未有确切的统计数字。

二十世纪五十至七十年代，中国台湾地区编辑的《中华大藏经》是迄今为止汇集经文数量最多的一部汉文大藏经。其后，八九十年代，中国大陆地区也着手编辑《中华大藏经》，已经出版了"正编"。这部大陆版《中华大藏经》（正编）以《赵城金藏》为基础，以另外八种汉文大藏经为校本，在每卷经文后面列出"校勘记"。可惜，这部《中华大藏经》的编辑只完成了一半，也就是它的"续编"还有待时日。这种收集经文完备又附有"校勘记"的新编汉文大藏经能为汉传佛教文献的整理和研究奠定坚实的基础。在此基础上，可以进一步开展标点和注释工作。

与汉文大藏经的总量相比，出自现代中国学者之手的汉文佛经的标点本和注释本数量十分有限。为何这两种《中华大藏经》都采取影印本，而不同时进行标点工作？就是因为标点工作的前期积累太少，目前还没有条件全面进行。而对于中国现代学术来说，古籍整理中的标点和注释工作也是不可或缺的。因此，有计划地对汉文佛经进行标点和注释的工作应该提到日程上来。唯有这项工作有了相当的成果，并在工作实践中造就了一批人才，《中华大藏经》的标点工作才有希望全面展开。

对于佛经标点和注释的人才，素质要求其实是很高的：既要熟谙古代汉语，又要通晓佛学。同时，我们还应该注意到，在汉文大藏经中，汉译佛经的数量占据一多半。而汉译佛经大多译自梵文，因此，从事佛经标点和注释，具备一些梵文知识也是必要的。此外，有一些佛经还保存有梵文原典，那么，采用梵汉对勘的方法必然对这些汉译佛经的标点和注释大有裨益。这就需要通晓梵文的人才参与其中了。

过去国内有些佛教学者认为留存于世的梵文佛经数量很少，对汉文大藏经的校勘能起到的作用有限。而实际情况并非这么简单。自十九世纪以来，西方和印度学者发掘和整理梵文佛经抄本的工作持续至今。当代中国学者也开始重视西藏地区的梵文佛经抄本的发掘和整理。由于这些抄本分散收藏在各个国家和地区，目前没有确切的统计数字。虽然不能说所有的汉译佛经都能找到相应的梵文原典，实际上也不可能做到这样，但其数量仍然十分可观，超乎人们以往的想象。例如，在汉译佛经中占据庞大篇幅的《般若经》，其梵文原典《十万颂般若经》、《二万五千颂般若经》和《八千颂般若经》等均有完整的抄本。又如，印度出版的《梵文佛经丛刊》（Buddhist Sanskrit Texts）收有三十多种梵文佛经校刊本。其中与汉译佛经对应的梵文原典有《神通游戏》（《方广大庄严经》）、《三昧王经》（《月灯三昧经》）、《入楞伽经》、《华严经》、《妙法莲华经》、《十地经》、《金光明经》、《菩萨学集》（《大乘集菩萨学论》）、《入菩提行论》、《中论》、《经庄严论》（《大乘庄严经论》）、《根本说一切有部毗奈耶》、《阿弥陀经》、《庄严宝王经》、《护国菩萨经》、《稻秆经》、《悲华经》、《撰集百缘经》、《佛所行赞》、《如来秘密经》（《一切如来金刚三业最上秘密大教王经》）和《文殊师利根本仪轨经》等。此外，诸如《金刚经》、《维摩诘经》、《阿毗达磨俱舍论》、《因明入正理论》和《辩中边论》等这样一些重要的汉译佛经也都已经有梵文校刊本。因此，对于梵汉佛经对勘在汉文佛教文献整理和研究中的学术价值不可低估，相反，应该予以高度重视。

其实，梵汉佛经对勘不仅有助于汉文佛教文献的整理，也有助于梵文佛经抄本的整理。梵文佛经抄本整理的主要成果是编订校刊本。因为梵文佛经抄本在传抄过程中，必定会产生或多或少的文字脱误或变异。这需要依据多种抄本进行校勘，确定正确的或可取的读法，加以订正。除了利用同一佛经的多种梵文抄本进行校勘外，还可以利用同一佛经的平行译本进行对勘。尤其是在有的梵文佛经只有一个抄本的情况下，利用平行译本进行对勘就显得更为重要。正是这个原因，长期以来，西方、印度和日本学者在编订梵文佛经校刊本时，都十分重视利用梵文佛经的汉译本和藏译本。但对于西方学者来说，掌握古代汉语比较困难，因此，从发展趋势看，他们越来越倚重藏译本。相比之下，日本学者在利用汉译本方面做得更好。

近一百多年来，国际佛教学术界已经出版了不少梵文佛经校刊本，同时也出版了完整的巴利文三藏校刊本。这些校刊本为佛教研究提供了方便。学者们依据这些校刊本从事翻译和各种专题研究。在此基础上，撰写了大量的印度佛教论著和多种印度佛教史。如果没有这些校刊本，这些学术成果的产生是不可设想的。这从这些著作中引用的梵文佛经校刊本及其现代语言（英语、法语或日语）译本资料便可见出。同时，我们也应该注意到，有些重要佛经缺乏梵文原典，西方学者还依据汉译佛经转译成西方文字，如英译《佛所行赞》（梵文原典缺失后半）、《胜鬘师子吼一乘大方便方广经》，德译和英译《维摩诘经》（译于梵文原典发现前），法译《成唯识论》、《大智度论》、《摄大乘论》、《那先比丘经》，等等。又鉴于印度古代缺少历史文献，他们也先后将法显的《佛国记》、玄奘的《大唐西域记》、慧立和彦悰的《大慈恩寺三藏法师传》、义净的《大唐西域求法高僧传》和《南海寄归内法传》译成英文或法文。这些都说明国际佛教学术界对汉文佛教文献的高度重视。只是限于通晓古代汉语的佛教学者终究不多，他们对汉文佛教文献的利用还远不充分。

而中国学术界直至二十世纪上半叶，才注意到国际上利用梵文佛经原典研究佛教的"新潮流"。引进这种"新潮流",利用梵文佛经原典研究与佛教相关的中国古代文献的先驱者是陈寅恪、汤用彤、季羡林和吕澂等先生。然而,当时国内缺少梵文人才,后继乏人。时光荏苒,到了近二三十年,才渐渐出现转机。因为国内已有一批青年学子在学习梵文后,有志于利用梵文从事佛教研究。这条研究道路在中国具有开拓性,研究者必定会备尝艰辛,但只要有锲而不舍的精神,前景是充满希望的。

利用梵文从事佛教研究的方法和途径多种多样,研究者完全可以依据自己的学术兴趣和专长选择研究领域。而梵汉佛经对勘研究应该是其中的一个重要选项。这项研究的学术价值至少体现在以下几个方面:

一、有助于读解汉译佛经。现代读者读解汉译佛经的难度既表现在义理上,也表现在语言上。佛教义理体现印度古代思维方式。尤其是大乘佛教的中观和唯识,更是体现印度古代哲学思辨方式。它们有别于中国传统的理论思维形态。而汉译佛经的语言对于现代读者,不仅有古今汉语的隔阂,还有佛经汉译受梵文影响而产生不同程度的变异,更增添一层读解难度。然而,通过梵汉佛经对勘,则可以针对汉译佛经中义理和语言两方面的读解难点,用现代汉语予以疏通和阐释。

二、有助于读解梵文佛经。佛教于十二世纪在印度本土消亡,佛经抄本大量散失,佛教学术也随之中断。近代以来,随着国际印度学的兴起,学者们重视发掘佛经原典,先后在尼泊尔和克什米尔等地,尤其是在中国西藏地区发现了数量可观的梵文佛经抄本。这样,印度佛教文献研究成了一门"新兴学科"。由于佛教学术在印度本土已经中断数百年之久，对于印度或西方学者来说，梵文佛经的读解也是印度古代文献研究中的一个难点。这与汉文佛教文献在现代中国古代文献研究中的情况类似。仅以梵文词典为例，著名的M.威廉斯的《梵英词典》和V. S.阿伯代的《实用梵英词典》基本上没有收入佛教词汇。因此，才会有后来出现的F.埃杰顿的《佛教混合梵语语法和词典》和荻原云来的《梵和大辞典》。尤其是《梵和大辞典》，充分利用了梵汉佛经对勘的成果。

现存的所有梵文佛经抄本都会存在或多或少的文字错乱或讹误，已经编订出版的校刊本也未必都能彻底予以纠正。校刊本质量的高低既取决于校刊者本人的学术造诣，也取决于所掌握抄本的数量和质量。同时，佛教梵语受方言俗语影响，在词汇、惯用语和句法上与古典梵语存在一些差异，以及经文中对一些义理的深邃思辨，都会形成梵文佛经读解中的难点。而梵汉佛经对勘能为扫除梵文佛经中的种种文字障碍，提供另一条有效途径。毫无疑问，在利用汉译佛经资料方面，中国学者具有得天独厚的优势。如果我们能在梵汉佛经对勘研究方面多做一些工作，也是对国际佛教学术作出应有的贡献。

三、有助于佛教汉语研究。现在国内汉语学界已经基本达成一个共识，即认为佛经汉语是中国古代汉语中的一个特殊类型。有的学者仿照"佛教混合梵语"（Buddhist Hybrid Sanskrit）的称谓，将它命名为"佛教混合汉语"。而时下比较简便的称谓则是"佛教汉语"。梵文佛经使用的语言在总体上属于通俗梵语，这是由佛教的口头传承方式决定的。而这种通俗梵语中含有佛教的种种特定词语，也夹杂有俗语语法成分，尤其是在经文的偈颂部分，因此，明显有别于传统的梵语。同样，汉译佛经受梵文佛经影响，主要采用白话文体，较多采用口语用词。同时，在构词、词义、语法和句式上也受梵文影响，语言形态发生一些变异，有别于传统的汉语。这些特殊的语言现象需要汉语学者认真研究和诠释。近二三十年中，佛教汉语研究已成为一门"显学"。日本学者辛嶋静志和中国学者朱庆之是这个领域中的代表人物。

尽管国内佛教汉语研究已经取得了不少成绩，但研究队伍中存在一个明显的缺陷，也就是通晓梵语的学者很少。如果通晓梵语，直接运用梵汉佛经对勘研究的方法，就会方便得多，避免一些不必要的暗中摸索和无端臆测。辛嶋静志能在这个领域中取得大家公认的学术成就，是与他具备多方面的语言和知识学养分不开的，尤其是直接运用梵汉佛经对勘研究的方法。这是值得国内从事佛教汉语研究的年青一代学者效仿的。希望在不久的将来，中国学者能在大量的梵汉佛经对勘研究的基础上，编出佛教汉语语法和词典。这样，不仅拓展和充实了中国汉语史，也能为现代学者阅读和研究汉文佛经提供方便实用的语言工具书。

四、有助于中国佛经翻译史研究。中国无论在古代或现代，都无愧为世界上的"翻译大国"。在浩瀚的汉文大藏经中，不仅保存有大量的汉译佛经，也保存有许多佛经翻译史料。现代学者经常依据这些史料撰写佛经翻译史论。但是，佛经翻译史研究若要进一步深入的话，也有赖于梵汉佛经对勘研究的展开。因为佛经翻译史中的一些重要论题，诸如佛经原文的文体和风格，翻译的方法和技巧，译文的质量，只有通过具体的梵汉佛经对勘研究，才会有比较切实的体认。在这样的基础上撰写佛经翻译史论，就能更加准确地把握和运用古代史料，并提供更多的实例，增添更多的新意。

鉴于上述学术理念，我们决定编辑出版《梵汉佛经对勘丛书》，由国内有志于从事梵汉佛经对勘的学者分工协作完成。这是一个长期计划，完成一部，出版一部，不追求一时的速度和数量。每部对勘著作的内容主要是提供梵文佛经的现代汉语今译，对梵文佛经和古代汉译进行对勘，作出注释。

其中，梵文佛经原文选用现已出版的校刊本。若有两个或两个以上校刊本，则选定一个校刊本作为底本，其他的校刊本用作参考。若有其他未经校勘的抄本，也可用作参考。而如果对勘者通晓藏文，也可将藏译本用作参考。当然，我们的主要任务是进行梵汉佛经对勘，而不是编订校刊本。因为编订校刊本是一项专门的工作，需要独立进行。编订校刊本的本意是为研究提供方便。前人已经编订出版的校刊本我们不应该"束之高阁"，而应该充分加以利用。在学术研究中，凡事不可能，也无必要从头做起，否则，就可能永远在原地踏步。正因为前人已经编订出版了不少梵文佛经校刊本，我们今天才有可能编辑出版《梵汉佛经对勘丛书》。而且，我们的梵汉佛经对勘研究也能在一定程度上起到改善前人校勘成果的作用。这也是我们对勘成果的一个组成部分。

梵汉佛经对勘的版面格式是将梵文佛经原文按照自然段落排列，依次附上相应段落的现代汉语今译和古代汉译。古代汉译若有多种译本，则选取其中在古代最通行和最接近现存梵本的译本一至两种，其他译本可依据对勘需要用作参考。现代汉语今译指依据梵文佛经原文提供的新译。为何要提供现代汉语今译呢？因为这样便于同行们检验或核实对勘者对原文的读解是否正确。如果读解本身有误或出现偏差，势必会影响对勘的学术价值。另外，国内利用汉译佛经从事相关研究的学者大多不通晓梵文，或者只是掌握一些梵文基础知识，尚未达到读解原典的程度。那么，我们提供的现代汉语今译可以供他们参考，为他们的研究助一臂之力。

　　实际上，现代汉语今译本身也是对勘成果的重要体现。因为梵文佛经原文中的一些疑点或难点往往可以通过对勘加以解决。如果有的疑点或难点一时解决不了，我们可以暂不译出，或者提供参考译文，并在注释中注明。确实，如果我们能正确读解梵文佛经原文，并提供比较准确的现代汉语今译，便会对古代汉译佛经中一些文字晦涩或意义难解之处产生豁然开朗的感觉。通过梵汉佛经对勘，帮助读解梵文佛经和汉译佛经，这正是我们的工作目的。

　　对勘注释主要包括这几个方面：

　　一、订正梵文佛经校刊本和汉译佛经中的文字讹误或提供可能的合理读法。

　　二、指出梵文佛经与汉译佛经的文字差异之处。

　　三、指出汉译佛经中的误译之处。

　　四、疏通汉译佛经中的文字晦涩之处。

　　五、诠释梵文佛经和汉译佛经中的一些特殊词语。

　　由于我们已经提供了现代汉语今译，也就不需要逐句作出对勘说明，而可以依据实际需要，有重点和有选择地进行对勘注释。

　　同时，利用这次梵汉佛经对勘的机会，我们也对古代汉译佛经进行标点。梵文和古代汉语一样，没有现代形式的标点。但梵文在散文文体中，用符号 | 表示一句结束，‖ 表示一个段落结束；在诗体中，用符号 | 表示半颂结束，‖ 表示一颂结束。这样，参考梵文佛经，尤其是依靠读通句义，便有助于汉译佛经的标点。但古代汉语的行文毕竟具有自身的特点，不可能完全依据梵文原文进行标点。我们的标点

也只是提供一个初步的样本，留待以后听取批评意见，加以完善。

以上是对《梵汉佛经对勘丛书》的基本学术设想。在实际工作中，对勘者可以根据自己的学术专长，在某些方面有所侧重。我们的共同宗旨是对中国古代佛教文献的整理和研究作出各自的创造性贡献。

千里之行，始于足下。不管前面的道路怎样艰难曲折，让我们现在就起步，登上征途吧！

黄宝生

2010 年 5 月 12 日

目　录

导言 1

辩中边论 1

    第一　相品 3

    第二　障碍品 42

    第三　真实品 70

    第四　修习对治、分位和得果品 112

    第五　无上乘品 143

唯识二十颂释 197

唯识三十颂 273

导　言

一

　　印度原始佛教经由部派佛教发展成大乘佛教，体现佛教义理不断演变的过程。大乘义理主要表现为空论、中观学和唯识学。其中，唯识学是大乘义理的集大成者，或者说，是大乘义理的终结者。

　　佛教义理的演变自有它的内在逻辑，实际是佛教不断应对各种理论挑战，而适应社会现实需要，因为印度佛教的存在和发展离不开印度宗教文化的大环境。

　　在印度古代社会，婆罗门教始终占据主流地位。佛教产生于印度吠陀时代末期。当时，吠陀时代的婆罗门教已经不能适应社会发展，故而在婆罗门教内部出现思想革新的奥义书哲学，还有与奥义书哲学并存的瑜伽和数论哲学。同时，在社会上出现强大的沙门思潮。其中的佛教、耆那教和顺世论都是直接抗衡婆罗门教的宗派。

　　据佛经中的佛陀传记记载，佛陀释迦牟尼最初出家求道，所拜的第一位老师是阿罗逻（巴利语 Āḷāra，梵语 Ārāḍa）。阿罗逻向他传授的就是数论哲学，并教他修习禅定，由初禅、二禅、三禅、四禅而达到"非想非非想处"。而释迦牟尼认为只要有"我"存在，就不能摆脱生死轮回，真正获得解脱①。后来，释迦牟尼独自在菩提树下修禅，证得十二缘起而获得解脱之道。

佛陀的基本教义是四圣谛和八正道。其中的重要义理是缘起说和无我说。人世一切皆苦，苦的原因是以无明为起始的十二缘起，故而通过修行八正道，灭除贪瞋痴，灭除十二缘起，便能达到涅槃，获得解脱。同时，依据缘起说，人由色、受、想、行、识五蕴和合而成，并不存在所谓"我"这个实体。因此，应该克服"我执"，摒弃"我和我的"这类观念。

"我"（巴利语 attan，梵语 ātman）这个词在印度古代通常有三种用法：一、用作第一人称反身代词；二、指称人的个体存在，即由精神和物质构成的个人实体；三、指称超越个人实体的绝对存在，即永恒存在的个体自我（或称"原人"，puruṣa）和至高自我（即"梵"，brahman，或称"至高原人"）。

佛陀的"无我说"既否定永恒存在的个体自我和主宰宇宙的终极本体梵，也否定五蕴和合而成的个人实体。然而，这里有个理论问题需要解决，即生死轮回的主体是什么？因为生死轮回是印度古代几乎所有宗教哲学派别的共识，也是佛教理论的重要基石之一。婆罗门教六派哲学（数论、瑜伽、正理、胜论、弥曼差和吠檀多）都确认个体自我（或称"灵魂"）永恒存在，是轮回转生的主体。而佛陀虽然否定婆罗门教的"自我"说，例如："从此世至彼世，从彼世至此世，彼一切非我有，我非彼有，亦非是神。"（《中阿含经》卷五十四《大品阿梨吒经》）有比丘认为五蕴中的识"往生不更异"，佛陀同样予以否定："识因缘故起，识有缘则生，无缘则灭。"（同上，《大品嗏啼经》）

---

① 参阅《佛所行赞》阿罗蓝郁头蓝品第十二、《佛本行经》不然阿兰品第十五、《过去现在因果经》卷第三和《佛本行集经》卷第二十二。

但对于轮回转生的主体究竟是什么，佛陀没有作出明确的回答。

这样，佛教内部依然会对这个问题进行思考。虽然佛陀否定识是永恒的实体，但将识视为轮回转生的主体，可能始终是小乘佛教内部的一个重要取向。例如，巴利语三藏注释家觉音（Buddhaghoṣa）在《清净道论》（Visuddhimagga）中指出："因为前面的识的死亡故名为死，而后面的识于他有结生故名为结生。"这里所说识有生有灭，符合佛陀的缘起说。但觉音又指出，这里的前识和后识"不一又不异"，类似"牛乳和酪"的关系①。总之，是认为识在人的轮回转生中起着重要作用。实际上，在佛经中也有直接以识作为轮回转生主体的描写。例如，《药师琉璃光王经》（Bhaiṣajyaguruvaidūryaprabharājasūtram）中描写众生死亡时，阎摩差吏前来捉拿，将众生的识（vijñāna）带到法王阎摩面前②。

由于佛陀的原始教导中，对"人无我"的论述比较充分，因此，佛教始终坚持"人无我"的学说，绝不认同婆罗门教的"自我"学说。同时，对轮回转生主体问题继续进行思考和探索。

在部派佛教时期，各部派对轮回转生主体提出各自的主张。犊子部认为是"补特伽罗，非即蕴离蕴"，因为"诸法若离补特伽罗，无从前世转至后世。依补特伽罗，可说有移转"③。而大众部认为是"根

---

① 参阅觉音《清净道论》（叶均译），中国佛教协会，第517页。
② 参阅《梵语佛经读本》，中国社会科学出版社2014年版，第148页。隋达摩笈多译《佛说药师如来本愿经》、唐玄奘译《药师琉璃光如来本愿功德经》和唐义净译《药师琉璃光七佛本愿功德经》中都将这个vijñāna（"识"）译为"神识"。这里可以顺便提及，在昙无谶译《佛所行赞》中，也将婆罗门教确认的轮回转生主体ātman（"自我"）一词译为"神识"。在一定程度上说明这两者之间暗含的相通之处。参阅《梵汉对勘佛所行赞》，中国社会科学出版社2015年版，第252页。
③ 参阅玄奘译《异部宗轮论》。

本识",上座部认为是"有分识",化地部认为是"穷生死蕴",说一切有部认为是"阿赖耶"①。就这样,众说纷纭,尚未达成共识。

除了"人无我",原始佛教还留下一个需要探讨的问题,即"法无我"的问题。在佛陀的原始教导中,也提到"一切法无我"(sabbe dhammā anattā)②,但对此论题没有充分展开。

在部派佛教时期,说一切有部提出"三世实有,法体恒有"的主张。通常提到有四大论师:法救认为"诸法于世转时,由类有异,非体有异"。妙音认为"由相有异,非体有异"。世友认为"由位有异,非体有异"。觉天认为"前后相待,立名有异",非体有异③。这里是阐述诸法三世实有,虽然它们在过去世、现在世和未来世,类别、形相、位置、作用或立名有差异,但法体恒有,犹如金子与各种金器、牛乳与各种乳品以及女性与各种妇女身份名称之间的关系。"法体"的原词是 svabhāva,在汉译佛经中经常译为"自性"。"法体恒有"也就是一切事物虽然是因缘和合,生灭变化,但都具有永恒不变的"自性"。因此,诸法"三世实有"。

而在公元初开始兴起的大乘佛教则同时确立人无我和法无我,即"人法二空"。众多的般若经对这个论点作了充分阐发,而形成般若空论。这是贯彻佛陀的缘起说,说明一切事物皆是因缘和合,并无固定的"自性",事物的"实相"是"空性"(śūnyatā)。例如,《般若波罗蜜多心经》首先指出五蕴自性皆空,进而说明包括十八界、十二缘起、四圣谛和八正道在内的诸法皆空。又如,《能断金刚般若波罗蜜多经》中反复说明所谓的我、众生、寿命和人,以及色、声、香、味

---

① 参阅玄奘译《成唯识论》卷三。
② 参阅《杂尼迦耶》(saṃyuttanikāya)第 44。
③ 参阅《阿毗达磨大毗婆沙论》卷七十七。

和触，乃至一切法皆是性空幻有。

此后。在般若空论的基础上，产生龙树（Nāgārjuna）的《中论》（Mūlamadhyamakakārikā），开创中观学派。中观学依据缘起说，确认一切事物皆有缘起，有缘起，则无自性，故而缘起性空。同时又提倡"中道"："众因缘生法，我说即是空，亦为是假名，亦是中道义。"这里所说的"假名"（prajñapti）即是世俗的名言概念，也就是俗谛（saṃvṛtisatya）对事物的认识，而缘起性空则是真谛（paramārthasatya，也译"第一义谛"或"胜义谛"）对事物的认识。这样，既确立真谛的"真空"，又承认俗谛的"假有"，也就不落二边，名为"中道"①。

而在印度古代宗教文化环境中，婆罗门教的六派哲学中，除了吠檀多哲学②，全都确认外界一切事物实有，与佛教的"空论"尖锐对立。因为佛教认为一切事物因缘和合，刹那生灭，而非实有，所以婆罗门教也将佛教徒称为"刹那论者"（kṣaṇika）和"毁灭论者"（vaināśika）。佛教面对这些论敌，必须加固自己的立论，继续深入探讨和阐明为何一切外界事物非实有。同时，小乘佛教中留下的轮回主体问题，在般若空论和中观学中也未得到解决。适应这样的理论需要，继中观学派之后，产生以唯识学为理论基础的瑜伽行派。

"瑜伽行"的原词是 yogācāra，指瑜伽修行。此词也指称瑜伽行

---

① "中道"（巴利语 majjhimā paṭipadā，梵语 madhyamā pratipad）在佛教中有多种含义。在佛陀原始教导中意谓修行不陷入欲乐和苦行两个极端，而遵行八正道。龙树的《中论》提出"八不中道"，即"不生亦不灭，不常亦不断，不一亦不异，不来亦不出"，不偏执其中任何一边。

② "吠檀多"（vedānta）哲学是奥义书哲学的直接继承者。早期奥义书强调梵是宇宙一切的本源，但对一切事物是否实有，并未充分讨论。后来，在吠檀多哲学中，商羯罗（Śaṅkara，八、九世纪）的不二论吠檀多明确提出一切事物是梵的"幻相"（māyā），而非实有。故而，商羯罗在婆罗门教内有"伪装的佛教徒"之称。

者（相当于 yogin）或瑜伽师（相当于 yogācārya）①。"瑜伽"是 yoga 一词的音译，词义为轭、连接、结合、合适、使用、实施、方法和手段等②。在古代印度，"瑜伽"也专指修炼身心的方法，也就是控制感官和心，运用禅定，证悟解脱之道。这种瑜伽修行方法为各种宗教派别共同采用，只是修行所依据的理论互有差异。佛教瑜伽行派便是以唯识学为理论指导。如《解深密经》卷三《分别瑜伽品》讲述修习奢摩他（śamatha，或译"止"）和毗钵舍那（vipaśyanā，或译"观"），即入定观想，证悟诸法唯识所变。瑜伽行派的扛鼎之作《瑜伽师地论》全面阐述瑜伽行者禅观的"十七地"。

瑜伽行派的祖师传说是弥勒（Maitreya）菩萨，著有《瑜伽师地论》、《大乘庄严经论颂》和《辩中边论颂》等。此后的代表人物是四、五世纪的无著（Asaṅga）和世亲（Vasubandhu）。无著著有《摄大乘论》和《显扬圣教论》等。世亲著有《大乘百法明门论》、《辩中边论》、《唯识二十论》和《唯识三十颂》等。

唯识学经论众多，体系完整，分析细密，术语繁复，对于现代学者，应该说是一门难治之学。对唯识学的最简要概括可以说是"唯识无境"。诚如义净在《南海寄归内法传》中所说："所云大乘无过二种：一则中观，二乃瑜伽。中观则俗有真空，体虚如幻；瑜伽则外无内有，事皆唯识。"

唯识学确立八识，也就是在佛教义理中原有的六识——眼识、耳识、鼻识、舌识、身识和意识之上，加上第七末那识（manas，或译"意"）和第八阿赖耶识（ālaya，或译"藏识"）。在八识中，眼、耳、

---

① 玄奘译《瑜伽师地论》（Yogācārabhūmi），其中的"瑜伽师"对应的原词即 yogācāra。
② 此词在汉译佛经中的译名也很多，如相应、如理、修习和修行等。

鼻、舌和身五识具有感觉功能，意识具有思维功能，末那识执著"我和我所"，是诸识妄想分别的驱动者。这七识又统称"转识"（pravṛtti-vijñāna），因为它们都依据阿赖耶识转出。阿赖耶识中藏有无始以来受妄想分别熏染（vāsanā）而形成的习气种子。"种子"（bīja）分为名言种子和业种子。"名言"是用于妄想分别事物的言语和概念。由名言熏成的种子具有依随名言而变现事物形相的作用。"业"是所造的善业和恶业。由业熏成的种子具有协助名言种子变现的作用。正是由于这些潜藏的习气种子，诸识遇缘便妄想分别，似显现外境。故而，八识又称"能变识"，分为三种：初能变（又称"异熟"能变）是阿赖耶识，第二能变（又称"思量"能变）是末那识，第三能变（又称"了别境识"能变）是前六识。世间一切法皆由这些能变识转变显现。而其根源在阿赖耶识所藏种子，即依据妄想分别的习气，诸识显现因缘和合而虚妄幻有的外界事物。

唯识学确立"三自性"，即妄想自性、依他自性和圆成自性，用以说明事物的"自性"，即事物的本质或本相。妄想自性（parikalpita-svabhāva，也译"遍计所执性"或"分别性"）是诸识依随名言，妄想分别外界事物相，而实际外界事物无自性。依他自性（paratantra-svabhāva，也译"依他起性"或"依他性"）是诸识依随缘起，妄想分别外界事物相。圆成自性（pariniṣpannasvabhāva，也译"圆成实性"或"真实性"）是依他自性永远摆脱妄想自性的妄想分别，这样，缘起的事物假有真空，实相是空性。

唯识学依据八识、熏习、种子和三自性等学说，深入阐明外界事物非实有，而确立"唯识无境"。同时，也解决生死轮回的主体问题。在八识中，阿赖耶识是根本识。阿赖耶识藏有种子，是其他七识所依和所缘。这些种子也始终处在变化之中，由前世的业和妄想分别熏成的业种子和名言种子在活动结束后，又产生受今世的业和妄想分别熏成的业种子和名言种子，这样，藏有种子的阿赖耶识成为生死轮回的主体，众生得以生死相续。而转生为什么，取决于阿赖耶识所藏种子。还有，种子又分为有漏种子和无漏种子。有漏种子（或称"杂染种子"）是业种子和名言种子。无漏种子（或称"清净种子"）是由修行见道而熏成的种子。一旦无漏种子彻底排除有漏种子，也就根除生死轮回的原因，达到涅槃，获得解脱。

"阿赖耶"这个名称最早由部派佛教时期的说一切有部提出。据《成唯识论》卷三中记载，说一切有部认为阿赖耶"贪总别三世境"，"有情执为真自内我，乃至未断，恒生爱著"。这是批评众生将阿赖耶执为"自我"。故而，在唯识学内部，对阿赖耶识的界定也有分歧：一种认为阿赖耶识本性清净，或者将本性清净的阿赖耶识称为"如来藏"（tathāgatagarbha），只要清除有漏种子，便能恢复原本的清净；另一种认为阿赖耶识藏有有漏种子，是杂染识，因此另立第九识，即阿摩罗识（amalavijñāna，或译"无垢识"）。其实，这两种观点并无根本分歧，因为两者对清除有漏种子的认识是一致的。

瑜伽行派的修行以唯识学为理论基础，分成五个阶位：资粮位、加行位、通达位、修习位和毕竟位。资粮位是发菩提心，积累功德和智慧资粮。加行位是利用功德和智慧资粮，加倍努力修行。通达位（又称"见道位"）是努力修行而通达无分别智，证得真如。修习位（又称"修道位"）是依据证得的真如，继续反复修习。毕竟位是证得佛果，成就菩提，达到涅槃。

关于涅槃（nirvāṇa），《成唯识论》卷十中确立为四种："自性清净涅槃"、"有余依涅槃"、"无余依涅槃"和"无住处涅槃"。"一切有情皆有初一,二乘无学容有前三,唯我世尊可言具四。"按照大乘教义,具有大智和大悲,明了生死和涅槃不二,不惧生死,不住涅槃,在无穷未来世中永远度化众生,是佛和菩萨的重要标志。

唯识学创造性地发展大乘义理,同时纳入此前佛教的各种学说,诸如十二缘起、四圣谛、八正道、三十七菩提分、十波罗蜜、十地、人法二空和中道等,融会贯通,构成周密完整的唯识学体系,成为印度佛教史上最巍峨的,但也是最后的一座理论高峰。

最后,对"唯识"这个名称作些说明。唯识的原词是 vijñaptimātra。其中,mātra 的词义是"唯独"或"唯有"。而 vijñapti 的原义是报告和告知,与它相应的巴利语 viññatti,词义是告知或提示。vijñapti 是源自动词 vijñā 致使形式的名词。动词词根 jñā 的词义是知道,加上词缀 vi[①],则有分别的含义。这样,作为这个动词致使形式的词义"告知"中也含有分别或识别的意义。汉译佛经中正是依据这个含义将 vijñapti 译为"分别"或"了别"。同时,作为致使形式,可以将识理解为分别或了别的施动者。这样,将 vijñapti 译为"识",也是顺理成章的。而且,这个译名符合唯识学原理,尤其适合在唯识学经论的译文中使用。

实际上,在世亲的《唯识二十颂释》中也已明确指出"心、意、识和了别是同义词"。其中,"了别"(vijñapti)一词即"唯识"(vijñaptimātra)中的"识"(vijñapti)。这句瞿昙般若流支译为"心、意与识及

[①] 在梵语中,vi 这个前缀有分离或区别的含义。例如,在唯识学中使用的 kalpa(或 kalpita)和 vikalpa(或 vikalpita)这两个词,严格地说,前者的词义是"妄想",后者的词义是"分别"。但由于在唯识学中,妄想和分别紧密相连,因而在翻译中并不严格区分。

了别等义一名异"。玄奘译为"心、意、识、了，名之差别"。这里的"义一名异"和"名之差别"对应的梵语原词是 paryāya，即"同义词"。

在唯识学中，还有一个常用词是 prajñapti，通常译为"假名"，也译为"施设"或"假设"。此词的原义是教导、告知、指定或安排，与它相应的巴利语 paññatti，词义是说明、显示、标示、名称、观念或概念。唯识学中使用此词是表示妄想分别使用的名言概念。这些名言概念是人为的施设或假设，只是假借的名称，即虚假的名称，因为外界事物非实有。

从"唯识"和"假名"这样的译名，可以见出中国古代佛经翻译家在翻译实践中领悟佛教义理和贯通梵汉语言的聪明睿智。

二

本书进行梵汉对勘的三部唯识论——《辩中边论》、《唯识二十颂释》和《唯识三十颂》均是世亲的著作。世亲（Vasubandhu，音译"婆薮槃豆"）是北印度犍陀罗国（Gandhāra）富娄沙富罗城人，早年信奉小乘说一切有部，后来接受兄长无著的教诲，转依大乘，与无著一起弘扬大乘唯识论。

《辩中边论》（Madhyamāntavibhāga）由颂（kārikā）和释（bhāṣya）组成。从这部论著的礼敬辞可以看出，其中的颂作者是弥勒，并由无著传授给世亲，而释作者是世亲。

《辩中边论》共有五品。首先确立七个论体：相、障碍、真实、修习对治、分位、得果和无上乘。

第一《相品》论述识的相和性，说明虚妄分别中有空性，空性中有虚妄分别,既非空,亦非不空,契合中道。"相"指识的虚妄分别相,分为有相无相、自相、摄相、入无相方便相、差别相、异门相、生起相和污染相。"性"指识的空性或实相,分为空性相、异门、异门义、空性差别、十六种空性和空性成立,由此说明空性的自相、业相、污染清净相和道理相。

第二《障碍品》论述妨碍修行的烦恼障和所知障。先总说"遍满"等五种障碍,即菩萨的烦恼障和所知障以及声闻的烦恼障。然后分论阻碍厌离、舍弃和真实见的"爱结"等九种烦恼障,阻碍十种善法能作的"无加行"等三十障,阻碍三十七菩提分的"不善巧"等七障,阻碍十波罗蜜的十障,阻碍十地的无污染无知十障。

第三《真实品》论述诸法的真实或实相。有十种真实:"根本真实"是三自性,即妄想自性、依他自性和圆成自性。"相真实"是补特伽罗和法、所取和能取以及有和无这三种的增减见不转出。"无颠倒真实"是无常、苦、空和无我四种无颠倒。"因果真实"是苦、集、灭和道四圣谛。"粗细真实"是世俗谛和胜义谛。"成就真实"是世间("世俗名言概念")成就和道理("现量、比量和圣言量")成就。"清净境真实"是清除烦恼和所知二障的清净智境。"摄受真实"是相、名、分别、真如和正智五法。"差别真实"是流转、实相、唯识、安立、邪行、清净和正行七种真实。"善巧真实"有十种,对治十种我执:执一性、执因性、执受者性、执作者性、执自在转、执增上性、执常性、执污染清净性、执观行者性和执缚解性。与这十种我执相应的是蕴义、界义、处义、缘起义、处非处义、根义、世义、四谛义、三乘义和有为无为义。

第四《修习对治、分位和得果品》论述修习对治障碍的三十七菩提分、修习分位和修习得果。谛译和奘译将此品中这三部分内容分列为三品。

三十七菩提分包括：四念处，即观想身、受、心和法。四正勤，即阻止未生的恶法，断除已生的恶法，让未生的善法产生，让已生的善法增长。这些属于积累功德和资粮的资粮位。四神足，即由欲望、精进、心念和观想引发的四种禅定。这属于种植解脱分的加行位。五根和五力，即信、勤、念、定和慧五根和五力。七觉支，即念、择法、精进、喜、轻安、定和舍。这些属于种植抉择分的通达位（或称"见道位"）。八正道，即正见、正思、正语、正业、正命、正勤、正念和正定。这属于修习位（或称"修道位"）。

修习分成十八位：因位是具有声闻、缘觉和菩萨种性。入位是发菩提心。加行位是努力修行。果位是修行得果。有作位属于有学。无作位属于无学。殊胜位是获得神通等。上位是进入菩萨地。无上位是成佛。信解行位是进入菩萨地前的准备阶段。证入位是初地。出离位是此后六地。受记位是第八地。说法位是第九地。灌顶位是第十地。证得位是佛法身。胜利位是受用身。成所作位是变化身。这十八位简括为不净、净不净和净三种。

修习得果有五种：果报果、增上果、等流果、士用果和离系果。这五种果又另外分成十种果：后后果、初果、不断修习果、究竟果、随顺果、所对治果、离系果、殊胜果、上果和无上果。

第五《无上乘品》论述无上乘（即大乘）的三种无上：正行无上、所缘无上和修证无上。

正行无上是六种修习十波罗蜜的正行无上：最胜无上正行有广大等十二种。思惟正行无上有闻、思和修所成慧三种，以及与其相应的大乘经书写等十种法行。随法正行无上有无散乱和无颠倒转变两种。其中,无散乱转变有无自性散乱等六种。无颠倒转变有文字无颠倒等十种,与十金刚句相应。离二边正行无上有离异性和一性二边等七种。另有离有和非有等七种分别二边。差别无差别正行无上是十地中修习所有波罗蜜而无差别和修习中十波罗蜜逐一增加而有差别。

所缘无上有安立、法界、所立、能立、受持、印持、内持、通达、增广、分证、等运和最胜十二种,即前四种所缘无上是波罗蜜等法和真如,后八种所缘无上是闻所成慧、思所成慧、修所成慧、初地中见道位、至第七地的修道位、世间和出世间道、第八地以及第九地、第十地和佛地。

修证无上有无缺等十种,即修证种性、信解、发心、正行、入正位、成熟众生、国土清净、不退转地受记、佛地和示现菩提。

最后,说明《辩中边论》这个论名的立意是离二边而行中道。这部论中含有深密义、坚固义、广大义和一切义,消除一切不吉祥。

由此可见,《辩中边论》以中道立宗,也就是在中观学的基础上建立唯识学,内容包括义理和修行两个方面,并对以往的各种佛教学说进行创造性阐释,纳入唯识学,构成一个完整的唯识学体系。

《辩中边论》有两种汉译本:真谛的《中边分别论》和玄奘的《辩中边论》。真谛(Paramārtha,499—569年)是西北印度优禅尼城人,于南朝梁代中大同元年(546年)来华,前后翻译经论约五十部。《中边分别论》译于陈永定二年(558年)。玄奘的《辩中边论》译于唐龙朔元年(661年)。玄奘的弟子窥基担任笔受,并依据玄奘的讲述所作记录,撰有《辩中边论述记》。这部述记虽然不能等同于玄奘的讲述,但对于读解《辩中边论》很有参考价值。

但窥基在述记中说，此论"旧真谛已译于梁朝，文错义违"。显然，这是偏激之词。比照此论现存梵语原本，应该说真谛的译本也是忠实原文的。由于译经年代不同，时隔百余年，真谛译本中的一些术语译名和其他用词与玄奘译本存在差异也是正常的。只是真谛译文中增添有数量不多的阐释文字，而玄奘的译文基本上不增添阐释文字，显得玄奘译文更忠实原文。当然，在译文的总体质量上，玄奘译本明显优于真谛译本。

我曾在《梵汉对勘维摩诘所说经》的导言中指出窥基对鸠摩罗什《维摩诘所说经》的翻译批评不实，原因在于窥基虽然具有梵语初步知识，但并不真正通晓梵语，故而不能依据梵本原文进行批评和解释。在他的《辩中边论述记》中也有类似情况。

例如：在第一品开头确立论体的那首偈颂汉译中，有个"唯"字，窥基解释说："梵云摩呾罗多，此翻为唯。"也就是说，他想当然地以为这个"唯"字原文是 mātratā（"唯性"）。因为在汉译佛经中，"唯"字常对译梵语的 mātra，如"唯识"、"唯假名"、"唯心"等。然而，这里的原文并不是这个 mātratā 或 mātra，而是 eva，即在梵语中用于加强语气的一个副词。其实，在汉译佛经中，"唯"字也常对译 eva。在本品第 5 颂原文中也有个 eva，谛译和奘译也都译为"唯"。

本品第 3 颂的前半部分，谛译"尘根我及识，本识生似彼"。其中"本识"的原词是 vijñāna（"识"）。窥基认为"旧云'尘根我及识，本识生似彼'，不然"，也就是指出谛译将此处颂中的"识"译为"本识"不对。这句原文是"识产生，似显现对象、众生、我和了别"（或者，按照原文语法直译为"似显现对象、众生、我和了别的识产生"）。奘译"识生变似义、有情、我及了"。再联系释文中解释"由于彼无，此也无"时，说"色等、五根、末那识和六识四种所取，而所取的对象不存在，则能取的识也不存在"。因而，谛译据此理解此识是能取的识，所取的对象包括色等、五根、末那识和六识，而将此"识"理解为"本识"。同时，谛译将释文原文中的"能取的识"译为"能取乱识"，而没有译为"能取本识"，应该是谛译认为本识（即阿赖识）及其似显现的其他七识均为"乱识"，也就是另有清净的"阿摩罗识"。此处"能取的识"，奘译"能取诸识"，也就是将单数的"识"译为复数的"识"。这里，确实存在对释文，尤其是对"能取的识"如何理解的问题。应该说，谛译将此处颂中的"识"译为"本识"并非毫无根据。顺便指出，用"识"指称"本识"也见于本品第 10 颂释文，其中谛译"由诸行能安立业熏习于本识中"，奘译"由诸行植本识中业熏习"，其中"本识"的原词是 vijñāna（"识"），也就是这里谛译和奘译按照具体的语境，将"识"译为"本识"。因此，对于上述谛译将"识"译为"本识"的问题，需要依据梵本原文的实际情况仔细辨析。

本品中论述空性时，其中有 paryāya 一词，谛译"众名"，奘译"异门"。窥基说"旧论曰众名，今显梵本但言异门故"。其实，谛译和奘译依据的梵语原词均为 paryāya。此词词义为"同义词"。"众名"和"异门"只是不同的译名，都是指称同义多名的同义词。

在第三品论述"粗细真实"部分中，提到"行世俗"。窥基对"行"的释义是"有为迁流"。也就是说这个"行"字是"诸行无常"中的"行"（saṃskāra）。其实，原文中的"行"，使用的是 pratipatti 一词，词义为实行或修行。在本品中，这个"行"还有"邪行"（mithyā-pratipatti）和"正行"（samyakpratipatti）两种用法，前者指集谛，后者指道谛。在第五品（谛译和奘译为第七品）中，"正行无上"中的"正行"便是 pratipatti（"行"）这个词。

在本品论述"有为无为义"部分中，提到"有假名是名身等"。谛译"言说者，名句味等"，奘译"假谓名等"。而窥基说"旧论云有言说名句味等者，不然"。其实，谛译和奘译都符合原文，只是译名不同。还有，原文中提到"转识所摄意、取和分别"，其中的"意"指第七识，即"末那识"（manas），"取"指前五识，"分别"指第六识，即意识。此处谛译"生起识摄心及取、分别"，奘译"转识摄意、取、思惟"。窥基说"一意旧言心，二取，三思惟旧言分别，此非也"。其中谛译将"意"译为"心"不符合通行的译法。但他译为"分别"的原词是 vikalpa，并未译错，而且，比奘译"思惟"更为准确。此外，原文中提到"分别是意识，因为能分别"。谛译"分别，意识，此有三分别故"，奘译"思惟即是第六意识，以能分别一切境故"。此处奘译将 vikalpakatva 一词译为"能分别"，而没有译为"能思惟"。而窥基说"旧论云第六识名分别，以具三分别故。今勘梵本，无此言也，但言思惟"。这种说法显然不符合事实，因为谛译和奘译与原文一致，只是此处谛译将"能分别"一词译为"有三分别"，并非如窥基所说"梵本无此言也，但言思惟"。

在第五品（谛译和奘译为第七品）中，论及"无散乱"。其中提到"内散乱是贪著入定味而昏沉掉举生起"。奘译"味沈掉者，味著等持，惛沈掉举，即内散乱"。窥基说"旧论云是静定忧悔掉起者，错也"。其实，依据现存文本，谛译"是禅定贪味，忧悔掉起，是名内散动"，与梵本和奘译一致，并无错误。

在本品中论及 vajrapada，此词奘译"金刚句"，谛译"金刚足"。

于是，窥基说："旧论言金刚足者，非也。梵云钵陀，此翻为迹，梵云播陀，此翻为句。以声相近，译者谬言。"也就是按照窥基的说法，梵云钵陀，原词为pāda（"足"），梵云播陀，原词为pada（"句"），而谛译将pada（"句"）误读为pāda（"足"）。其实，奘译和谛译依据的原词都是vajrapada。其中的pada，既可读为"句"，也可读为"足"。在汉译佛经中，也有将vajrapada译为"金刚步"。所以，谛译并没有误读误译，反而说明窥基不知pada一词也读作"足"。

在本品中论及"十种无颠倒"，窥基将奘译十种无颠倒中的第一种"有非有无颠倒"读为"一有非有，二无颠倒"，又将第六种"杂染"和第七种"清净"合并读为"杂染清净"。然后指称"旧论说第二无颠倒即义颠倒。……复开第七染净为二。此皆翻家错也"。又说"旧本十种皆有无颠倒言，此亦非也"。其实，按照原文，其中的"无颠倒"一词应该是十种无颠倒的共用词。其中的"杂染"和"清净"在原文中与"不增"和"不减"一样，都是单独分列的名称。也正因为"无颠倒"一词是共用词，谛译于每种名称都加上"无颠倒"，并无不妥。奘译和谛译实际是一致的，因为按照奘译，也可将"无颠倒"读作十种无颠倒的共用词。

还有，关于"无颠倒总义"。奘译这段文字直接排在论述十种无颠倒之后，而谛译排在本品末尾。于是，窥基说："旧论总于卷末解论名末方始结之，此为无理。"其实，梵本是将"无颠倒总义"置于本品末尾，奘译可能是为方便读者而移至前面。还有"无上乘总义"，谛译排在本品末尾，也是与梵本一致的。

在"无颠倒总义"中，前两句谛译"名句无倒故，通达禅定相。义无倒故，通达智慧相"。而奘译"由文无倒，能通达止观二相。由义无倒，能正通达诸颠倒相"。这里，对照梵本，谛译与原文一致，奘译与原文有差异。然而，窥基则指责旧论"译家错也"。

由此可见，汉译佛经中有不少文字难以准确把握，若有原文参照，则很有帮助，可以避免一些误读误解。

《辩中边论》的梵语原典抄本最早由法国学者莱维（S. Lévi）在尼泊尔发现。这是一部安慧（Sthiramati）的注疏本，即《辩中边论疏》（Madhyamāntavibhāgaṭīkā），也就是对世亲的《辩中边论》的复注。莱维将这个抄本交给日本学者山口益整理。山口益于 1934—1937 年间先后出版这部抄本的编订本、依据这个抄本的日译本以及《辩中边论》的古代汉译本和藏译本。此外，这部安慧注疏本还有印度学者般代耶（R. Pandeya）的编订本，出版于 1971 年。

这部安慧注疏本虽然包含有世亲的《辩中边论》，但存在两方面问题，一是对《辩中边论》的引文不完整，二是抄本本身有不少残缺，因此，很难恢复世亲的《辩中边论》原本。幸运的是，印度学者罗睺罗（Rāhula）于 1934 年在中国西藏收集到一部完整的《辩中边论》抄本，其照相底片一直收藏在印度巴特那（Patna）一个研究机构内。日本学者长尾雅人于 1956 年在那里发现这部抄本的照相底片，并获准由他整理出版。这样，长尾雅人于 1964 年出版了《辩中边论》的编订本。这个编订本做得很认真，还附有梵语、藏语和汉语（真谛译和玄奘译）的译名对照索引。

本书中的《辩中边论》梵本便是依据长尾雅人的编订本（Madhyamāntavibhāgabhāṣya，Suzuki Reserch Foundation，Tokyo，1964）。真谛译《中边分别论》和玄奘译《辩中边论》采用《中华大藏经》（第三〇册）提供的文本。

《唯识二十颂释》（Viṃśatikā Vijñaptimātratāsiddhi）的主旨是破除小乘和外道对唯识论的责难。唯识论确立三界唯识，而无实有的外境。小乘和外道对此提出种种问难，此论予以一一辩驳。下面简要介绍这些问难和辩驳。

问难：外界对象的时间和地点有限定，对外界对象的认知在众生中无限定，外界对象都有实际作用。如果没有外界对象，这些情形都不成立。

对此的回答是以梦中所见不实对象、饿鬼所见"脓河"、梦中遗精以及地狱众生所见狱卒等说明"唯识无境"，故而以上这些情形都能成立。

问难：若无色等对象，世尊不应该说有色等处。

对此的回答是指出那是世尊依据密意，为教化众生而说，便于众生进入人无我和法无我，即人法二空。

问难：如果一切法无，那么，唯识也无。

对此的回答是一切法无指诸识妄想分别的一切法无，而唯识的实相是佛的境界，即真如空性。因此，不能说唯识也无。

问难：既然色等处有，为何不成为眼识等的境界？

对此的回答是依据极微作为实体不成立，说明境界非一，非多，也非聚合，故而境界不成立。同时，说明境相既非多，也非一。如果是一个实体，则无依次行，无同时取不取，无间隔，无多个，也不会看不见细微物，故而境相不成立。

问难：一切量中，现量最重要，而对于不实对象，知觉怎么能现证？

对此的回答是现证的知觉如在梦中。同时，事后记忆体验的对象也不成立。

问难：世人在觉醒时，不像在梦中那样所得皆不实。

对此的回答是若不醒来，便不知梦中的对象非实有。同样，世人长期受虚妄分别的熏染而昏睡，犹如在梦中看见不实对象，不觉醒便不如实知道对象非实有。一旦获得对治妄想分别的出世间无分别智，成为觉醒者，才会如实知道对象非实有。

问难：众生接近善友恶友，闻听正法邪法，而确定识。如果没有善友恶友，这怎么能成立？

对此的回答是一切众生通过互相的识的威力，互相随其所应确定识。

问难：梦中和觉醒时所造善业或恶业，为何不获得同样的善果或恶果？

对此的回答是梦中的心受昏睡毁损，因此果报与觉醒时不同。

问难：如果只是唯识，为何有屠夫杀死羊等，而担当杀生罪？

对此的回答是死是由他者特殊的识的威力造成的变异。如受鬼等的意念控制，造成人们失忆、做梦和鬼魅附身等变异。又如仙人愤怒，造成弹宅迦、摩登伽和羯陵伽等国成为荒芜的树林，故而世尊称"意罚是大罪"。

问难：如果只是唯识，有没有知他心者？

对此的回答是有知他心者，但知他心者的智不如实，如同知自心者的智。因为这两种智都不知佛的境界是真如空性，而有所取和能取的妄想分别，所以不如实。

此论最后的结语是指明唯识性全然是诸佛世尊的境界，因为于一切境和一切智无障碍。

在《成唯识论》卷七中，也有破除小乘和外道非难的内容，通常称为"唯识九难"：一、唯识所因难，二、世事乖宗难，三、圣教相违难，四、唯识成空难，五、色相非心难，六、现量为宗难，七、梦觉相违难，八、外取他人难，九、异境非唯难。其中，第二至第八难均见于《唯识二十颂释》。相比之下，《唯识二十颂释》中对这些问难的辩驳更为充分。

《唯识二十颂释》重点阐释"唯识无境"，这是唯识学的根本原理。其中，"无境"也就是"法无我"。这是在抗衡婆罗门教时难以回避而必须正面回答的问题。唯识学对此问题，作了当时历史条件下所能作出的回答。我们从中也可以了解唯识学独特的论辩方式。

《唯识二十颂释》有三种汉译本：瞿昙般若流支的《唯识论》、真谛的《大乘唯识论》和玄奘的《唯识二十论》。瞿昙般若流支是南印度婆罗奈人，北魏孝明帝熙平元年（516年）来华，于538—543年间译出经论十四部，其中包括这部《唯识论》。真谛的《大乘唯识论》译于南朝陈天嘉四年（563年）。玄奘的《唯识二十论》译于唐龙朔元年（661年）。

比照现存梵本，瞿昙般若流支译本属于阐释性翻译，不是严格意义的翻译，可以称为"译述"。在中国的早期佛经翻译中，为便于信众充分理解经论的意义，来华僧人采用这种译述方式，也可以说是一种"善巧方便"。真谛和玄奘译本与上述他们的《辩中边论》译本情况一致。这三个译本的翻译质量依次提高。无疑，玄奘译本最忠实原文，品质最佳。

窥基也担任玄奘译《唯识二十论》的笔受。他的《唯识二十论述记》是读解《唯识二十论》的重要参考资料。但他在述记序中批评此论旧译"莫闲奥理，义多缺谬，不悟声明，词甚繁鄙，非只一条，难具陈述"。与批评真谛《中边分别论》的情况一样，也是偏激之词。窥基在当时提倡采用玄奘新译，完全是合理的主张，但应该历史地看待旧译，不应该这样鄙薄和苛责前人。如果我们对照现存梵本细读三种译本，可以发现后出的译本对于此前的译本都有一定的借鉴和继承。翻译质量的提高也有一个经验积累的过程。

《唯识二十颂释》梵语原典有莱维（S. Lévi）编订本，出版于1925年。此后不断有其他学者的编订本问世。本书中的《唯识二十颂释》梵本依据莱维的这个编订本（Vijñaptimātratāsiddhi, Paris, 1925），并参考阿纳克（S. Anacker）的《世亲论著七种》（Seven Works of Vasubandhu, Delhi, 1985）中附录的《唯识二十颂释》梵语原文。瞿昙般若流支译《唯识论》、真谛译《大乘唯识论》和玄奘译《唯识二十论》采用《中华大藏经》（第三〇册）提供的文本。

《唯识三十颂》（Triṃśikā Vijñaptikārikā）可以说是唯识论体系的纲要。这里可以按照玄奘译《唯识三十论颂》中提供的简要释文，介绍此论的主要内容。

其中，前二十四颂说明唯识相，第二十五颂说明唯识性，最后五颂说明唯识修行的五个阶位。

在前二十四颂中，首先说明我和法只是假说，并非实有，全然是识的变化。然后，具体说明三种能变识——阿赖耶识、末那识和前六识的变化形态。由此，归结为"一切唯识"，并说明众生生死相续的根由在于"异熟识"（即阿赖耶识）。同时，说明唯识的三自性——妄想自性、依他自性和圆成自性，以及三无性——相无性、生无性和胜义无性。

第二十五颂说明唯识性，即圆成自性。这是诸法胜义，也就是真如，永远如此。

最后五颂说明唯识修行的五个阶位：资粮位、加行位、通达位、修习位和毕竟位。

《唯识三十颂》问世后，在印度出现多种注疏本。玄奘于贞观二十二年（648年）译出《唯识三十论颂》，并于显庆四年（659年）糅合护法、安慧等十家注疏，译出《成唯识论》①。此后，这些注疏的梵本失传，唯有安慧的《唯识三十颂释》梵本幸存于世。

本书中的《唯识三十颂》梵本依据莱维的编订本（Vijñaptimātratāsiddhi，Paris，1925）。莱维的编订本包含《唯识三十颂》和安慧的《唯识三十颂释》。《唯识三十颂释》无古代汉译，故而本书只进行《唯识三十颂》梵汉对勘。玄奘译《唯识三十论颂》采用《中华大藏经》（第三〇册）提供的文本。

三

应该提到，在唯识论梵语原典翻译和研究方面，已有霍韬晦先生的《安慧〈三十唯识释〉原典译注》（1979）。安慧的《唯识三十颂释》没有古代汉译，故而对于现代学者研究唯识学有独特的价值。霍先生的这部著作提供了梵语原文和作者的汉译，并对译文做了充分的注释，

---

① 《成唯识论》这个书名还原为梵语，即 Vijñaptimātratāsiddhi。

全书最后还附有梵汉语汇对照。他在唯识论梵语原典翻译和研究方面做了开创性工作。凡有这方面实践经验的学者都能体会开创者的工作尤为艰辛和宝贵。

我这次对世亲的这三部唯识论著作进行梵汉对勘，具体是做这三方面工作：一是依据梵语原本提供现代汉语今译，二是提供梵汉对勘注释，三是为古代汉译本作标点。我提供现代汉语今译，只是出于对勘需要，故而坚持采取直译的方法，尽可能译出原文中所有词语，便于读者把握原文情况，体会古代翻译家在翻译中转换语言的难处和妙处。我做对勘注释，注重提供梵语原词的词义，供读者理解古代汉译词语参考。倘若我的工作能为国内的佛教文献整理和研究工作起到一点辅助作用，也就达到目的了。

最后，郑国栋为我的这部书稿的电子文本，按照出版要求的版面格式做了编排工作，在此表示感谢。

黄宝生

2015 年 3 月

मध्यान्तविभागभाष्य

今译：辩中边论
谛译①：中邊分別論
奘译②：辯中邊論

नमो बुद्धाय।

今译：向佛陀致敬！

---

① "谛译"指陈真谛译。
② "奘译"指唐玄奘译。

今译：第一　相品

谛译：相品第一

奘译：辩相品第一

[अभ्यर्चन]①

[礼敬辞]

शास्त्रस्यास्य प्रणेतारमभ्यर्ह्य सुगतात्मजम्।
वक्तारं चास्मदादिभ्यो यतिष्ये ऽर्थविवेचने ॥

今译：礼敬这部经论的作者②，这一位善逝之子③，
　　　以及为我等宣说者④，我将努力辨析意义⑤。

谛译：恭敬善行⑥子，能造此正论，
　　　为我等宣說，今當顯此義。

奘译：稽首造此論，善逝體所生⑦，
　　　及教我等師，當勤顯斯義。

---

① 此处及以下方括号中的文字原文（指现存梵本，下同）无，是编订本作者所加。它们具有小标题的作用，故而予以保留。

② "这部经论的作者"指《辩中边论颂》（Madhyāntavibhāgakārikā）的作者弥勒（Maitreya）菩萨。

③ "善逝"（Sugata）是佛的称号。"善逝之子"也就是佛子，即菩萨。这里指称弥勒菩萨。

④ "为我等宣说者"指无著（Asaṅga）。他是世亲（Vasubandhu）的兄长。

⑤ 这句是世亲表示自己撰写《辩中边论颂释》（Madhyāntavibhāgakārikābhāṣyam），"将努力辨析意义"。

⑥ 此处"善行"对应的原词（指现存梵本中的用词，下同）是 Sugata，通常译为"善逝"。

⑦ "体所生"的原词是 ātmaja（"儿子"）。这是一个复合词，其中 ātman 的词义为我、自己或身体，ja 的词义为生，故而奘译"体所生"。

[शास्त्रशरीर]

[论体]

तत्रादितः शास्त्रशरीरं व्यवस्थाप्यते।

今译：这里，首先确定论体①：

谛译：初立論體。

奘译：此中最初安立論體。頌曰：

लक्षणं ह्यावृतिस्तत्त्वं प्रतिपक्षस्य भावना।
तत्र च स्था फलप्राप्तिर्यानानुत्तर्यमेव च ॥

今译：相、障碍、真实、修习对治、
　　　其中的分位、得果和无上乘。

谛译：相障及真實，研習對治道，
　　　修住②而得果，無上乘唯爾③。

奘译：唯相障真實，及修諸對治，
　　　即此修分位，得果無上乘。

इत्येते सप्तार्था ह्यस्मिंञ्छास्त्रे उपदिश्यन्ते। यदुत लक्षणं आवरणं तत्त्वं प्रतिपक्षस्य भावना। तस्यामेव च प्रतिपक्षभावनायामवस्था फलप्राप्तिश्च यानानुत्तर्यं च सप्तमो ऽर्थः।

今译：以上是这部论中宣示的七种意义，即相、障碍、真实、修习对治、修习对治中的分位、得果和第七种无上乘。

---

① "论体"（śāstraśarīra）直译是"论的身体"。这里相当于论纲，指论中的主要命题。

② "修住"指修习的分位。"住"对应的原词是 sthā，相当于 avasthā，词义为所住、所处、状态或地位，奘译"分位"。

③ "唯尔"的原词是 eva，在梵语中是用作加强语气的副词，在这里指"正是这些"。奘译此颂起首的"唯"，也是对应这个词。

谛译：此七义是论所说。何者为七？一相，二障，三真实，四研习对治，五修住，六得果，七无上乘。

奘译：论曰：此论唯说如是七义：一相，二障，三真实，四修诸对治，五即此修分位，六得果，七无上乘。

[1.अभूतपरिकल्प]

[1.虚妄分别]

[a.सदसल्लक्षण]

[a.有相无相]

तत्र लक्षणमारभ्याह।

今译：这里，先说相①：

谛译：今依相说此偈言：

奘译：今於此中先辩其相。颂曰：

अभूतपरिकल्पो ऽस्ति द्वयं तत्र न विद्यते।
शून्यता विद्यते त्वत्र तस्यामपि स विद्यते ॥१॥

今译：有虚妄分别②，其中二者皆无，
但其中有空性，彼中也有此③。（1）

谛译：虚妄分别有，彼处无有二，

---

① "相"（lakṣaṇa）指事物的形相、表象或形态。这里具体是指识的虚妄分别相。
② "虚妄分别"的原词是 abhūtaparikalpa，也可译为"不实妄想"。
③ "彼中也有此"这句中，"彼"的原词是 tasyām（指示代词 tad 的阴性单数依格），指称"空性"（śūnyatā）；"此"的原词是 saḥ（指示代词 tad 的阳性单数体格），指称"虚妄分别"（abhūtaparikalpa）。因此，这句意谓"空性中也有虚妄分别"。

彼中唯有空，於此亦有彼。

奘译：虚妄分别有，於此二都无，

此中唯有空，於彼亦有此。

तत्राभूतपरिकल्पो ग्राह्यग्राहकविकल्पः। द्वयं ग्राह्यं ग्राहकं च। शून्यता तस्याभूतपरिकल्पस्य ग्राह्यग्राहकभावेन विरहितता। तस्यामपि स विद्यत इत्यभूतपरिकल्पः। एवं यद्यत्र नास्ति तत्तेन शून्यमिति यथाभूतं समनुपश्यति यत्पुनरत्रावशिष्टं भवति तत्सदिहास्तीति यथाभूतं प्रजानातीत्यविपरीतं शून्यतालक्षणमुद्भावितं भवति।

今译：这里，"虚妄分别"是分别所取和能取①。"二者"是所取和能取。"空性"是与虚妄分别的所取性和能取性的分离性。"彼中也有此"是有虚妄分别。这样，如果这里无有，那么，如实看到那是空。而其中有所余②，则如实知道这里有③。这样，得以显示无颠倒的空相。

谛译：此中虚妄分别者，謂分別能執所執。有者，但有④分別。彼處者，謂虛妄分別。無有二者，謂能執所執此二永無。彼中者，謂分別中。唯有空者，謂但此分別，離能執所執故，唯有空。於此者，謂能所⑤空中。亦有彼者，謂有虛妄分別。若法是處無，由此法故是處空。其所餘者，則名為有。若如是知，即於空相智無顛倒。次說偈言：

奘译：論曰：虛妄分別有者，謂有所取能取分別。於此二都無者，謂即於此虛妄分別永無所取能取二性。此中唯有空者，謂虛妄分別中，但有離所取及能取空性。於彼亦有此者，謂即於彼二空性中，亦但有

---

① "所取"（grāhya）是所认知的对象，"能取"（grāhaka）是能认知的主体。
② "有所余"指有虚妄分别的所取和能取。
③ 以上是说如果这里确实什么都没有，则应该认为那是空。然而，这里有虚妄分别的所取和能取，则应该认为这里有。
④ "但有"指只有、仅有或唯有。
⑤ "能所"是"能取"和"所取"的简称。

此虚妄分别。若於此非有，由彼观为空。所余非无故，如实知为有。若如是者，则能无倒显示空相。复次，颂曰：

**न शून्यं नापि चाशून्यं तस्मात्सर्वं विधीयते।
सत्वादसत्वात्सत्वाच्च मध्यमा प्रतिपच्च सा ॥२॥**

今译：因此，说一切非空非不空，
　　　有、无和有，故而是中道。（2）

谛译：故说一切法，非空非不空，
　　　有无及有故，是名中道义。

奘译：故说一切法，非空非不空，
　　　有无及有故，是则契中道。

न शून्यं शून्यतया चाभूतपरिकल्पेन च। न चाशून्यं द्वयेन ग्राह्येन ग्राहकेण च। सर्वं संस्कृतं चाभूतपरिकल्पाख्यं। असंस्कृतं च शून्यताख्यं। विधीयते निर्दिश्यते सत्वादभूतपरिकल्पस्य असत्वाद्द्वयस्य सत्वाच्च शून्यताया अभूतपरिकल्पे तस्यां चाभूतपरिकल्पस्य सा च मध्यमा प्रतिपत्। यत्सर्वं। नैकान्तेन शून्यं नैकान्तेनाशून्यं। एवमयं पाठः प्रज्ञापारमितादिष्वनुलोमितो भवति सर्वमिदं न शून्यं नापि चाशून्यमिति।

今译："非空"是有空性和虚妄分别。"非不空"是有所取和能取二者。"一切"是指有为①，称为"虚妄分别"；无为②，称为"空性"。这样宣说：由于有虚妄分别，由于无二者，由于有虚妄分别中的空性和空性中的虚妄分别③，因此，这是中道。这是说一切不是一向空，也不是一向不空。这样，这个句义契合《般若波罗蜜多》等经典所说

---

① "有为"（saṃskṛta）或称"有为法"，指处在因缘和合中，有种种"作为"或"造作"，其实质是"虚妄分别"。
② "无为"（asaṃskṛta）或称"无为法"，指超越因缘和合，无任何"作为"或"造作"，其实质是"空性"。
③ 这里三个"由于"的具体所指也就是颂中所说的"有、无和有"。

"一切不是空，也不是不空"。

谛译：一切法者，謂有為名虛妄分別，無為名空。非空者，謂由空，由虛妄分別。非不空者，謂由能執所執故。有者，謂虛妄分別有故。無者，謂能所執無故。及有者，謂於虛妄中有真空故，於真空中亦有虛妄分別故。是名中道義者，謂一切法非一向空，亦非一向不空。如是等文不違般若波羅蜜等，如經說一切法非空非不空。

奘译：論曰：一切法者，謂諸有為及無為法。虛妄分別名有為。二取空性名無為。依前理故，說此一切法非空非不空。由有空性，虛妄分別故，說非空。由無所取能取性故，說非不空。有故者，謂有空性、虛妄分別故。無故者，謂無所取能取二性故。及有故者，謂虛妄分別中有空性故，及空性中有虛妄分別故。是則契中道者，謂一切法非一向空，亦非一向不空。如是理趣妙契中道，亦善符順般若等經說一切法非空非有。

[b. स्वलक्षण]

[b. 自相]

एवमभूतपरिकल्पस्य सल्लक्षणमसल्लक्षणं च ख्यापयित्वा। स्वलक्षणं ख्यापयति।

今译：这样，已经说明虚妄分别的有相和无相。下面说明自相①：

谛译：如是已說虛妄分別有相無相竟。今當次說其自體相，故說偈言：

奘译：如是已顯虛妄分別有相無相，此自相今當說。頌曰：

अर्थसत्त्वात्मविज्ञप्तिप्रतिभासं प्रजायते।

---

① "自相"（svalakṣaṇa）指虛妄分別自身的相。

विज्ञानं नास्ति चास्यार्थस्तदभावात्तदप्यसत् ॥३॥

今译：识产生，似显现①对象②、众生、我和了别③，
而它的对象不存在，由于彼无，此也无④。（3）

谛译：塵根我及識，本識⑤生似彼，
但識有無彼，彼無故識無。

奘译：識生變似義，有情⑥我及了，
此境實非有，境無故識無。

तत्रार्थप्रतिभासं यद्रूपादिभावेन प्रतिभासते। सत्वप्रतिभासं यत्पञ्चेन्द्रियत्वेन स्वपरसन्तानयोः। आत्मप्रतिभासं क्लिष्टं मनः। आत्ममोहादिसंप्रयोगात्। विज्ञप्तिप्रतिभासं षड्विज्ञानानि। नास्ति चास्यार्थ इति। अर्थसत्वप्रतिभासस्या-नाकारत्वात्। आत्मविज्ञप्तिप्रतिभासस्य च वितथप्रतिभासत्वात्। तदभावात्तदप्य सदिति। यत्तद्ग्राह्यं रूपादिपञ्चेन्द्रियं मनः षड्विज्ञानसंज्ञकं चतुर्विधं तस्य ग्राह्यस्यार्थस्याभावात्तदपि ग्राहकं विज्ञानमसत्।

今译：这里，"似显现对象"是似显现色等性⑦。"似显现众生"是似显现自己和他人身体⑧的五根性⑨。与我痴等⑩结合而受污染的末

---

① "似显现"的原词是 pratibhāsa，词义为显现或影像。
② "对象"的原词是 artha，词义为意义、目的和对象等。作为"对象"一词，汉译佛经中也译"尘"、"义"和"境"等。
③ "了别"的原词是 vijñapti。此词在汉译佛经中使用的译名很多，如显现、表示、施设、识、假名和了别等。这里采用"了别"这个译名，取其"六境"由"六识"识别之意。
④ 这里，"彼"和"此"的原词是两个指示代词 tad。其中，"彼"指称对象；"此"指称识。因此，这句意谓"由于对象无，识也无"。
⑤ "本识"或称"根本识"（mūlavijñāna），指阿赖耶识（ālaya）。此词对应本颂中的 vijñāna（"识"），谛译按照释文，理解此识所取的对象即显现的对象包括色等、五根、末那识和六识，故而将此识译为"本识"。
⑥ "有情"是"众生"（sattva 或 satva）一词的又一译名。
⑦ "色等性"指色、声、香、味、触和法的事物性。
⑧ "身体"的原词是 santāna，词义为连续或延伸，也指称家族或种族。在汉译佛经中也译为"身"。此词谛译"相续"，奘译"身"。
⑨ "五根性"指眼、耳、鼻、舌和身性。
⑩ "我痴等"指我痴、我见、我慢和我爱四种与末那识相联系的根本烦恼。

那识① "似显现我"。六识 "似显现了别"。"它的对象不存在" 是因为似显现的对象和众生无行相②，似显现的我和了别的虚假显现性。"由于彼无，此也无" 是色等、五根、末那识和六识四种所取，而所取的对象不存在，则能取的识也不存在。

谛译：似塵者，謂本識顯現相似色等。似根者，謂識似五根於自他相續中顯現。似我者，謂意識與我見、無明等相應③故。似識者，謂六種識。本識者，謂阿黎耶識④。生似彼者，謂似塵等四物⑤。但識有者，謂但有亂識。無彼者，謂無四物。何以故？似塵似根非實形識故，似我似識顯現不如境故。彼無故識無者，謂塵既是無，識亦是無。是識所取四種境界，謂塵、根、我及識所攝實無體相。所取既無，能取亂識⑥亦復是無。⑦ 如是說體相已，今當顯名義，故說偈言：

奘译：論曰：變似義者，謂似色等諸境性現。變似有情者，謂似自他身五根性現。變似我者，謂染末那⑧與我癡等恒相應故。變似了者，謂餘六識了相麁故。此境實非有者，謂似義似根無行相故，似我似了非真現故，皆非實有。境無故識無者，謂所取義等⑨四境無故，能取諸識亦非實有。復次，頌曰：

अभूतपरिकल्पत्वं सिद्धमस्य भवत्यतः।
न तथा सर्वथाभावात्

---

① "末那识"（manas，"意"）是八识中的第七识。此识执著 "我和我所"，是妄想分别的主导者。
② "无行相" 的原词是 anākāra。此词的词义是无形态。这里指没有真实的形态。
③ 此处 "相应" 的原词是 samprayoga，词义为结合。
④ "阿黎耶识" 也译 "阿赖耶识"。
⑤ "四物" 即原文中所说 "色等、五根、末那识和六识"。
⑥ 此处 "乱识"（奘译 "诸识"）的原词是 "识"（vijñāna）。
⑦ 谛译这段的文字表述略多于原文，增加了一些阐释性文字。下面类似情况不一一指出。
⑧ "染末那" 指受污染的末那识。
⑨ 此处 "所取义等"，按照原文，具体指明是 "色等、五根、末那识和六识四种所取"。

今译：它的虚妄分别性由此得成立，由于它
并非完全不存在，

谛译：亂識虛妄性，由此義得成，
非實有無①故，滅彼故解脫。

奘译：虛妄分別性，由此義得成，
非實有全無，許滅解脫故。

यस्मान्न तथास्य भावो यथा प्रतिभास उत्पद्यते। न च सर्वथाभावो भ्रान्तिमात्रस्योत्पादात्। किमर्थ पुनस्तस्याभाव एव नेष्यते। यस्मात्।

今译：由此，它如同似显现那样不存在。而由于有这些迷乱②产生，它并非完全不存在。为何不可认为③不存在？因为

谛译：亂識虛妄性，由此義得成者，謂一切世間但唯亂識。此亂識云何名虛妄？由境不實故，由體散亂故。非實有者，謂顯現似四物，四物永無故。非實無故者，謂非一切永無，由亂識生故。云何不許亂識永無？故偈言滅彼故解脫。

奘译：論曰：虛妄分別，由此義故，成非實有④，如所現起非真有故。亦非全無，於中少有亂識生故。如何不許此性全無⑤？以許此滅得解脫故。

तत्क्षयान्मुक्तिरिष्यते ॥४॥

---

① "非实有无"指非实有和非实无。奘译"非实有全无"与此相同，指非实有和非全无。
② "有这些迷乱"的原词是 bhrāntimātra。直译为"唯迷乱"。其中的"唯"（mātra）指唯有、仅有、一些或如此。故而谛译"但唯乱识"，奘译"少有乱识"。"迷乱"（bhrānti）指不实妄想或虚妄分别。此词谛译和奘译均为"乱识"，因为这种迷乱由识造成。
③ "可认为"的原词是 iṣyate，词义可期望、可期许或可认为。
④ "非实有"指虚妄分别成立，但并非实有。
⑤ "性全无"的原词是 abhāva，即"不存在"。

今译：　　　　　　　灭除它而得解脱可期望①。（4）

अन्यथा न बन्धो न मोक्षः प्रसिध्येदिति संक्लेशव्यवदानापवाददोषः स्यात्।

今译：否则，束缚和解脱都不能成立。这就会犯否定污染和清净的过错②。

谛译：若執永無，繫縛解脫皆不成就，則起邪見，撥③淨不淨品④。

奘译：若異此者，繫縛解脫則應皆無，如是便成撥無雜染及清淨失⑤。

[c. संग्रहलक्षण]

[c.摄相]

एवमभूतपरिकल्पस्य स्वलक्षणं ख्यापयित्वा संग्रहलक्षणं ख्यापयति। अभूतपरिकल्पमात्रे सति यथा त्रयाणां स्वभावानां संग्रहो भवति।

今译：这样，已经说明虚妄分别的自相。下面说明摄相⑥。因为唯有虚妄分别，才能摄持三种自性。

谛译：如是說虛妄體相已，今當次說虛妄攝相。若言唯是虛妄，云何能攝三性？故說偈言：

---

① 这句的意思是只有灭除迷乱，才有望获得解脱。若无迷乱，也无所谓束缚和解脱。
② 这句的意思是只有清除污染，才有望获得清净。否则，就会犯否定污染和清净的过失。
③ 此处"拨"（奘译"拨无"）的原词是 apavāda，词义为否定。
④ "净不净品"指净和不净两方面。
⑤ "失"的原词是 doṣa，词义为错误或过失。
⑥ "摄相"指虚妄分别摄持三自性相。

奘译：已顯虛妄分別自相，此攝相今當說。但有如是虛妄分別，即能具攝三種自性。頌曰：

कल्पितः परतन्त्रश्च परिनिष्पन्न एव च।
अर्थादभूतकल्पाच्च द्वयाभावाच्च देशितः ॥५॥

今译：依据对象，依据虚妄分别，依据二者皆无，
　　　故而宣示妄想自性、依他自性和圆成自性。（5）

谛译：分別及依他，真實唯①三性，
　　　由塵與亂識，及二無故說。

奘译：唯所執依他，及圓成實性，
　　　境故分別故，及二空故說。

अर्थः परिकल्पितः स्वभावः। अभूतपरिकल्पः परतन्त्रः स्वभावः। ग्राह्यग्राहकाभावः परिनिष्पन्नः स्वभावः।

今译：对象，妄想自性②。虚妄分别，依他自性③。所取和能取二者皆无，圆成自性④。

谛译：分別性者，謂是六塵永不可得，猶如空華⑤。依他性者，謂唯亂識有非實故，猶如幻物。真實性者，謂能取所取二無所有，真實有無故，猶如虛空。

---

① 此处和奘译此颂中的"唯"，原词是 eva，在原文中用于加强语气。
② "妄想自性"的原词是 parikalpitaḥ svabhāvaḥ。其中的 parikalpitaḥ，词义为设想、确定、想象或妄想，由此可理解为妄想分别。故而，这种自性谛译"分別性"。而奘译"遍计所执自性"，因为此词的前缀 pari，有"普遍"的含义。
③ "依他自性"的原词是 paratantraḥ svabhāvaḥ，谛译"依他性"，奘译"依他起自性"。
④ "圆成自性"的原词是 pariniṣpannaḥ svabhāvaḥ。其中的 pariniṣpannaḥ，词义为圆满完成或获得成就。"圆成自性"指真如，即真实的法性。故而，谛译"真實性"，奘译"圆成实自性"。
⑤ "空华"指空中之花，意谓眼有翳者，视空中有花。

奘译：論曰：依止①虛妄分別境故，說有遍計所執自性。依止虛妄分別性故，說有依他起自性。依止所取能取空故，說有圓成實自性。

[d. असल्लक्षणानुप्रवेशोपायलक्षण]

[d. 入无相方便相]

इदानीं तस्मिन्नेवाभूतपरिकल्पेऽसल्लक्षणानुप्रवेशोपायलक्षणं परिदीपयति।

今译：现在，说明这种虚妄分别中的入无相方便相②。

谛译：說虛妄攝相已，今當說入虛妄無所有方便相，故說偈言：

奘译：已顯虛妄分別攝相，當說即於虛妄分別入無相方便相。頌曰：

उपलब्धिं समाश्रित्य नोपलब्धिः प्रजायते।
नोपलब्धिं समाश्रित्य नोपलब्धिः प्रजायते ॥६॥

今译：依据有所得，没有所得产生，
　　　依据无所得，没有所得产生。（6）

谛译：由依唯識故，境無體義成，
　　　以塵無有體，本識即不生。

奘译：依識有所得，境無所得生，
　　　依境無所得，識無所得生。

विज्ञप्तिमात्रोपलब्धिं निश्रित्यार्थानुपलब्धिर्जायते। अर्थानुपलब्धिं निश्रित्य विज्ञप्तिमात्रस्याप्यनुपलब्धिर्जायते। एवमसल्लक्षणं ग्राह्यग्राहकयोः प्रविशति।

今译：依据唯了别③有所得，对象无所得产生。依据对象无所得，

---

① "依止"指依据。
② "入无相方便相"这句中，"无相"（asallakṣaṇa）指所取和能取二者无相；"方便"（upāya）指方法、手段或途径。
③ "唯了别"的原词是 vijñaptimātra，也译"唯识"。

唯了别无所得产生。这样，进入所取和能取二者无相。

谛译：一切三界但唯有識，依如此義，外塵體相決無所有，此智得成。由所緣境無有體故，能緣唯識亦不得生。以是方便，即得入於能取所取無所有相。

奘译：論曰：依止唯識有所得故，先有於境無所得生。復依於境無所得故，後有於識無所得生。由是方便，得入所取能取無相。復次，頌曰：

उपलब्धेस्ततः सिद्धा नोपलब्धिस्वभावता।

今译：由于有所得，无所得自性成立，

谛译：是故識成就，非識為自性。

奘译：由識有得性，亦成無所得，

उपलभ्यार्थाभावे उपलब्ध्ययोगात्।

今译：由于所得对象不存在，有所得不合适。

谛译：所識諸塵既無有體，是故識性無理得成。

तस्माच्च समता ज्ञेया नोपलम्भोपलम्भयोः ॥७॥

今译：因此，得知无所得和有所得二者平等①。（7）

谛译：不識及與識，由是義平等。

奘译：故知二有得，無得性平等。

उपलब्धेरुपलब्धित्वेनासिद्धत्वादभूतार्थप्रतिभासतया तूपलब्धिरित्युच्यते ऽनुपलब्धिस्वभावापि सती

今译：由于有所得的有所得性不成立，但由于似显现不实对象，

---

① "二者平等"意谓所取（对象）和能取（唯了别）二者实质都是"无所得"，也就是"二者无相"，故而说"二者平等"。此处谛译"不识及与识"对应的原文是"无所得和有所得"。奘译"二有得无得"意谓"有得和无得二者"，与原文一致。

故而说有所得，即使它是无所得自性。

谛译：不識者，由自性不成就，是故非識。此法真實無所有性，而能顯現似非實塵，故說為識。

奘译：論曰：唯識生時，現似種種虛妄境故，名有所得。以所得境無實性故，能得實性亦不得成。由能得識無所得故，所取能取二有所得平等俱成無所得性。

[e. प्रभेदलक्षण]

[e. 差别相]

तस्यैवेदानीमभूतपरिकल्पस्य प्रभेदलक्षणं ख्यापयति।

今译：现在说明虚妄分别的差别①相。

谛译：說入虛妄無所有方便相已，今當顯虛妄總相，故說偈言：

奘译：顯入虛妄分別無相方便相已，此差別異門相今次當說。頌曰：

अभूतपरिकल्पश्च चित्तचैत्तास्त्रिधातुकाः।

今译：虚妄分别是三界②的心和心所③，

谛译：虛妄總類者，三界心心法。

奘译：三界心心所，是虛妄分別，

कामरूपारूप्यावचरभेदेन।

---

① "差别"的原词是 prabheda，词义为分别、区别和类别等。此词谛译"总"和"总类"，奘译"差别"。

② "三界"（tridhātu）指欲界、色界和无色界。

③ "心"（citta）指"八识"（眼识、耳识、鼻识、舌识、身识、意识、末那识和阿赖耶识）。"心所"（caitta）指附属于心的各种心理活动。"心和心所"或称"心法和心所法"。

今译：依据欲界、色界和无色界的差别。

谛译：虛妄者，若約①界立，謂欲、色、無色界。若約生②立，謂心及心法③，是總類相。

[f. पर्यायलक्षण]

[f. 异门相]

पर्यायलक्षणं च ख्यापयति।

今译：现在说明异门④相。

谛译：說總相已，別相今當說。

तत्रार्थदृष्टिर्विज्ञानं तद्विशेषे तु चैतसाः ॥८॥

今译：见对象是识⑤，见对象差别是心所。（8）

谛译：唯塵智名心，差別名心法。

奘译：唯了境名心，亦別名心所。

तत्रार्थमात्रे दृष्टिर्विज्ञानं। अर्थविशेषे दृष्टिश्चैतसा वेदनादयः।

今译：其中，见唯对象是识，见对象差别是受等心所⑥。

---

① "约"指依据。
② 此处"生"，即下面所说虚妄分别的"生起"。
③ 此处谛译"心法"的原词是 caitta，即奘译"心所"或"心所法"。
④ "异门"的原词是 paryāya，词义为循环、重复、依次、方法或同义词。这里的"异门"一词的词义相当于"同义词"，汉译佛经中也译"别名"或"别义"。此词谛译"别"，在后面也译"总名"。奘译"异门"。
⑤ 此处的"识"（vijñāna）相当于"心"（citta），指八识。
⑥ 这里是说"心"把握"唯对象"（arthamātra，谛译"尘通相"，奘译"境总相"），即对象的总体形相。"心所"把握"对象差别"，即对象的具体的或特殊的形相。其中"差别"的原词是 viśeṣa，词义为区别、不同或特殊。"受等"指心所细分有"受"（vedanā）等四十六种或五十一种。

谛译：心者，但了別塵通相。若了塵別相，說名為心法，謂受想行等。

奘译：論曰：虛妄分別差別相者，即是欲界、色、無色界諸心、心所。異門相者，唯能了境總相，名心；亦了差別，名為受等諸心所法。

[g. प्रवृत्तिलक्षण]

[g. 生起相]

प्रवृत्तिलक्षणं च ख्यापयति।

今译：现在说明生起相①。

谛译：說總別相已，次顯生起相。

奘译：今次當說此生起相。頌曰：

**एकं प्रत्ययविज्ञानं द्वितीयमौपभोगिकम्।
उपभोगपरिच्छेदप्रेरकास्तत्र चैतसाः ॥९॥**

今译：一种是缘识，第二种是受用者②，
其中，心所是引起受用分别者。（9）

谛译：第一名緣識，第二是用識，
於塵受分別，引行謂心法。

奘译：一則名緣識，第二名受者，
此中能受用，分別推③心所。

---

① "生起相"指虚妄分别的生起相，也就是识的生起相。"生起"（pravṛtti）一词也可译为"转出"。

② "受用者"指受用识，也就是下面所说的"转识"，即眼识、耳识、鼻识、舌识、身识、意识和末那识。

③ 此处"能受用"和"分别推"在原文中是一个复合词，词义是"引起（或推动）能受用分别者"。"推"的原词是 preraka，词义为激发、引起或推动。

आलयविज्ञानमन्येषां विज्ञानानां प्रत्ययत्वात्प्रत्ययविज्ञानं। तत्प्रत्ययं
प्रवृत्तिविज्ञानमौपभोगिकं। उपभोगो वेदना। परिच्छेदः संज्ञा। प्रेरकाः संस्कारा
विज्ञानस्य चेतनामनस्कारादयः।

今译：由于其他识的所缘性，阿赖耶识是缘识。受用的转识缘于它①。受用是受，分别是想，引起是识的思、作意等行②。

谛译：緣識者，謂阿黎耶識，餘識生緣故。用識者，謂因黎耶識③於塵中起，名為用識。於塵受者，謂領塵苦等，說名受陰④。分別者，謂選擇塵差別，是名想陰。引行者，能令心捨此取彼，謂欲、思惟及作意等，名為行陰。如是受等名為心法。

奘译：論曰：緣識者，謂藏識⑤，是餘識生緣故。藏識為緣所生轉識受用主⑥故，名為受者。此諸識中，受能受用，想能分別，思、作意等諸相應行⑦能推諸識。此三⑧助心，故名心所。

[h. संक्लेशलक्षण]

[h.污染相]

संक्लेशलक्षणं च ख्यापयति।

今译：现在，说明污染相⑨。

---

① 这句是说其他七种受用识缘于阿赖耶识。
② 这里所说的"受"、"想"和"思、作意等行"均属于"心所"。
③ "黎耶识"是"阿黎耶识"的简称。
④ "受阴"以及这段中的"想阴"和"行阴"即五蕴（色、受、想、行和识）中的受蕴、想蕴和行蕴。
⑤ "藏识"即阿赖耶识。
⑥ "受用主"即受用者。
⑦ "诸相应行"指各种与心相应的行。
⑧ "此三"指"受"、"想"和"思、作意等行"这三者。
⑨ "污染相"指虚妄分别的污染相。"污染"的原词是 saṃkleśa，词义为痛苦、烦恼和污染等。此词谛译"染污"，奘译"杂染"。

谛译：說生①相已，當說虛妄染污相，故說偈言：

奘译：今次當說此雜染相。頌曰：

छादनाद्रोपणाच्चैव नयनात्संपरिग्रहात्।
पूरणात्त्रिपरिच्छेदादुपभोगाच्च कर्षणात् ॥१०॥

今译：由于遮盖、安立、引导、摄持、
圆满、三分别、受用和引起，（10）

谛译：覆藏及安立，將導與攝持，
圓滿三分成，領觸并牽引，

奘译：覆障及安立，將導攝圓滿，
三分別受用，引起并連縛，

निबन्धनादाभिमुख्यादुःखनात्क्लिश्यते जगत्।

今译：系缚、现前和苦，世间受污染，

谛译：執著及現前，苦故惱世間，

奘译：現前苦果故，唯此惱世間，
三二七雜染，由虛妄分別。②

तत्र च्छादनादविद्यया यथाभूतदर्शनविबन्धनात्। रोपणात्संस्कारैर्विज्ञाने कर्मवासनायाः प्रतिष्ठापनात्। नयनाद्विज्ञानेनोपपत्तिस्थानसंप्रापणात्। संपरिग्रहान्नामरूपेणात्मभावस्य। पूरणात्षडायतनेन। त्रिपरिच्छेदात्स्पर्शेन। उपभोगाद्वेदनया। कर्षणात्तृष्णया कर्माक्षिप्तस्य पुनर्भवस्य। निबन्धनादुपादानैर्विज्ञानस्योत्पत्त्यनुकूलेषु कामादिषु। आभिमुख्याद्भवेन कृतस्य कर्मणः पुनर्भवे विपाकदानायाभिमुखीकरणात्। दुःखनाज्जात्या जरामरणेन च परिक्लिश्यते जगत्। सो ऽयं

---

① 此处"生"字，据《中华大藏经》校勘记，诸本作"生起"。
② 奘译这颂后半偈，即梵本第11颂后半偈。奘译释文在后面。

今译：其中，"由于遮盖"是由无明遮盖如实见①。"由于安立"是由于诸行在识中安置业熏习②。"由于引导"是由识导向出生处。"由于摄持"是由名色③摄持身体。"由于圆满"是由六处而圆满④。"由于三分别"是由触而三分别⑤。"由于受用"是由受而受用。"由于引起"是由爱引发业而引起再生。"由于系缚"是由诸取而识受到依随生⑥的欲等⑦系缚。"由于现前"是由有⑧而在再生中现前⑨给予所作业的果报。"由于苦"是由生和老死而苦。世间受污染。这是——

谛译：覆藏者，由无明能障如实见故。安立者，由诸行能安立业熏习於本識⑩中故。將導⑪者，由本識及意識能令眾生往受生處故。攝持者，謂由色能攝持自體五聚⑫故。圓滿者，謂由六入能生長故。三分成者，依根塵識諸觸成故。領觸者，由樂苦等為損益故。牽引者，由貪愛命⑬業能牽後生⑭故。執著者，由四取能令諸識染著欲等四處隨

---

① "无明遮盖如实见"指无明遮蔽符合真实或实相的知见。从这里"无明"开始，这一段是讲述十二因缘（或称"十二缘起"）：缘无明（avidyā）故有行（saṃskāra），缘行故有识（vijñāna），缘识故有名色（nāmarūpa），缘名色故有六处（ṣaḍāyatana），缘六处故有触（sparśa），缘触故有受（vedanā），缘受故有爱（tṛṣṇā），缘爱故有取（upādāna），缘取故有有（bhava），缘有故有生（jāti），缘生故有老死（jarāmaraṇa）。
② "业熏习"（karmavāsanā）指过去所作的业留在阿赖耶识中的习气或潜印象。这里的"熏习"指受熏染而形成的习气。"熏习"的原词是 vāsanā，词义为熏染。
③ "名色"（nāmarūpa）是精神和物质的总称。具体而言，"名"（nāma）指受、想、行和识，与色（rūpa）合称"五蕴"（pañcaskandha），构成人的身体。
④ "六处"（ṣaḍāyatana）指内六处，即"六根"：眼、耳、鼻、舌、身和意。"由六处而圆满"指身体具足六根而圆满。
⑤ "三分别"指根、境和识三者。六根、六境（色、声、香、味、触和法）和六识结合而产生六触：眼触、耳触、鼻触、舌触、身触和意触。
⑥ "依随生"指贪求生。
⑦ "欲等"指四取：欲取、见取、戒禁取和我语取。
⑧ "有"（bhava）指"三有"：欲界、色界和无色界，也指由所作的业引来的果报。
⑨ "现前"（mukhīkaraṇa）指出现在面前。
⑩ 此处"本识"的原词是 vijñāna（"识"），实际是指阿赖耶识，故而此词奘译也是"本识"。
⑪ "将导"的原词是 nayana，词义为引导。
⑫ "五聚"即五蕴。
⑬ 此处"命"字，据《中华大藏经》校勘记，《资》作"令"。
⑭ "后生"即再生。

從得生故。現前者，由業有謂已作諸業趣向來生為與果報故。苦者，由生老死故。惱世間者，謂三界由無明乃至老死等所逼惱，恒受苦難故。

奘譯：論曰：覆障故者，謂由無明覆如實理、障真見故。安立故者，謂由諸行植本識中業熏習故。將導故者，謂有取識引諸有情至生處故。攝故者，謂名色攝有情自體故。圓滿故者，謂六內處令諸有情體具足故。三分別故者，謂觸能分別根境識三順三受[1]故。受用故者，謂由受支[2]領納順違非二境[3]故。引起故者，謂由愛力[4]令先業所引後有得起故。連縛故者，謂取令識緣順欲等連縛生故。現前故者，謂由有力令已作業所與後有諸異熟果[5]得現前故。苦果故者，謂生老死性有逼迫酬[6]前因故。唯此所說十二有支，逼惱世間，令不安隱。

त्रेधा द्वेधा च संक्लेशः सप्तधाभूतकल्पनात् ॥ ११ ॥

今译：由于虚妄分别，有三、二和七种污染。(11)

谛译：三種二種難，亦七由虛妄。

त्रेधा संक्लेशः। क्लेशसंक्लेशः कर्मसंक्लेशः जन्मसंक्लेशश्च। तत्र क्लेशसंक्लेशो ऽविद्यातृष्णोपादानानि। कर्मसंक्लेशः संस्कारा भवश्च। जन्मसंक्लेशः शेषाण्यङ्गानि। द्वेधा संक्लेशः। हेतुसंक्लेशः फलसंक्लेशश्च। तत्र हेतुसंक्लेशः क्लेशकर्मस्वभावैरङ्गैः फलसंक्लेशश्च शेषैः। सप्तधा संक्लेशः सप्तविधो हेतुः। विपर्यासहेतुः। आक्षेपहेतुः। उपनयहेतुः। परिग्रहहेतुः। उपभोगहेतुः। आकर्षणहेतुः। उद्वेगहेतुश्च। तत्र

---

[1] "三顺三受"中的"三顺"指根、境和识三者互相随顺。"三受"指苦、乐和非苦非乐三种感受。
[2] "十二因缘"也称"十二有支"或"十二支"。"受支"即其中的受。
[3] "顺违非二境"指顺境、违境和非顺非违境。
[4] "爱力"以及下面提到的"有力"指十二支中的爱的力量和有的力量。
[5] "异熟果"的原词是 vipāka，词义为煮熟或成熟，引申义为果报。此词由前缀 vi 加上词干 pāka（"成熟"）构成，而前缀 vi 具有分别或区别之意，故而此词译为"异熟果"是表示果产生于因，又异于因。
[6] "酬"指回报或偿还。

辩中边论 23

विपर्यासहेतुरविद्या। आक्षेपहेतुः संस्काराः। उपनयहेतुर्विज्ञानं। परिग्रहहेतुर्नाम-रूपषडायतने। उपभोगहेतुः स्पर्शवेदने। आकर्षणहेतुस्तृष्णोपादानभवाः। उद्वेगहेतुर्जातिजरामरणे। सर्वश्चैष संक्लेशो ऽभूतपरिकल्पात्प्रवर्तत इति।

今译：三种污染是烦恼污染、业污染和生污染。其中，烦恼污染是无明、爱和取。业污染是诸行和有。生污染是其余支①。二种污染是因污染和果污染。其中，因污染是烦恼和业自性支。果污染是其余支②。七种污染是七种因：颠倒因、引发因、引导因、摄持因、受用因、引起因和厌怖因。其中，颠倒因是无明。引发因是诸行。引导因是识。摄持因是名色和六处。受用因是触和受。引起因是爱、取和有。厌怖因是生老死。由于虚妄分别，这一切污染生起。

谛译：三種二種難③，亦七，由虛妄者。三種難者，謂煩惱、業、生。煩惱難者，謂無明、貪愛、取。業難者，謂行及有。生難者，謂所餘七分。二種難者，所謂因果。因難者，謂煩惱、業分。果難者，謂所餘分。七難者，謂七種因：一顛倒因，謂無明。二牽引因，謂諸行。三將因，謂本、意二識。四攝因，謂名色、六入。五受用因，謂觸、受。六引出因，謂愛、取、有。七厭怖因，謂生老死。由虛妄者，如是苦難從虛妄生。

奘译：三雜染者：一煩惱雜染，謂無明、愛、取。二業雜染，謂行、有。三生雜染，謂餘支。二雜染者：一因雜染，謂煩惱、業。二果雜染，謂所餘支。七雜染者，謂七種因：一顛倒因，謂無明。二牽引因，謂行。三將導因，謂識。四攝受因，謂名色、六處。五受用因，謂觸、受。六引起因，謂愛、取、有。七厭怖因，謂生老死。此諸雜染無不皆由虛妄分別而得生長。

---

① "十二因缘"即"十二支"中，属于烦恼污染和业污染的共五支。"其余支"即其他七支。
② "因污染"中的烦恼污染和业污染共五支，则"果污染"是其他七支。
③ 此处"难"指苦难，也是 saṃkleśa（"污染"）一词具有的含义。

[अभूतपरिकल्पपिण्डार्थ]

[虚妄分别总义]

पिण्डार्थः पुनरभूतपरिकल्पस्य नवविधं लक्षणं परिदीपितं भवति। सल्लक्षणं। असल्लक्षणं स्वलक्षणं। संग्रहलक्षणं। असल्लक्षणानुप्रवेशोपायलक्षणं। प्रभेदलक्षणं। पर्यायलक्षणं। प्रवृत्तिलक्षणं। संक्लेशलक्षणं च।

今译：总义：已经说明虚妄分别九种相，即有相、无相、自相、摄相、入无相方便相、差别相、异门相、生起相和污染相。

谛译：集虚妄义有九種相，所謂有相、無相、自相、攝相、入無相方便相、差別相①、眾名相②、生緣相、染相，義現於前。

奘译：此前總顯虛妄分別有九種相：一有相，二無相，三自相，四攝相，五入無相方便相，六差別相，七異門相，八生起相，九雜染相。

[2. शून्यता]

[2. 空性]

एवमभूतपरिकल्पं ख्यापयित्वा यथा शून्यता विज्ञेया तन्निर्दिशति।

今译：这样，已经说明虚妄分别。下面依据所知空性③予以说明。

谛译：說虛妄已，當說方便④，為顯空義。由此相應⑤故，說偈言：

奘译：如是已顯虛妄分別，今次當說所知空性。頌曰：

---

① 此处"差别相"，谛译在前面译为"总相"和"总类相"。
② 此处"众名相"即异门相。此词谛译在前面译为"别相"。
③ "空性"具体是指虚妄分别的空性或空性相。
④ 此处"方便"指以方便的言说说明一切法空。
⑤ 此处"相应"指虚妄分别与空性相应。

लक्षणं चाथ पर्यायस्तदर्थो भेद एव च।
साधनं चेति विज्ञेयं शून्यतायाः समासतः॥१२॥

今译：略说空性，应知相、异门、
　　　它的意义、差别和成立。（12）

谛译：體相及眾名，其義與分別，
　　　成立理應知，略解空如是。

奘译：諸相及異門，義差別成立，
　　　應知二①空性，略說唯由此。

[a. शून्यतालक्षण]

[a. 空性相]

कथं लक्षणं विज्ञेयं।

今译：云何应知相？

谛译：云何應知空相？偈言：

奘译：論曰：應知所取能取空性，略說但由此相等五②。所知空性，其相云何？頌曰：

द्वयाभावो ह्यभावस्य भावः शून्यस्य लक्षणम्।

今译：二者无，有无③，是空相，

谛译：無二有此無，是二名空相，
　　　故非有非無，不異亦不一。

奘译：無二有無故，非有亦非無，
　　　非異亦非一，是說為空相。

---

① 此处"二"指能取和所取二者。
② "相等五"指上述奘译偈颂中的相、异门、义、差别和成立。
③ 此处"有无"按照原文 abhāvasya bhāvaḥ，直译是"无的有"或"无的存在"。

द्वयग्राह्यग्राहकस्याभावः। तस्य चाभावस्य भावः शून्यतया लक्षणमि-त्यभावस्वभावलक्षणत्वं शून्यतायाः परिदीपितं भवति। यश्चासौ तदभावस्वभावः स।

今译：无所取和能取二者①。有这二者的无②。这是以空性为相。这说明空性的无自性相③。这是它的无自性。

谛译：無二者，謂無所取能取。有此無者，謂但有所取能取無。是二名空相者，謂無及有無是名空相。此顯真空，無有二相，是法以二無為性。

奘译：論曰：無二，謂無所取能取。有無，謂有二取之無。此即顯空無性為性。

न भावो नापि चाभावः

今译：非有也非无，

कथं न भावो यस्माद्द्वयस्याभावः। कथं नाभावो यस्माद्द्वयाभावस्य भावः। एतच्च शून्यताया लक्षणं। तस्मादभूतपरिकल्पान्

今译：云何非有？因为无二者。云何非无？因为有这二者的无。这是空性相。由于虚妄分别，

谛译：不可說有，不可說無。云何非有？是二無故。云何非無？是二無有故。故偈言非有非無，是名真空相。

奘译：故此空相非有非無。云何非有無？二有故。云何非無有？二無故。此顯空相非有非無。此空與彼虛妄分別非異非一。

न पृथक्त्वैकलक्षणं ॥१३॥

今译：　　　　　　　非异非一相。（13）

---

① 这句是颂中所说"二者无"。
② 这句是颂中所说"有无"。
③ "无自性相"指以无为自性的相，也就是空性相。

पृथक्त्वे सति धर्मादन्या धर्मतेति न युज्यते। अनित्यतादुःखतावत्। एकत्वे सति विशुद्ध्यालम्बनं ज्ञानं न स्यात्सामान्यलक्षणं च। एतेन तत्त्वान्यत्वविनिर्मुक्तं लक्षणं परिदीपितं भवति।

今译：若依据异，说法性异于法，也就不合适，如无常性和苦性①。若依据一，则无清净所缘智和共相②。由此说明离一异③相。

谛译：不异亦不一者，與虛妄分別不異相，亦不一相。若異者，謂法性與法異，是義不然，譬如五陰與無常性及苦性。若一者，清淨境界智及通相不成就。如是道理顯現空與虛妄離一異相。是故說不有非不有，非一非異相。

奘译：若異，應成法性異法，便違正理，如苦等性。若一，則應非淨智境，亦非共相。此即顯空與妄分別離一異相。

[b. शून्यतापर्यायः]

[b. 空性异门]

कथं पर्यायो विज्ञेयः।

今译：云何应知异门？

谛译：云何眾名應知？

奘译：所知空性異門云何？頌曰：

तथता भूतकोटिश्चानिमित्तं परमार्थता।

---

① 这里说明法性不异于法，如无常性和苦性寓于诸法中，故而诸法皆无常和皆苦。
② 这里说明法性和法非一。"清净所缘智"（śuddhyālambanaṃ jñānam）指于所缘境认知空性的清净智。"共相"（sāmānyalakṣaṇa）指诸法自相各异，而有无常、无我、苦和空等共相。若法性和法为一，法性随诸法自相各异，则无清净所缘智和共相。
③ 此处"一异"的原词为 tattvānyatva（"真异"），而按照这句中前面的用词，似应为 ekatvānyatva（"一异"）。谛译和奘译均为"一异"。

धर्मधातुश्च पर्यायाः शून्यतायाः समासतः ॥१४॥

今译：空性异门简而言之有真如、
实际、无相、胜义性和法界。（14）

谛译：如如及實際，無相與真實，
法界法身等，略說空眾名。

奘译：略說空異門，謂真如實際，
無相勝義性，法界等應知。

[c. शून्यतापर्यायार्थं]

[c. 空性异門义]

कथं पर्यायार्थो विज्ञेयः।

今译：云何应知异门义？

谛译：云何眾名義應知？

奘译：論曰：略說空性有此異門。云何應知此異門義？頌曰：

अनन्यथाविपर्यासतन्निरोधार्यगोचरैः।
हेतुत्वाचार्यधर्माणां पर्यायार्थो यथाक्रमम् ॥१५॥

今译：异门义依次为无变异、无颠倒、
相灭、圣智境界以及诸圣法因。（15）

谛译：非變異不到①，相滅聖境界，
聖法因及依，是眾名義次。

奘译：由無變無倒，相滅聖智境，

---

① 此处"不到"指不颠倒。

及諸聖法因，異門義如次。

अनन्यार्थेन तथता नित्यं तथैवेति कृत्वा। अविपर्यासार्थेन भूतकोटिः विपर्यासवस्तुत्वात्। निमित्तनिरोधार्थेनानिमित्तं सर्वनिमित्ताभावात्। आर्यज्ञान-गोचरत्वात्परमार्थः। परमज्ञानविषयत्वाद्। आर्यधर्महेतुत्वाद्धर्मधातुः। आर्य-धर्माणां तदालम्बनप्रभवत्वात्। हेत्वर्थो ह्यत्र धात्वर्थः।

今译：由无变异义而说真如①，因为永远如此。由无颠倒义而说实际②，因为无颠倒事物③性。由相灭④而说无相，因为一切相无。由圣智境界⑤而说胜义⑥，因为是圣智境界。由诸圣法因而说法界⑦，因为诸圣法缘此产生。其中的界义即因义⑧。

谛译：無異為義故，是故名如如，恒如是不捨故。無顛倒為義故，說實際，非顛倒種類及境界故。相滅為義故，說無相，離一切相故，無分別。聖智境界故，第一義智為體故，說真實⑨。聖法因為義故，是故說法界，聖法依此境生。此中因義是界義。攝持法身⑩為義故，說法身。如是空眾名義已顯。

奘译：論曰：即此中說所知空性，由無變義說為真如，真性常如無轉易故。由無倒義說為實際，非諸顛倒依緣事故。由相滅義說為無

---

① 此处"真如"的原词是 tathatā（通常写为 tathatā），也译"如如"或"如实"，意谓"原本如此"。在佛经中指终极真理，即万法皆空，原本如此。
② "实际"（bhūtakoṭi）指真实的边际或事物的终极，也就是事物的实相，即空性。
③ "事物"的原词是 vastu，汉译佛经中也译"境"、"所缘境"或"诸法"。"无颠倒事物"意谓对所缘事物不产生颠倒认知或虚妄分别。
④ "相灭"指灭除虚妄分别的相。
⑤ "圣智境界"指圣智以空性为境界，故而圣智的境界也就是空性。
⑥ "胜义"（paramārtha）也称为"第一义"，即真谛。
⑦ "法界"（dharmadhātu）含有二义：一是总称一切法，二是指一切法的本质，即法性。法性也就是真如或空性。这里是说"法界"是圣法的原因。
⑧ "界"的原词是 dhātu，词义为"元素"或"因素"。
⑨ "真实"即真谛。
⑩ 此处"法身"指法性，即真如法界。

相，此中永絕一切相故。由聖智境義說為勝義性，是最勝智所行義①故。由聖法因義說為法界，以一切聖法緣此生故。此中界者，即是因義。無我等義②，如理應知。

[d. शून्यताप्रभेद]

[d. 空性差別]

कथं शून्यतायाः प्रभेदो ज्ञेयः।

今译：云何应知空性差别？

谛译：云何空分別應知？

奘译：云何應知空性差別？頌曰：

संक्लिष्टा च विशुद्धा च

今译：污染性和清净性，

谛译：亦染亦清淨，如是空分別，

奘译：此雜染清淨，由有垢無垢，

इत्यस्याः प्रभेदः। कस्यामवस्थायां संक्लिष्टा कस्यां विशुद्धा।

今译：这是它的差别。在什么分位中成为污染性？在什么分位中成为清净性？

谛译：何處位空不淨？何處位空淨？

समला निर्मला च सा।

---

① "所行义"指所行境界。
② "无我等义"指一切法空。

今译：　　　　　　　那是有污垢和无污垢，

谛译：有垢亦無垢，

यदा सह मलेन वर्तते तदा संक्लिष्टा। यदा प्रहीणमला तदा विशुद्धा। यदि समला भूत्वा निर्मला भवति कथं विकारधर्मिणीत्वादनित्या न भवति। यस्मादस्याः

今译：与污垢在一起，成为污染性。脱离污垢，成为清净性。先污染性，后清净性，由于性质变化，云何不是无常？因为它——

谛译：若在此位中是諸无垢①法，未得出離，與共相應，是位處說不淨。若在此位，出離諸垢，此位處說淨。若已與垢相應，後時無垢，不離變異法故，云何不無常？為此問故答：

अब्यातुकनकाकाशशुद्धिवच्छुद्धिरिष्यते ॥ १६ ॥

今译：如同水、金和空清净，清净可期望。（16）

谛译：水界金空靜，法界淨如是。

奘译：如水界全②空，淨故許為淨。

आगन्तुकमलापगमान्न तु तस्याः स्वभावान्यत्वं भवति।

今译：由于脱离客尘③污垢，而非它存在自性变异性。

谛译：客塵故，離滅故，不是自性變異故。

奘译：論曰：空性差別略有二種：一雜染，二清淨。此成染淨由分位別，謂有垢位，說為雜染；出離垢時，說為清淨。雖先雜染後成清淨，而非轉變成無常失④。如水界等出離客塵，空淨亦然，非性轉變。

---

① 此处"无垢"，据《中华大藏经》校勘记，《丽》作"垢"。
② 此处"全"字，据原文和谛译应为"金"。《中华大藏经》校勘记未涉及此词。
③ "客尘"（āgantuka）指外界的"六尘"，即色、声、香、味、触和法。
④ "失"指过失或错误。

[षोडशविधा शून्यता]

[十六种空性]

अयमपरः प्रभेदः षोडशविधा शून्यता। अध्यात्मशून्यता। बहिर्धाशून्यता। अध्यात्मबहिर्धाशून्यता। महाशून्यता। शून्यताशून्यता। परमार्थशून्यता। संस्कृतशून्यता। असंस्कृतशून्यता। अत्यन्तशून्यता। अनवराग्रशून्यता। अनवकारशून्यता। प्रकृतिशून्यता। लक्षणशून्यता। सर्वधर्मशून्यता। अभाव-शून्यता। अभावस्वभावशून्यता च। सैषा समासतो वेदितव्या।

今译：空性另有这十六种差别：内空性、外空性、内外空性、大空性、空性空性、胜义空性、有为空性、无为空性、毕竟空性、无际空性、无散空性、本性空性、相空性、一切法空性、无空性、无自性空性。应知略说这种空性。

谛译：復有分別。此空有十六：一內空，二外空，三內外空，四大空，五空空，六第一義空，七有為空，八無為空，九畢竟空，十無前後空，十一不捨空，十二性空，十三相空，十四一切法空，十五非有空，十六非有性空。如是略說空，應知。

奘译：此空差別復有十六：謂內空，外空，內外空，大空，空空，勝義空，有為空，無為空，畢竟空，無際空，無散空，本性空，相空，一切法空，無性空，無性自性空。此等略義云何應知？頌曰：

भोक्तृभोजनतद्देहप्रतिष्ठावस्तुशून्यता।
तच्च येन यथा दृष्टं यदर्थं तस्य शून्यता ॥१७॥

今译：能食、所食、所依身和所依处空性，
依此如实见，为此（修习）它的空性。（17）

谛译：食者所食空，身及依處空，

能見及如理，所求至得空。
奘译：能食及所食，此依身所住，
能見此如理，所求二淨空。

為常益有情，為不捨生死，
為善無窮盡，故觀此為空。①

為種性清淨，為得諸相好，
為淨諸佛法，故菩薩觀空。②

तत्र भोक्तृशून्यता आध्यात्मिकान्यायतनान्यारब्धा भोजनशून्यता बाह्यानि। तद्देहस्तयोर्भोक्तृभोजनयोर्यदधिष्ठानं शरीरं। तस्य शून्यताध्यात्मबहिर्धा-शून्यतेत्युच्यते। प्रतिष्ठावस्तु भाजनलोकः। तस्य विस्तीर्णत्वाच्छून्यता महा-शून्यतेत्युच्यते। तच्चाध्यात्मिकायतनादि येन शून्यं दृष्टं शून्यताज्ञानेन। तस्य शून्यता शून्यताशून्यता। यथा च दृष्टं परमार्थाकारेण तस्य शून्यता परमार्थ-शून्यता। यदर्थं च बोधिसत्वः प्रपद्यते तस्य च शून्यता। किमर्थं च प्रपद्यते।

今译：其中，能食③空性依据内处④。所食⑤依据外处⑥。所依身是能食和所食的所依身，故而说它的空性是内外空性。所依事物是器世间⑦。由于它的宽广，故而说这种空性是大空性。空性智⑧见内处等空⑨，它的空性是空性空性。依据胜义如实见，它的空性是胜义空性。菩萨为此修习空性。为了什么修习？⑩

---

① 奘译这首即梵本第 18 颂，释文在后面。
② 奘译这首即梵本第 19 颂，释文在后面。以下类似情况不一一指出。
③ "能食"的原词是 bhoktṛ，词义为享受者或受用者，相当于"能取"。
④ "内处"指内六处，即六根。
⑤ "所食"的原词是 bhojana，词义为享用或食物，相当于"所取"。
⑥ "外处"指外六处，即六境（或称"六尘"）。
⑦ "器世间"（bhājanaloka）指自然世界或物质世界，如山河、大地和草木等构成的世界。
⑧ "空性智"（śūnyatājñāna）相当于上述"圣智"。此词谛译"无分别智"，奘译"空智"。
⑨ "内处等空"即上述内处空、外处空、内外处空和器世间空。
⑩ 以下的回答是说明修习空性的功用。

谛译：此中能食空者，依内根故说。所食空者，依外尘故说。身者是能食，所食者依处，是重空故，说内外空。大空者，世器遍满故，故说名大，此空说大空。内入、身及世器，此法是空。无分别智能见此空，此无分别智空故，名空空。如道理依第一义相观此法空，是名第一义空。为得此菩萨修行空。

奘译：论曰：能食空者，依内处说，即是内空。所食空者，依外处说，即是外空。此依身者，谓能所食所依止身。此身空故，名内外空。诸器世间说为所住。此相宽广故，名为大。所住空故，名为大空。能见此者，谓智能见内处等空。空智空故，说名空空。如理者，谓胜义，即如实行所观真理，此即空故，名胜义空。

शुभद्वयस्य प्राप्त्यर्थं

今译：为了达到二者清净，

कुशलस्य संस्कृतस्यासंस्कृतस्य च।

今译：有为和无为的善法清净①。

सदा सत्वहिताय च।

今译：　　　　　永远为了饶益众生，

अत्यन्तसत्वहितार्थं।

今译：为了饶益无尽的众生②。

संसारात्यजनार्थं च

今译：为了不舍弃生死轮回，

अनवराग्रस्य हि संसारस्य शून्यतामपश्यन् खिन्नः संसारं परित्यजेत्।

---

① 这里是讲"有为空性"和"无为空性"。
② 这里是讲"毕竟空性"。其中，"无尽的"原词是 atyanta，词义为无穷尽的、永远的或永久的。汉译佛经中常译为"毕竟"。

今译：因为不看到无际生死轮回的空性，便会产生厌倦，而舍弃生死轮回①。

कुशलस्याक्षयाय च ॥१८॥

今译：　　　　　　为了善法无穷尽。（18）

निरुपधिशेषे निर्वाणे ऽपि यन्नावकिरति नोत्सृजति तस्य शून्यता अनवकारशून्यतेत्युच्यते।

今译：即使达到无余涅槃②，也不散失、不舍弃这种空性，故而称为无散空性③。

谛译：是此法空，为何修行？為至得二善：一有為善，二無為善。此空是名有為無為空。常④利益他，為一向恆利益他故，修此空故，說畢竟空。為不捨生死。此生死無前後，諸眾生不見其空，疲厭故，捨離生死。此空是名無前後空，為善無窮盡，諸佛入無餘涅槃，因此空不捨他利益事，是名不捨空。

奘译：菩薩修行，為得二淨，即諸有為無為善法。此二空故，名有為空及無為空。為於有情常作饒益，而觀空故，名畢竟空。生死長遠無初後際，觀此空故，名無際空。不觀為空，便速厭捨。為不厭捨此生死故，觀此無際生死為空。為所修善至無餘依般涅槃位亦無散捨而觀空故，名無散空。

गोत्रस्य च विशुद्ध्यर्थं

---

① 这里是讲"无际空性"，意思是若能看到无际生死轮回的空性，就不会产生厌倦而舍弃生死轮回，也就是说菩萨要不断地在生死轮回中救度众生。其中，"无际"的原词是 anavarāgra，词义为无前无后的。

② "无余涅槃"（nirupadhiśeṣanirvāṇa）指摆脱一切生存因素的涅槃。

③ 这里是说即使达到涅槃，也不会舍弃空性，因为菩萨要继续救度众生。

④ 此处"常"字，据《中华大藏经》校勘记，诸本作"為常"。

今译：为了种性清净，

गोत्रं हि प्रकृतिः स्वाभाविकत्वात्।

今译：种性是出自自性的本性①。

लक्षणव्यञ्जनाप्तये।

今译：　　　　　为了获得相好，

महापुरुषलक्षणानां सानुव्यञ्जनानां प्राप्तये।

今译：为了获得大人相和随好②。

शुद्धये बुद्धधर्माणां बोधिसत्वः प्रपद्यते ॥१९॥

今译：为了佛法清净，菩萨修习。（19）

बलवैशारद्यावेणिकादीनाम्। एवं तावच्चतुर्दशानां शून्यतानां व्यवस्थानं वेदितव्यं। का पुनरत्र शून्यता।

今译：力、无畏和不共法等③。应知如此十四种空性的定位。其中，还有什么空性？

谛译：為清淨界性④，性義者種類義，自然得故，故立名性。此空名性空。為得大相好，是大人相及小相，為得此二相修行此空，是名相空。為清淨佛法故，菩薩行彼十力、四無畏等諸佛不共法。為清

---

① 这里是讲"本性空性"，意思是修习空性，能达到种性清净。其中，"种性"的原词是 gotra，词义为族姓。在佛经中也用于指称声闻、缘觉和菩萨原本具有的本性。
② 这里是讲"相空性"，意思是修习空性，能获得佛的"相好"（lakṣaṇavyañjana），即三十二种"大人相"和其他八十种附随的妙相。
③ 这里是讲"一切法空性"，意思是修习空性，能达到一切佛法清净。其中，"力"（bala）指佛的十种智力。"无畏"（vaiśāradya）指佛的四种无畏。"不共法"（āveṇika）指佛的十八种特征或特质。
④ 此处"界性"的原词是 gotra（"种性"）。

淨令出，菩薩修此空，是名一切法空。如是十四種空已安立。應知分別此相。是十四中何法名空？

奘译：諸聖種姓自體本有，非習所成，說名本性。菩薩為此速得清淨，而觀空故，名本性空。菩薩為得大士相好，而觀空故，名為相空。菩薩為令力、無畏等一切佛法皆得清淨，而觀此空故，名一切法空。是十四空隨別安立。此中何者說名為空？頌曰：

पुद्गलस्याथ धर्माणामभावः शून्यतात्र हि।
तदभावस्य सद्भावस्तस्मिन्सा शून्यतापरा ॥२०॥

今译：补特伽罗[①]无和法无，其中有这种空性，
它们的无的有性，其中有这另一种空性。（20）

谛译：人法二皆無，此中名為空，
彼無非是無，此中有別空。

奘译：補特伽羅法，實性俱非有，
此無性有性，故別立二空。

पुद्गलधर्माभावश्च शून्यता। तदभावस्य च सद्भावः। तस्मिन्यथोक्ते भोक्तादौ सान्या शून्यतेति। शून्यतालक्षणख्यापनार्थं द्विविधामन्ते शून्यतां व्यवस्थापयति। अभावशून्यतामभावस्वभावशून्यतां च। पुद्गलधर्मसमारोपस्य तच्छून्यतापवादस्य च परिहारार्थं यथाक्रमम्। एवं शून्यतायाः प्रभेदो विज्ञेयः।

今译：补特伽罗和法无，是空性。它们的无的有性，依据前面所说能食等空，这是另一种空性。为了说明空性相，最后确立这两种空性：无空性和无自性空性[②]。为了依次排除补特伽罗和法的增益和空

[①] "补特伽罗"是 pudgala（"人"）一词的音译。
[②] 这里是讲"无"和"无自性"这两种空性。"无"指人和法无，"无自性"指人和法以无为自性，也就是有这种无自性，或者说有空性。

性损减，①应知这些空性差别。

谛译：人法二无有，是法名空。是无有法决定有，亦空，如上說能食等十四處。此二法是名空。為顯空真實相故，是故最後安立二空：一非有空，二非有性空。立二空何所為？為離人法增益，為離人法空毀謗。如次第如是空分別應知。

奘译：論曰：補特伽羅及法實性俱非有故，名無性空。此無性空非無自性。空以無性為自性故，名無性自性空，於前所說能食空等。為顯空相，別立二空。此為遮止補特伽羅法增益執、空損減執。如其次第立後二空。如是已顯空性差別。

[e. शून्यतासाधन]

[e. 空性成立]

कथं साधनं विज्ञेयं।

今译：云何应知成立？

谛译：云何空成立義應知？

奘译：此成立義云何應知？頌曰：

संक्लिष्टा चेद्भवेन्नासौ मुक्ताः स्युः सर्वदेहिनः।
विशुद्धा चेद्भवेन्नासौ व्यायामो निष्फलो भवेत् ॥२१॥

今译：如果没有污染性，一切众生应解脱，
　　　如果没有清净性，一切努力应无果。(21)

谛译：若言不淨者，眾生無解脫，

---

① 这里，"排除补特伽罗和法的增益"是说不能将人和法无说成有，造成增益。"排除""空性损减"是说不能将人和法的空性说成无，造成损减。"损减"的原词是 apavāda，词义为否定、驳斥或非难。此词谛译"毀谤"，奘译"损减"。

若言無垢者，功用無所施。

奘译：此若無雜染，一切應自脫，
此若無清淨，功用應無果。

यदि धर्माणां शून्यता आगन्तुकैरुपक्लेशैरनुत्पन्ने ऽपि प्रतिपक्षे न संक्लिष्टा भवेत्संक्लेशाभावादयत्न एव मुक्ताः सर्वसत्वा भवेयुः। अथोत्पन्ने ऽपि प्रतिपक्षे न विशुद्धा भवेत्मोक्षार्थमारम्भो निष्फलो भवेत्। एवं च कृत्वा।

今译：如果诸法空性，不受客尘污染，对治不发生，那么，无污染。由于无污染，一切众生无须努力，都应该获得解脱。而如果对治发生，却不获得清净，那么，为求解脱而付出的努力也就无果。正是这样，

谛译：若諸法空，對治未起時，為客塵不染故，自然清淨。煩惱障無故，不因功力，一切眾生應得解脫。若對治已起，自性故①不淨，為得解脫修道功用無果執②故。作如是果③，故說：

奘译：論曰：若諸法空，未生對治，無客雜染者，一切有情不由功用，應自然解脫。若對治已生，亦不清淨，則應求解脫勤勞無果。既爾，頌曰：

न क्लिष्टा नापि वाक्लिष्टा शुद्धाशुद्धा न चैव सा।

今译：非污染非不污染，非清净非不清净，

谛译：不染非不染，不淨亦不淨④，
心本清淨故，煩惱客塵故。

奘译：非染非不染，非淨非不淨，

---

① 此处"故"指依旧。
② 此处"执"字，据《中华大藏经》校勘记，《资》、《碛》、《南》、《清》、《丽》作"报"。
③ "作如是果"指造成这样的结果。
④ 此处"不净亦不净"，据《中华大藏经》校勘记，《丽》作"非净非不净"。

心性本淨故，由客塵所染。

कथं न क्लिष्टा नापि चाशुद्धा। प्रकृत्यैव।

今译：云何非污染非不清净？依据本性。

प्रभास्वरत्वाच्चित्तस्य

今译：由于心的光明性[①]，

कथं नाक्लिष्टा न शुद्धा।

今译：云何非不污染非清净？

क्लेशस्यागन्तुकत्वतः ॥२२॥

今译：　　　　　由于客尘的污染。（22）

एवं शून्यताया उद्दिष्टः प्रभेदः साधितो भवति।

今译：这样，所说的空性差别成立。

谛译：云何不染非不染？心本自性清淨故。云何非淨非不淨？煩惱客塵故。如是空分別略說已。

奘译：論曰：云何非染非不染？以心性本淨故。云何非淨非不淨？由客塵所染故。是名成立空差別義。

[शून्यतापिण्डार्थ]

[空性总义]

तत्र शून्यतायाः पिण्डार्थः। लक्षणतो व्यवस्थानतश्च वेदितव्यः। तत्र लक्षणतोऽभावलक्षणतो भावलक्षणतश्च। भावलक्षणं पुनर्भावाभावविनिर्मुक्त-

---

① 这里是说心（指阿赖耶识）本性光明（prabhāsvara），即本性清净。

लक्षणतश्च। तत्त्वान्यत्वविनिर्मुक्तलक्षणतश्च। व्यवस्थानं पुनः पर्यायादिव्यवस्थानतो वेदितव्यं। तत्रैतया चतुःप्रकारदेशनया शून्यतायाः स्वलक्षणं कर्मलक्षणं संक्लेशव्यवदानलक्षणं युक्तिलक्षणं चोद्भावितं भवति। विकल्पत्रासकौशीद्य-विचिकित्सोपशान्तये।

今译：这里，空性的总义：应知依据相和依据定位。其中，依据相，无相和有相。有相又依据离有无相和离一异相。应知定位依据异门等定位。为了消除妄想分别、恐惧、懈怠和疑惑，这里通过宣示这四类①，说明空性的自相、业相、污染清净相和道理相②。

谛译：安立空众义者，应知有二种：一为体相，二为安立。何者为体相？为有相故，无有相故。是有相者，离有离无相，离一离异相。安立者，众名等四义，应知分别。

奘译：此前空义总有二种：谓相、安立。相复有二，谓无及有。空性有相，离有、离无、离异、离一以为其相。应知安立即异门等。

मध्यान्तविभागे लक्षणपरिच्छेदः प्रथमः ॥

今译：以上是《辩中边论》中第一《相品》。

谛译：《中边论》相品，为解释偈已究竟。

---

① "这四类"指相、异门（及异门义）、差别和成立，即空性相的四个方面。参阅本品第12颂。
② 这里的自相、业相、污染清净相和道理相分别与上述"这四类"对应。其中，"道理"的原词是 yukti，词义为论证或理由，在这里是说明成立的理由。

今译：第二　障碍品

谛译：障品第二

奘译：辩障品第二

[1. व्याप्यादिपञ्चावरण]
[1. 遍满等五障]

आवरणमधिकृत्याह।

今译：现在说明障碍：

奘译：已辯其相，障今當說。頌曰：

**व्यापिप्रादेशिकोद्रिक्तसमादानविवर्जनम्।
द्वयावरणमाख्यातं**

今译：遍满、部分、增盛、平等和取舍，
　　　所说二者的障碍，

谛译：遍及一方重，平等及取捨，
　　　今說二種障。

奘译：具分及一分，增盛與平等，
　　　於生死取捨，說障二種性。

तत्र व्यापि क्लेशज्ञेयावरणं बोधिसत्त्वगोत्रकाणां कं साकल्यात्। प्रादेशिकं क्लेशावरणं श्रावकादिगोत्रकाणां। उद्रिक्तं तेषामेव रागादिचरितानां। समं

समभागचरितानां। संसारादनत्यागावरणं बोधिसत्वगोत्रकाणामप्रतिष्ठितनिर्वाण-
वरणादित्येतद्यथायोगमुभयेषामावरणमाख्यातं। बोधिसत्वगोत्रकाणां श्रावका-
दिगोत्रकाणां च।

今译：其中，"遍满"是菩萨种性完全的烦恼障和所知障①。"部分"是声闻等种性的烦恼障②。"增盛"指他们的贪等行为③。"平等"指平等均分的行为④。取舍生死轮回是菩萨无住涅槃的障碍⑤。这是依据关联所说菩萨种性和声闻等种性二者的障碍。

谛译：此中遍障者，烦恼障及一切智障，为菩萨种性诸人二障圆满故。一方障者，烦恼障，为声闻性等诸人。重障者，是前诸人欲等诸行中随一麁烦恼。平等障者，平等诸行中随行中随一。生死取舍障者，菩萨性诸人为障无住处涅槃故。如理相应，二种人障已说。一菩萨性人，二声闻等性人。

奘译：论曰：具分⑥障者，谓烦恼障及所知障，于诸菩萨种性法中具为障故。一分障者，谓烦恼障，障声闻等种性法故。增盛障者，谓即彼贪等行。平等障者，谓即彼等分行⑦。取舍生死能障菩萨种性所得无住涅槃，名于生死有取舍障。如是五障，随其所应，说障菩萨及声闻等二种种性。复次，颂曰：

---

① "烦恼障"（kleśāvaraṇa）指由贪瞋痴等而身心烦恼，阻碍达到涅槃。"所知障"（jñeyāvaraṇa）指由贪瞋痴等而不能认知诸法的实相，阻碍证得菩提的正智。菩萨要证得菩提，故而要面对这两种障碍，因此说"遍满"。这句原文中夹杂有 kam 一词，疑是衍词，可以删去。
② 声闻只求达到涅槃，故而只有这一种障碍，因此说"部分"。
③ "增盛"指于贪瞋痴等种种行为有某些偏重，也就是某些行为特别旺盛。此处"行为"的原词是 carita，词义为行动或作为。此词谛译和奘译均为"行"。
④ "平等"指于种种烦恼无所偏重。
⑤ 这里是说声闻取涅槃，舍生死轮回，而菩萨无住涅槃，要继续在生死轮回中救度众生。
⑥ "具分"指具有部分，即完全或全部。
⑦ "等分行"指贪等各种行为平等无偏重。

[2. प्रयोगनवसंयोजनावरण]
[2. 相应九结障]

पुनर्

今译：还有，

谛译：復有，

नवधा क्लेशलक्षणं ॥ १ ॥

今译：　　　　九种烦恼相。（1）

谛译：　　　　煩惱相九種。

संयोजनान्यावरणं

今译：诸结①是障碍，

谛译：九結名惑障，

नव संयोजनानि क्लेशावरणं। कस्यैतस्यावरणं।

今译：九种结是烦恼障。阻碍什么？

谛译：九種諸惑結，此中說煩惱障。此諸煩惱障為障誰？

उद्वेगसमुपेक्षयोः।

今译：　　　　阻碍厌离和舍弃，

谛译：　　　　厭離及除捨，

तत्त्वाऽदृष्टेश्च

今译：阻碍真实见，

谛译：實見及身見，

---

① "结"的原词是 saṃyojana，词义为系缚，指系缚众生的烦恼。

अनुनयसंयोजनं संवेगस्यावरणं। प्रतिघसंयोजनमुपेक्षीयाः। तेन हि
प्रतिकूलमपि प्रतिघवस्तु उपेक्षितुं न शक्नोति। शेषाणि तत्त्वदर्शनस्यावरणं। कथं
कृत्वा। तानि हि यथाक्रमं॥

今译：爱①结阻碍厌离②。憎恨结阻碍舍弃，由此于逆境不能舍弃憎恨的事物。其余结阻碍真实见。怎样阻碍？依次说明：

谛译：愛欲結者，障厭離心。心堅礙③障者，障除捨心。因此惑違逆，礙境界中不能生捨除心。諸餘結者，覆障真實見。云何起障？是諸煩惱次第，爱恚及身見。

सत्कायदृष्टेस्तद्वस्तुनो ऽपि च॥२॥

今译：　　　遍知④有身见及其所依处。（2）
谛译：　　　身見所依法。

निरोधमार्गरत्नेषु लाभसत्कार एव च।
संलेखस्य परिज्ञाने

今译：灭谛、道谛、三宝、利养和恭敬，
　　　以及简朴，
谛译：滅道三寶障，利養恭敬等，
　　　輕財知止足。
奘译：九種煩惱相，謂愛等九結，
　　　初二障厭捨，餘七障真見，
　　　謂能障身見，彼事滅道寶，
　　　利養恭敬等，遠離遍知故。

---

① "爱"的原词是 anunaya，词义为依随和贪爱。
② "厌离"指厌弃生死而出离。
③ 此处"坚礙"的原词是 pratigha，词义为阻碍或憎恨。此词奘译"恚"。
④ 此处"遍知"（parijñāna）一词在原文中位于第3颂的saṃlekha（"简朴"）一词后面。而"遍知"这个词实际是从"有身见"至"简朴"这些词的共用词，也就是奘译中所谓"七遍知"。

संयोजनान्यावरणं भवन्ति। मानसंयोजनं हि सत्कायदृष्टिपरिज्ञाने भवत्यावरणं। अभिसमयकाले सान्तरव्यन्तरास्मिमानसमुदाचारवशेन तदप्रहाणात्। अविद्यासंयोजनं सत्कायदृष्टिवस्तुपरिज्ञाने। तेनोपादानस्कन्धापरिज्ञानात्। दृष्टिसंयोजनं निरोधसत्यपरिज्ञाने। सत्कायान्तग्राहदृष्टिभ्यां तदुत्त्रासात्। मिथ्यादृष्ट्या चापवादात्। परामर्शसंयोजनं मार्गसत्यपरिज्ञाने। अन्यथाग्रशुद्धिपरामर्शणात्। विचिकित्सासंयोजनं रत्नत्रयपरिज्ञाने तद्गुणानभिश्रद्धानात्। ईर्ष्यासंयोजनं लाभसत्कारपरिज्ञाने तद्दोषादर्शनात्। मात्सर्यसंयोजनं संलेखपरिज्ञाने परिष्काराध्यवसानात्।

今译：这些结是障碍。骄慢结阻碍遍知有身见①。由于现观②时有间无间③骄慢生起，而不能断除它④。无明结阻碍遍知有身见所依处，由此不遍知诸取蕴⑤。见结阻碍遍知灭谛。由于有身见和边执见⑥，而畏惧它；由于邪见，而否定它。执取结阻碍遍知道谛，由于执取其他的所谓殊胜清净道。疑惑结阻碍遍知三宝⑦，由于不信任三宝的功德。妒忌结阻碍遍知利养和恭敬⑧，由于不见弊端。悭吝结阻碍遍知简朴⑨，由于贪著资生具⑩。

谛译：是諸餘煩惱是此五⑪處障。我慢障者，欲滅離身見時，障對正觀智有異品無異品，無異品我慢數行故，此身見不得滅。⑫無明結者，欲遠離身見依處時，為真實見障，因此不得遠離取陰故。見結

---

① "有身见"（satkāyadṛṣṭi）指执著五蕴和合的身体的邪见。
② "现观"（abhisamaya）指观想四圣谛。
③ "有间无间"指时不时或不间断。
④ "它"指有身见。
⑤ "诸取蕴"即五取蕴，指五种能执取的蕴，也就是五蕴。它们是身体的所依处。
⑥ "边执见"（antagrāhadṛṣṭi）指执取二边的邪见，如断常二边。
⑦ "三宝"（ratnatraya）指佛（buddha）、法（dharma）和（saṅgha）僧。
⑧ "利养"（lābha）指供奉衣服和卧具等。"恭敬"（satkāra）指供奉鲜花和幡盖等。
⑨ "简朴"的原词是saṃlekha，相当于巴利语的sallekha，词义为减损、节俭和简朴。此词谛译和奘译均为"远离"。谛译中还释义为"轻财知足"。
⑩ "资生具"（pariṣkāra）指生活用品。
⑪ 此处"五"字，似应为"七"。《中华大藏经》校勘记未涉及此词。
⑫ 这里，"有异品无异品"可理解为有阻碍和无阻碍。而一旦无阻碍，即顺利时，便自我骄慢，也就不能断除有身见。

者，欲通達滅諦時為作障，身見及邊見於滅諦生怖畏故，邪見於滅諦起誹謗故。取結者，是通達道諦時為作障，依別道理思擇求得清淨故。疑結者，欲通達三寶時為作障，不信受三寶功德故。嫉妒結者，欲遠離利養恭敬時為作障，不見此過失故。慳悋結者，欲行輕財知足時為作障，令貪著財物等故。

奘譯：論曰：煩惱障相略有九種，謂愛等九種結。愛結障厭，由此於順境不能厭離故。恚結障捨，由此於違境不能棄捨故。餘七結障真見，於七遍知如次障故。謂慢結能障偽身見[①]遍知，修現觀時有間無間我慢現起，由此勢力彼不斷故。無明結能障身見事[②]遍知，由此不知諸取蘊故。見結能障滅諦遍知，由薩迦耶[③]及邊執見怖畏滅故，由邪見謗滅故。取結能障道諦遍知，取餘法為淨故。疑結能障三寶遍知，由此不信受三寶功德故。嫉結能障利養恭敬等遍知，由此不見彼過失故。慳結能障遠離遍知，由此貪著資生具故。

[3. बोधिसत्त्वावरण]

[3. 菩薩障]

[a. दशशुभादिष्वावरणम्]

[a. 十善等障]

शुभादौ दशधापरं॥३॥

今译：　　　　　　　另有阻碍善等十种法的障碍。（3）

अपरं पुनरावरणं। दशविधे शुभादौ वेदितव्यं। किं तदावरणं के च शुभादयः।

---

① "伪身见"即"有身见"，意谓身体虚假不实。
② 此词"事"的原词是 vastu，词义为事物。谛译"所依"，即身体所依的五蕴。
③ "萨迦耶"是"有身（见）"（satkāya）一词的音译。

今译：另有障碍。应知阻碍善等十种。这种障碍是什么？善等是哪些？

谛译：善法障復十。復有別障十種善法等處應知。何者為十處？

奘译：復有別障能障善等十種淨法。其相云何？頌曰：

अप्रयोगो ऽनायतने ऽयोगविहितश्च यः।
नोत्पत्तिरमनस्कारः संभारस्याप्रपूर्णता॥४॥

今译：无加行、非处、不如理所行、
　　　不生、不思惟、资粮不圆满，（4）

谛译：不行非法①所，所行不如理，
　　　不生不思量，資糧不具足。

奘译：無加行非處，不如理不生，
　　　不起正思惟，資糧未圓滿。

गोत्रमित्रस्य वैधुर्यं चित्तस्य परिखेदिता।
प्रतिपत्तेश्च वैधुर्यं कुदुष्टजनवासता॥५॥

今译：缺乏种性和善友、心疲倦、
　　　缺乏正行、与邪恶者同住，（5）

谛译：性友不相稱，心疲故厭離，
　　　修行不相稱，惡怨人共住。

奘译：闕種性善友，心極疲厭性，
　　　及闕於正行，鄙惡者同居。

दौष्ठुल्यमवशिष्टत्वं त्र्यात्मज्ञाविपक्वता।
प्रकृत्या चैव दौष्ठुल्यं कौशीद्यं च प्रमादिता॥६॥

---

① 此处"法"字，据《中华大藏经》校勘记，《丽》作"处"。

今译：粗重、三之一、智慧不成熟、
　　　本性粗重、懈怠、放逸，（6）
谛译：麁惑三随一，般若不成就，
　　　自性重烦恼，懈怠与放逸。
奘译：倒麁重三餘，般若未成熟，
　　　及本性麁重，懈怠放逸性。

सक्तिर्भवे च भोगे च लीनचित्तत्वमेव च।
अश्रद्धानधिमुक्तिश्च यथारुतविचारणा॥७॥

今译：执著有、执著资财、心性低劣、
　　　无信仰、无信解、依音思义，（7）
谛译：著有及欲塵，下劣心亦爾，
　　　不信無願樂，如言思量義。
奘译：著有著資財，及心性下劣，
　　　不信無勝解，如言而思義。

सद्धर्मेऽगौरवं लाभे गुरुता कृपता तथा।
श्रुतव्यसनमल्पत्वं समाध्यपरिकर्मिता॥८॥

今译：轻视正法、重视利养、不慈悲，
　　　缺所闻、少所闻、不修禅定。（8）
谛译：不敬法重利，於眾生無悲，
　　　聞災及少聞，三昧資糧減。
奘译：輕法重名利，於有情無悲，
　　　匱聞及少聞，不修治妙定。

एतदावरणं। के शुभादयः।

今译：这是障碍。善等是哪些？
谛译：如是諸障，何者為善法？

奘译：論曰：如是名為善等法障。所障善等其相云何？頌曰：

शुभं बोधिः समादानं धीमत्त्वाभ्रान्त्यनावृती।
नत्यत्रासो ऽमत्सरित्वं वशित्वं च शुभादयः॥९॥

今译：善、菩提、摄受、有慧、无乱、无障碍，
回向、不恐惧、不悭吝、自在，这些是善等。（9）

谛译：善菩提攝取，有智無迷障，
迴向不怖嫉，自在善等十。

奘译：善菩提攝受，有慧無亂障，
迴向不怖慳，自在名善等。

एषां शुभादीनां कस्य कत्यावरणानि ज्ञेयानीत्याह।

今译：应知哪些是哪些些善等法的障碍？回答：

谛译：如是善等諸法中，何者被障？何者為障？應知。答：

奘译：論曰：如是善等十種淨法，誰有前說幾種障耶？頌曰：

त्रीणि त्रीणि च एतेषां ज्ञेयान्यावरणानि हि।

今译：应知它们各有三种障碍。

谛译：此十各三障，十事中應知。

奘译：如是善等十，各有前三障。

कुशलस्य त्रीण्यावरणानि। अप्रयोगो ऽनायतनप्रयोगो ऽयोनिशःप्रयोगश्च। बोधेस्त्रीणि कुशलस्यानुत्पत्तिरमनसिकरणं। अपरिपूर्णसंभारता च। समादानं बोधिचित्तोत्पादः। तस्य त्रीणि गोत्रवैधुर्यं कल्याणमित्रवैधुर्यं। परिखेदचित्तता च। धीमत्त्वं बोधिसत्त्वता। तस्याः प्रज्ञाने त्रीण्यावरणानि प्रतिपत्तिवैधुर्यं कुजनवासः। दुष्टजनवासश्च। तत्र कुजनो मूर्खजनः। दुष्टजनः प्रतिहतः। अभ्रान्तेस्त्रीणि विपर्यासदौष्ठुल्यं। क्लेशाद्यावरणत्रयादन्यतमावशिष्टता। विमुक्तिपरिपाचिन्याः

प्रज्ञाया अपरिपक्वता च। आवरणप्रहाणमनावरणं। तस्य त्रीणि सहजं दौष्ठुल्यं। कौशीद्यं प्रमादश्च। परिणतेस्त्रीणि यैरन्यत्र चित्तं परिणामयति। नानुत्तरस्यां सम्यक्संबोधौ। भवसक्तिर्भोगसक्तिर्लीनचित्तता च। अत्रास्यस्य त्रीणि। असंभावना पुद्गले। अनधिमुक्तिर्धर्मे। यथारुतविचारणार्थे। अमात्सर्यस्य त्रीणि सद्धर्मे ऽगौरवं। लाभसत्कारपूजायां गौरवं सत्वेष्वकारुण्यं च। वशितत्वस्य त्रीणि यैर्विभुत्वं न लभते। श्रुतव्यसनं धर्मव्यसनसंवर्तनीयकर्मप्रभवनात्। अल्पश्रुतत्वं। समाधेरपरिकर्मितत्वं च।

今译：善①的三种障碍是无加行②、非处加行③和不如理加行④。菩提的三种是善不生⑤、不思惟⑥和资粮⑦不圆满。摄受是发菩提心。它的三种是缺乏种性、缺乏善友⑧和心疲倦⑨。有慧是菩萨性。认知此性的三种障碍是缺乏正行⑩、与低劣者同住和与邪恶者同住。其中，低劣者是愚昧者，邪恶者是破坏者。无乱⑪的三种是颠倒粗重⑫、烦恼等三障⑬之一和能成熟解脱的智慧未成熟。无障碍是断除障碍。它的三种是天生粗重、懈怠和放逸。回向⑭的三种造成心回向其他，而不回向无上正等菩提。它们是贪著有⑮、贪著资财和心性低劣。不恐

---

① "善"（kuśala）指善根。
② "加行"（prayoga）指努力修行，以增长善根。"无加行"指不努力修行。
③ "非处加行"指在不合适的处所或环境中修行。
④ "不如理加行"指不按照正确的方法修行。其中的"不如理"（ayoniśas）一词在第4颂中的用词是 ayoga，词义为"不相应"或"不合适"。
⑤ "善不生"指不产生善行或善根。
⑥ "不思惟"（amanasikāra，或译"不作意"）指不用心思考或不正确思惟。
⑦ "资粮"（saṃbhāra）指证得菩提所需要积累的功德和智慧。
⑧ "善友"指亲近佛教的人或引人走上正道的人。
⑨ "心疲倦"指意志消沉，不能精进努力。
⑩ "正行"（pratipatti）指正确修行。可参阅第5品中关于"正行无上"的论述。
⑪ "无乱"指无颠倒错乱或无不实妄想。
⑫ "颠倒粗重"指颠倒错乱而粗俗邪恶。其中的"粗重"（dauṣṭhulya）一词相当于巴利语 dutthula，词义为言语粗俗和行为邪恶。
⑬ "烦恼等三障"指烦恼障（kleśāvaraṇa）、业障（karmāvaraṇa）和果报障（vipākāvaraṇa）。
⑭ "回向"（pariṇāma、praṇati 或 nati）指将积累的功德用于达到某种目的。
⑮ "有"（bhava）指生存，即生死流转。

惧的三种是不敬重补特伽罗①、不信解正法和依音思义②。不悭吝的三种是轻视正法、看重利养、恭敬和供奉以及对众生无慈悲。自在③的三种造成不得自主。它们是由毁损正法引起的业所产生的毁损所闻④、少所闻和不修习禅定。

谛译：善法有三障：一者不修行，二非處修行，三修行如理⑤。菩提有三種障：一者不生善，二不生正思量，三資糧不圓滿。攝取菩提者，發菩提心，是名攝取菩提。此心有三種：一與性不相應行，二朋友不相應，三心疲極厭離。有智者是菩薩體性。為知此法有三障：一修行不相稱，二惡友人共住，三與惡怨人共住。此中惡人者，愚癡凡人；惡怨人者，礙菩薩功德，觀菩薩過失。無迷者，心不散亂，有三障：一顛倒麁失，二煩惱等，三障中隨一有餘⑥，三令成就⑦解脫般若未熟未滿。無障者，滅離諸障，是名無障。此有三障：一自性麁惑，二懈怠，三放逸。菩提迴向有三障，令心迴向餘處，不得一向迴向無上菩提：一貪著諸有，二貪著有資糧法，三下劣品心。無怖畏有三障：一於人不生信重心，二於正法中不生願欲⑧，三如名字言語思量諸義。樂嫉妒者有三障：一不尊重正法，二尊重利養恭敬，三於眾生中不起大悲心。不自在者有三障，因此三不得自在：一無聞慧，無聞者生起業惑正法災故⑨，二聞慧少弱，三者三昧⑩事不成熟。

---

① "补特伽罗"（pudgala）指人，也可理解为众生。"不敬重补特伽罗"指不敬重众生。此句谛译"于人不生信重心"，奘译"不信重补特伽罗"。
② "依音思义"（yathārutavicāraṇārtha）指执著文字，而不悟真谛。
③ "自在"（vaśitā）指自由自在，无所障碍。
④ "所闻"（śruta）指闻听佛经获得的神圣知识。这里是说由前世毁损正法的业造成今世的毁损所闻。"毁损"的原词是 vyasana。词义为毁坏、毁灭或灾难，故而此处"毁损正法"，谛译"正法灾"。
⑤ 此处"如理"，据《中华大藏经》校勘记，诸本作"不如理"。
⑥ "随一有余"指三障中任何一种障。
⑦ 此处"成就"，据《中华大藏经》校勘记，诸本作"成熟"。
⑧ "愿欲"的原词是 adhimukti，词义为信任或确信。汉译佛经中常译为"信解"、"胜解"和"信乐"等。
⑨ 这里是说无闻慧是由过去危害正法的业造成的。
⑩ "三昧"是 samādhi（"入定"）一词的音译。

奘译：論曰：善有三障：一無加行，二非處加行，三不如理加行。菩提有三障：一不生善法，二不起正思惟，三資糧未圓滿。發菩提心名為攝受。此有三障：一闕種性，二闕善友，三心極疲厭性。有慧者，謂菩薩於了此性，有三種障：一闕正行，二鄙者共住，三惡者共住。此中鄙者，謂愚癡類；樂毀壞他，名為惡者。無亂有三障：一顛倒麁重，二煩惱等三障中隨一有餘性，三能成熟解脫慧未成熟性。障斷滅，名無障。此有三障：一俱生①麁重，二懈怠性，三放逸性。迴向有三障，令心向餘，不向無上正等菩提：一貪著諸有，二貪著資財，三心下劣性。不怖有三障：一不信重補特伽羅，二於法無勝解，三如言而思義。不慳有三障：一不尊重正法，二尊重名譽利養恭敬，三於諸有情心無悲愍。自在有三障：令不得自在，一匱聞，生長能感匱法業故②，二少聞，三不修治勝三摩地③。

[b. दश कारणानि]

[b. 十种能作]

तत्पुनरेतदावरणं शुभादौ यत्रार्थे दश कारणानि तदर्थाधिकारेण वेदितव्यं। दशाकारणानि। उत्पत्तिकारणं तद्यथा चक्षुरादयश्चक्षुर्विज्ञानस्य। स्थितिकारणं तद्यथा चत्वार आहाराः सत्वानां। धृतिकारणं यद्यस्याधारभूतं। तद्यथा भाजनलोकः सत्वलोकस्य। अभिव्यक्तिकारणं। तद्यथा। आलोको रूपस्य। विकारकारणं। तद्यथाम्यादयः पाक्यादीनां। विश्लेषकारणं तद्यथा दात्रादयः च्छेद्यादीनां। परिणतिकारणं। तद्यथा सुवर्णकारादयः सुवर्णादीनां कटकादिभावेन परिणतौ। संप्रत्ययकारणं। तद्यथा धूमादयो ऽग्न्यादीनां। संप्रत्यायनकारणं। तद्यथा हेतुः प्रतिज्ञायाः। प्राप्तिकारणं। तद्यथा मार्गादयो निर्वाणादीनां।

---

① "俱生"（sahaja）指与生俱来，即天生。
② 这里是说匱乏所闻是由过去匱乏正法的业造成的。
③ "三摩地"是 samādhi（"入定"）一词的另一种音译。

今译：还有，应知这种障碍在善等法中，有与这些法相关的十种能作①。十种能作：生起能作，如眼识的眼等②。安住能作，如众生的四食③。支持能作是成为支持者，如众生世间的器世间④。显现能作，如诸色的光照⑤。变化能作，如熟食等的火等⑥。分离能作，如能断物等的镰刀等⑦。转变能作，如金匠等转变金子等成为金镯等。信任能作，如火等的烟等⑧。令信能作，如宗的因⑨。达到能作，如涅槃等的道等⑩。

谛译：還復是此障善等諸法中十種隨一分⑪作因。依此義故，應知障中何者為十因？第一生因，譬如眼入為眼識作生因。二住因，譬如四種食為一切眾生。三持因，如所持能攝持，譬器世界為眾生生世界。四明了因，如光明為色。五變異因，如火等為成熟等諸事。六相離因，如鎌等為刈等。七迴轉因，如金銀師為迴轉諸金銀令成鐶釧。八必比⑫因，譬如烟為火等必比知。九令信因，譬如立證因分為所立義⑬。十至得因，如道等為涅槃等諸果作因。

奘译：復次，如是諸障於善等十，隨餘義中有十能作，即依彼義應知此名。十能作者：一生起能作，如眼等於眼識等。二安住能作，如四食於有情。三任持能作，謂能任持，如器世間於有情世間。四照

---

① 这里是说这些障碍阻碍了善等十法的十种能作。"能作"（kāraṇa）也可译为"作因"或"原因"。此词谛译"作因"，奘译"能作"。
② "眼识的眼等"指眼等能生起眼识等。
③ "四食"是段食、触食、思食和识食，分别指食物、触感、思想和阿赖耶识。众生的生命由这四食得以安住。
④ "众生世间的器世间"指自然世界能支持众生世界。
⑤ "诸色的光照"指光照能显现诸色。
⑥ "熟食等的火等"指火等能使生食变成熟食等。
⑦ "能断物等的镰刀等"指镰刀等能割断稻子和麦子等。
⑧ "火等的烟等"指在推理中，有烟等能相信有火等。
⑨ "宗的因"指在推理中，有因能确证命题（"宗"）成立。
⑩ "涅槃等的道等"指遵行道谛（"八正道"）等能达到涅槃等。
⑪ "随一分"指依随其中之一。奘译此词为"随余义"。
⑫ "必比"的原词是saṃpratyaya，词义为信任或确信。此词奘译"信解"。
⑬ 此处"立证因分"指推理中的"因"，"所立义"指确立的"宗"。

了能作，如光明於諸色。五變壞①能作，如火等於所熟等。六分離能作，如鎌等於所斷等。七轉變能作，如金師等轉變金等成鐶釧等。八信解能作，如烟等於火等。九顯了能作，如因於宗。十至得能作，如聖道等於涅槃等。依如是義故，說頌言：

　　　能作有十種，謂生住持照，
　　　變分離轉變，信解顯至得。
　　　如識因②食地，燈火鎌工巧，
　　　烟因聖道等，於識等所作③。

एवमुत्पत्त्यावरणं शुभे द्रष्टव्यं तस्योत्पादनीयत्वात्। स्थित्यावरणं बोधौ तस्या अकोप्यत्वाद्। धृत्यावरणं समादाने बोधिचित्तस्याधारभूतत्वाद्। अभिव्यक्त्यावरणं धीमत्वे तस्य प्रकाशनीयत्वात्। विकारावरणमभ्रान्तौ तस्या भ्रान्तिपरिवृत्तित्वेन विकारत्वात्। विश्लेषावरणमनावरणे तस्यावरणविसंयोगत्वात्। परिणत्यावरणं नतौ बोधौ चित्तपरिणतिलक्षणत्वात्। संप्रत्ययावरणमत्रासे। असंप्रत्ययेन त्रसनात्। संप्रत्यायनावरणममत्सरित्वे धर्मामत्सरित्वेन पर-संप्रत्यायनात्। प्राप्त्यावरणं वशित्वे तस्य विभुत्वप्राप्तिलक्षणत्वात्।

今译：这样，应该看到由于善能生起，而有善的生起障碍。由于菩提不可动摇，而有菩提的安住障碍。由于菩提心能成为支持者，而有摄受④的支持障碍。由于有慧的可照亮性，而有有慧的显现障碍。由于无乱转灭迷乱，有变化性，而有无乱的变化障碍。由于无障碍与障碍分离，而有无障碍的分离障碍。由于心的转变⑤相，而有回向菩提的转变障碍。由于不信任而恐惧，而有不恐惧的信任障碍。由于不悭吝施法，令他人确信，而有不悭吝的令信障碍。由于自在的达到自主相，而有自在的达到障碍。

---

① "变坏"的原词是 vikāra，词义为变形、变化或变异。
② 此处"识因"指眼。
③ "识等所作"指眼识、有情和有情世间等十种所作。奘译这两首偈颂，梵本在后面。
④ "摄受"指发菩提心。
⑤ "转变"的原词是 pariṇati，词义为弯下、倾向、转向或转变。此处"心的转变"指心的回向。

谛译：如是生障善處①應知，此應令生故。住障者，菩提處，此不應壞動故。持障者，菩提攝取處，菩提心能持故。明了障者，有智處，此應顯了故。變異障者，無迷處，迷轉滅故，有變異。相離障者，無障處，此障相離為體故。迴轉障者，迴向處，菩提心迴向為體相故。必比障者，無怖畏處，為不信故怖畏。令信障者，無嫉妬②處，於法不嫉妬令人信故。至得障者，自在處，無所繫屬，至得為體相故。

奘译：於善等障應知亦然。一生起障，謂於其善，以諸善法應生起故。二安住障，謂於菩提，以大菩提不可動故。三任持障，謂於攝受，以菩提心能任持故。四照了障，謂於有慧，以有慧性應照了故。五變壞障，謂於無亂，轉滅迷亂，名變壞故。六分離障，謂於無障，此於障離繫故。七轉變障，謂於迴向，以菩提心轉變相故。八信解障，謂於不怖，無信解者有怖畏故。九現了障，謂於不慳，於法無慳者為他顯了故。十至得障，謂於自在，此是能得自在相故。所障十法次第義者。

कारणं दशधोत्पत्तौ स्थितौ धृत्यां प्रकाशने।
विकारविश्लेषनतिप्रत्ययप्रायणाप्तिषु॥

今译：十种能作：生起、安住、支持、显现、
变化、分离、转变、信任、令信和达到。

चक्षुराहारभूदीपवह्न्यादिस्तदुदाहृतिः।
दात्रशिल्पज्ञताधूमहेतुमार्गादयोऽपरे॥

今译：它们的例证：眼、食、地③、灯光和火等，
还有镰刀、通晓工巧④、烟、因和道等。

---

① "生障善处"指的是生起障碍。
② "无嫉妒"的原词是 amatsaritva，词义为不妒忌、不悭吝和不自私。此词奘译"不悭"。
③ "地"即上述器世间。
④ "通晓工巧"即上述金匠。

बोधिप्राप्तुकामेनादित एव तावत्कुशलमूलमुत्पादयितव्यं। ततः कुशल-मूलबलाधानेन बोधिः प्राप्तव्या। तस्याः पुनः कुशलमूलोत्पत्तेर्बोधिचित्तं प्रतिष्ठा। तस्य बोधिचित्तस्य बोधिसत्व आश्रयः। तेन पुनरुत्पादितबोधिचित्तेन कुशल-मूलबलाधानप्राप्तेन बोधिसत्वेन विपर्यासं प्रहाय अविपर्यासं उत्पादयितव्यः। ततो दर्शनमार्गे ऽविपर्यस्ते भावनामार्गे सर्वावरणानि प्रहातव्यानि। प्रहीणावरणेन सर्वाणि कुशलमूलानि अनुत्तरायां सम्यक्संबोधौ परिणामयितव्यानि। ततः परिणामनाबलाधानेन गम्भीरोदारधर्मदेशनासु नोत्त्रसितव्यं। तथानुत्त्रस्तमानसेन धर्मेषु गुणदर्शिना परेषां ते धर्मा विस्तरेण संप्रकाशयितव्याः। ततः स बोधिसत्व एवं विचित्रगुणबलाधानप्राप्तः क्षिप्रमनुत्तरां सम्यक्संबोधिमनुप्राप्तवान् सर्वधर्म-वशितामनुप्राप्नोतीत्येषो ऽनुक्रमः शुभादीनां।

今译：想要证得菩提，先要生起善根。有善根力支持，方能证得菩提。由于善根生起，菩提心安住。菩萨是这种菩提心的所依处。由于发菩提心和得到善根力支持，菩萨能消除颠倒，而无颠倒生起。由于见道中无颠倒，修道中能消除一切障碍①。由于消除障碍，一切善根能回向无上正等菩提。由于回向力支持，便不会恐惧深广说法。这样，由于无恐惧心，看到诸法的功德便会广为他人宣示诸法。菩萨这样获得种种功德力支持，迅速证得无上正等菩提，获得一切法自在。这依次是善等②。

奘译：謂有欲證無上菩提，於勝善根先應生起。勝善根力所任持故，必得安住無上菩提。為令善根得增長故，次應發起大菩提心。此菩提心與菩薩性為所依止。如是菩薩由已發起大菩提心及勝善根力所持故，斷諸亂倒，起無亂倒。由見道中無亂倒故，次於修道斷一切障。

---

① "见道"（darśanamārga）和"修道"（bhāvanāmārga）是菩萨修行五阶位中的第三阶位和第四阶位。第一阶位是"资粮位"（saṃbhāra），积累功德和智慧作为修道资粮。第二阶位是"加行位"（prayoga），具备功德和智慧资粮，努力修行而入见道位。第三阶位是"通达位"，即见道位，体悟真如，而获得中道。第四阶位是"修习位"，即修道位，见道之后，继续修习根本智。第五阶位是"究竟位"（niṣṭhā），最终证得佛果。

② "善等"指上述善等十法。参阅第9颂。以上两首偈颂和这段释文不见于谛译。

既斷障已，持諸善根迴向無上正等菩提。由迴向力所任持故，於深廣法便無怖畏。既無怖畏，便於彼法見勝功德，能廣為他宣說開示。菩薩如是種種功德力所持故，疾證無上正等菩提，於一切法皆得自在。是名善等十義次第。雖善等法即是覺分、波羅蜜多、諸地功德，而總別異。今應顯彼菩提分等諸障差別。頌曰：

[4. बोधिपक्ष्यपारमिताभूमिष्वावरणम्]
[4. 菩提分、波罗蜜和诸地障]

पक्ष्यपारमिताभूमिष्वन्यदावरणं पुनः॥१०॥

今译：还有另一种菩提分、波罗蜜和诸地中的障碍。（10）

谛译：助道十度地①，復有餘別障。

奘译：於覺分度地，有別障應知。

[a. बोधिपक्ष्येष्वावरणम्]
[a. 菩提分障]

बोधिपक्ष्येषु तावत्।

今译：菩提分②中：

谛译：助道品法處者：

奘译：論曰：復於覺分、波羅蜜多、諸地功德各有別障。於菩提分有別障者，頌曰：

---

① "助道十度地"即菩提分（也译"觉分"）、十波罗蜜和诸地。"助道"又译"助道品法"。

② "菩提分"（bodhipakṣya）包括四念处、四正勤、四神足、五根、五力、七觉支和八正道。

वस्त्वकौशलकौसीद्यं समाधेर्द्वयहीनता।
अरोपणाथ दौर्बल्यं दृष्टिदौष्ठुल्यदुष्टता॥११॥

今译：于事不善巧和懈怠，入定缺二，
不种植，羸弱，见和粗重的过失。（11）

谛译：處不明懈怠，三昧少二種，
不種及羸弱，諸見麁惡過。

奘译：於事不善巧，懈怠定減二，
不植羸劣性，見麁重過失。

स्मृत्युपस्थानेषु वस्त्वकौशलमावरणं। सम्यक्प्रहाणेषु कौसीद्यं। ऋद्धिपादेषु समाधेर्द्वयहीनता। परिपूर्या च च्छन्दवीर्यचित्तमीमांसानामन्यतमवैकल्यात्। भावनया च प्रहाणसंस्कारवैकल्यात्। इन्द्रियेषु मोक्षभागीयानामरोपणं। बलेषु तेषामेवेन्द्रियाणां दौर्बल्यं विपक्षव्यवकिरणात्। बोध्यङ्गेषु दृष्टिदोषः तेषां दर्शनमार्गप्रभावितत्वात्। मार्गाङ्गेषु दौष्ठुल्यदोषः। तेषां भावनामार्गप्रभावितत्वात्।

今译：四念处①中于事不善巧②障碍。四正断③中懈怠障碍。四神足④中入定缺二⑤：欲、勤、心和观圆满缺一，修习中八断行⑥中缺一。五根⑦中不种植顺解脱分⑧。五力⑨中混杂障碍而五根羸弱。七觉支⑩中

---

① "四念处"（smṛtyupasthāna）指修行中的四种观想，即观想身、受、心和法。简而言之，是观身不净，观受是苦，观心无常，观法无我。
② "于事不善巧"指不善于正确观想身、受、心和法。
③ "四正断"（samyakprahāṇa，或译"四正勤"）指精进努力，断除恶法，包含四方面：阻止未生的恶法产生，断除已生的恶法，让未生的善法产生，让已生的善法增长。
④ "四神足"（ṛddhipāda，或译"四如意足"）包含四方面：欲、勤、心和观，即由欲求、精进、心念和观想引发的四种入定获得神通力。
⑤ "缺二"指"四神足"缺一和"八断行"缺一。
⑥ "八断行"（prahāṇasaṃskāra）指欲、勤、信、安、正念、正知、思和舍。具体参阅第5品中关于"八断行"的论述。
⑦ "五根"（indriya）指导致解脱的五种能力：信根、勤根、念根、定根和慧根。
⑧ "顺解脱分"（mokṣabhāgīya）指达到解脱的成分或因素。
⑨ "五力"（bala）指由五根产生的五力：信力、勤力、念力、定力和慧力。
⑩ "七觉支"（bodhyaṅga）指能增进菩提（即达到觉悟）的七种修行：择法、精进、喜、轻安、舍、定和念。

见过失[1]，由于它们在见道中显示。八正道中粗重过失[2]，由于它们在修道中显示。

谛译：念處者，依處不明了為障。四正勤處，懈怠。四如意足處，禪定少二種為不圓滿。欲、精進、心、思量四種隨一不具足，為修習不具足成，資糧八法[3]隨一不具故。五根處，不下解脫分善法種子故。力處，是五種[4]贏弱，與非助道相雜起故。覺分處，諸見過失，見道所顯故。道分處，麁惡過失，此修道所顯現故。

奘译：論曰：於四念住有於諸事不善巧障。於四正斷有懈怠障。於四神足有三摩地減二事障：一於圓滿欲、勤、心、觀隨減一故。二於修習八斷行中隨減一故。於五根有不植圓滿順解脫分勝善根障。於五力有贏劣性障，謂即五根由障所雜，有贏劣性。於七等覺支有見過失障，此是見道所顯示故。於八聖道支有麁重過失障，此是修道所顯示故。

[b.पारमितास्वावरणम्]

[b. 波罗蜜障]

पारमितास्वावरणं।

今译：波罗蜜中的障碍：

谛译：波羅蜜障者：

奘译：於到彼岸[5]有別障者，頌曰：

---

① "见过失"指由邪见造成的过失。
② "粗重过失"指言行粗重造成的过失。
③ 此处"资粮八法"指八断行。
④ 此处"种"字，据《中华大藏经》校勘记，《资》、《碛》、《南》、《清》作"根"。
⑤ "到彼岸"是 pāramitā（"波罗蜜多"）一词的意译。

ऐश्वर्यस्याथ सुगतेः सत्वात्यागस्य चावृतिः।
हानिवृद्ध्योश्च दोषाणां गुणानामवतारणे॥१२॥

- 今译：富贵、善道、不舍弃众生，
  功德过失的增减、令进入，（12）
- 谛译：富貴及善道，不捨眾生障，
  增減功德失，令諸眾生入。
- 奘译：障富貴善趣，不捨諸有情，
  於失德減增，令趣入解脫。

विमोचनेऽक्षयत्वे च नैरन्तर्ये शुभस्य च।
नियतीकरणे धर्मसंभोगपरिपाचने॥१३॥

- 今译：解脱、无尽、善无间转出，
  决定、受用法成熟的障碍。（13）
- 谛译：解脫無盡量，令善無有間，
  所作常決定，同用令他熟。
- 奘译：障施等諸善，無盡亦無間，
  所作善決定，受用法成熟。

अत्र दशानां पारमितानां यस्याः पारमितायाः यत्फलं तदावरणेन तस्या आवरणमुद्धावितं भवति। तत्र दानपारमितायाः ऐश्वर्याधिपत्यावरणमावरणं। शीलपारमितायाः सुगत्यावरणं क्षान्तिपारमितायाः सत्वापरित्यागावरणं। वीर्यपारमितायाः दोषगुणहानिवृद्ध्यावरणं। ध्यानपारमितायाः विनेयावतारणावरणं। प्रज्ञापारमितायाः विमोचनावरणं। उपायकौशल्यपारमितायाः दानाद्यक्षयत्वावरणं। बोधिपरिणामनया तदक्षयत्वात्। प्रणिधानपारमितायाः सर्वजन्मसु कुशलनैरन्तर्यप्रवृत्त्यावरणं। प्रणिधानवशेन तदनुकूलोपपत्तिपरिग्रहादु। बलपारमितायास्तस्यैव कुशलस्य नियतीकरणावरणं। प्रतिसंख्यानभावनाबलाभ्यां विपक्षानभिभवात्। ज्ञानपारमितायाः आत्मपरयोर्धर्मसंभोगपरिपाचनावरणमावरणं।

अयथारुतश्रुतार्थावबोधात्।

今译：这里，十种波罗蜜①的障碍。由于有波罗蜜果的障碍，而宣说波罗蜜障碍。其中，布施波罗蜜的富贵自在②障碍。持戒波罗蜜的善道③障碍。安忍波罗蜜的不舍弃众生④障碍。精进波罗蜜的过失减少和功德增长⑤障碍。禅定波罗蜜的令受教化者进入正法⑥障碍。智慧波罗蜜的解脱⑦障碍。方便善巧波罗蜜的布施等无穷性⑧障碍，由于回向菩提而有无穷性。愿波罗蜜的于一切生中善无间转出⑨障碍，由于依靠愿力而能获得依随善的出生。力波罗蜜的善决定⑩障碍，由于思惟力和修习力能制伏障碍。智波罗蜜的自他受用法成熟⑪障碍，由于不依音觉知所闻义⑫。

谛译：此十種波羅蜜能生此法⑬。此法是波羅蜜果。為障波羅蜜

---

① "十种波罗蜜"是通常所说的布施（dāna）、持戒（śīla）、安忍（kṣānti，或译"忍辱"）、精进（vīrya）、禅定（dhyāna，或译"静虑"）和智慧（prajñā，或译"般若"）六种波罗蜜，再加上方便善巧（upāyakauśalya）、愿（praṇidhāna）、力（bala）和智（jñāna）四种波罗蜜。

② "富贵自在"是布施波罗蜜的果。这种果的障碍是阻碍布施的悭吝。布施以及下面其他九种波罗蜜的障碍都未具体指明，读者可以自己领会，如持戒的障碍是犯戒，安忍的障碍是憎恨，精进的障碍是懈怠，禅定的障碍是散乱，智慧的障碍是愚痴，等等。

③ "善道"是持戒波罗蜜的果，指五道（地狱、饿鬼、畜生、人和天）轮回中的善道：人和天。

④ "不舍弃众生"是安忍波罗蜜的果。如果不能忍辱，而产生憎恨，便会舍弃众生。

⑤ "过失减少和功德增长"是精进波罗蜜的果。

⑥ "令受教化者进入正法"是禅定波罗蜜的果，因为运用禅定获得的力量，有助于教化众生。

⑦ "解脱"是智慧波罗蜜的果。

⑧ "布施等无穷性"即以布施等无穷功德回向菩提，是方便善巧波罗蜜的果。

⑨ "于一切生中善无间转出"是愿波罗蜜的果，因为菩萨发愿救度一切众生，而不住涅槃，不断在轮回中转生，于一切生中不间断地行善。

⑩ "善决定"是力波罗蜜的果。此处"决定"的原词为 niyatīkaraṇa，词义为确定、确立或固定。因此，"善决定"也可理解为依靠思惟力和修习力制伏障碍，善得以牢固确立。

⑪ "自他受用法成熟"是智波罗蜜的果。"自他受用法"指自身受用法乐和令其他众生受用法乐。"成熟"指造成或成就。

⑫ "不依音觉知所闻义"指不执著经典文字，而领悟真谛。

⑬ "此法"指善等十种法。

果故，是故顯說障波羅蜜。檀波羅蜜者，何法為障？自在增上①障。尸羅波羅蜜者，障善道為障。羼提波羅蜜，障不捨離眾生。毗梨耶波羅蜜，障增益功德、損減過失。禪波羅蜜者，障受化眾生令入正位。般若波羅蜜者，障令他解脫。漚惒拘舍羅波羅蜜，障檀等波羅蜜無盡無減，為迴向菩提故，諸波羅蜜無盡無減。波抳陀那波羅蜜者，障一切生處善法無中②間生起，依願力故，能攝持隨從善法生處。波羅③蜜者，障善法決定事，思擇修習力弱故，不能折伏非助道故。闍那波羅蜜者，障自身及他同用法樂及成熟兩處，不如聞言通達義故。④

奘译：論曰：此說十種波羅蜜多所得果障，以顯十種波羅蜜多自性之障。謂於布施波羅蜜多，說富貴自在障。於淨戒波羅蜜多，說善趣障。於安忍波羅蜜多，說不捨有情障。於精進波羅蜜多，說減過失增功德障。於靜慮波羅蜜多，說令所化趣入法障。於般若波羅蜜多，說解脫障。於方便善巧波羅蜜多，說施等善無窮盡障，由此迴向無上菩提，令施等善無窮盡故。於願波羅蜜多，說一切生中善無間轉障，由大願力攝受能順善法生故。於力波羅蜜多，說所作善得決定障，由思擇力及修習力能伏彼障非彼伏故。於智波羅蜜多，說自他受用法成熟障，不如聞言而覺義故。於地功德有別障者，頌曰：

[c. भूमिष्वावरणम्]

[c. 诸地障]

भूमिषु पुनर्यथाक्रमं।

今译：十地中障碍依次如下：

---

① "自在增上"的原词为 aiśvaryādhipatya。其中 aiśvarya 的词义为权力、财富和自在。ādhipatya 的词义为权力、威力和自在。此词奘译"富贵自在"。
② 此处"无中"，据《中华大藏经》校勘记，诸本作"中无"。
③ 此处"波罗"，据《中华大藏经》校勘记，《资》、《碛》、《普》、《南》、《径》、《清》作"婆罗波罗"，《丽》作"波罗波罗"。"波罗波罗蜜"即力波罗蜜。
④ 以上谛译十波罗蜜的名称均为音译。

谛译：於十種地中復有次第障：

奘译：於地功德有別障者，頌曰：

**सर्वत्रगार्थे अग्रार्थे निष्यन्दाग्रार्थ एव च।
निष्परिग्रहतार्थे च सन्तानाभेद एव च॥१४॥**

今译：遍行义、最胜义、胜流义、
无摄义、相续无差别，（14）

谛译：遍滿最勝義，勝流第一義，
無所繫屬義，身無差別義。

奘译：遍行與最勝，勝流及無攝，
相續無差別，無雜染清淨。

**निःसंक्लेशविशुद्ध्यर्थे ऽनानात्वार्थ एव च।
अहीनानधिकार्थे च चतुर्धावशिताश्रये॥१५॥**

今译：无污染清净义、无分别义、
不减不增义、四自在义，（15）

谛译：無染清淨義，法門無異義，
不減不增義，四自在依義。

奘译：種種法無別，及不增不減，
并無分別等，四自在依義。

**धर्मधातावविद्येयं अक्लिष्टा दशधावृतिः।
दशभूमिविपक्षेण प्रतिपक्षास्तु भूमयः॥१६॥**

今译：法界中有此无污染无知十种障碍，
由于阻碍十地，而有诸地对治。（16）

谛译：此法界無明，此染①是十障，

---

① 此处"此染"应为"无染"。原词是 akliṣṭa（"无染"）。在下面释文中，此词谛译"无染浊"。

非十地扶助，諸地是對治。

奘译：於斯十法界，有不染無明，

障十地功德，故說為十障。

धर्मधातौ दशविधे सर्वत्रगाद्यर्थे यदक्लिष्टमज्ञानं तद्दशासु बोधिसत्व-भूमिष्वावरणं यथाक्रमं तद्विपक्षत्वात्। यदुत सर्वत्रगार्थे प्रथमया हि भूम्या धर्मधातोः सर्वत्रगार्थं प्रतिविध्यति। येनात्मपरसमतां प्रतिलभते। द्वितीययाग्र्यार्थे। येनास्यैवं भवति तस्मात्तर्ह्यस्माभिः समाने ऽभिनिहारे सर्वाकारपरिशोधनाभि-निहार एव योगः करणीय इति। तृतीयया तन्निष्यन्दार्ग्यार्थे। येन धर्मधातुनिष्यन्दस्य श्रुतस्याग्रतां विदित्वा तदर्थे त्रिसाहस्रमहासाहस्रप्रमाणायामप्यग्निखदायामात्मानं प्रक्षिपेत्। चतुर्थ्या निष्परिग्रहार्थं तथा हि धर्मतृष्णापि व्यावर्तते। पञ्चम्या सन्तानाभेदार्थे दशभिश्चित्ताशयविशुद्धिसमताभिः। षष्ठ्या निःसंक्लेषविशुद्ध्यर्थे प्रतीत्यसमुत्पादे नास्ति स कश्चिद्धर्मो यः संक्लिश्यते वा विशुध्यते वेति प्रतिवेधात्। सप्तम्यानानात्वार्थे निर्निमित्ततया सूत्रादिधर्मनिमित्तनानात्वा-समुदाचारात्। अष्टम्याहीनानधिकार्थमनुत्पत्तिकधर्मक्षान्तिलाभात्संक्लेशे व्यवदाने वा कस्यचिद्धर्मस्य हानिवृद्ध्यदर्शनात्। चतुर्धा वशिता निर्विकल्पवशिता क्षेत्रपरिशुद्धिवशिता ज्ञानवशिता कर्मवशिता च। तत्र प्रथमद्वितीयवशिताश्रयत्वं धर्मधातावष्टम्यैव भूम्या प्रतिविध्यति। ज्ञानवशिताश्रयत्वं नवम्यां प्रतिसंविल्लाभात्। कर्मवशिताश्रयत्वं दशम्यां यथेच्छं निर्माणैः सत्त्वार्थकरणात्।

今译：法界①遍行义等十种义中，这种无污染无知②障碍依次阻碍十地③。其中，遍行义：初地通达法界遍行义，由此达到自他平等④。第二地通达最胜义，由此认为我们应该依据平等引发，实施一切种类

---

① 此处"法界"指法性，即空性或真如。
② "无污染无知"（akliṣṭam ajñānam，或译"无污染无明"）指心不受污染的无知，即心虽然不受污染，但仍有无知。它相对于污染无知（kliṣṭam ajñānam），即心受污染的无知。这样，无污染无知属于所知障，污染无知属于烦恼障。
③ "十地"（daśabhūmi）是修行的十个阶位：欢喜地（pramuditā）、无垢地（vimalā）、发光地（prabhākarī）、焰慧地（arciṣmatī）、难胜地（sudurjayā）、现前地（abhimukhī）、远行地（dūraṅgamā）、不动地（acalā）、善慧地（sādhumatī）和法云地（dharmameghā）。
④ "自他平等"指一切法空而自他平等。"遍行"的原词是 sarvaga，词义为走向一切，在这里是指平等遍及一切。

引发清净的修行①。第三地通达法界的胜流义，由此得知法界所流出所闻的最胜性②，为此甚至能投身广大似三千大千世界的火坑中。第四地通达无摄义，由此甚至转灭法爱③。第五地通达相续无差别义，具备十种心意清净平等性④。第六地通达无污染清净义，得知缘起中无任何法污染或清净⑤。第七地通达无分别义，而得知无相性⑥，不展现诸经中的法相差别。第八地通达不减不增义，由于获得无生法忍⑦，于污染或清净中不见任何法或减或增⑧。有四种自在：无分别自在、佛土清净自在、智自在和业自在。其中，第八地通达法界第一和第二种自在⑨所依性。第九地获得无碍智，而通达智自在⑩所依性。第十地通达业自在⑪，随意变化，饶益众生。

谛译：法界中十种义，遍一切处等无染濁无明。此无明十种菩薩地中次第應知，是障非地助道⑫故。法界中何者为十种义？一者遍滿義，依菩薩初地，法界义遍滿一切處，菩薩入觀得通達，因此通達得見自他平等一分。最勝義⑬，依第二地，觀此法已，作是思惟，若依

---

① 这里是说平等对待一切引发清净的修行，实施一切种类的引发清净的修行。"引发"的原语是 abhinirhāra，词义为引发、产生或实行。此词谛译和奘译均为"出离"。
② "法界所流出所闻的最胜性"指源自法界的神圣知识最为殊胜。故而，获知这种神圣知识，能忍辱负重，赴汤蹈火，在所不惜。
③ "甚至转灭法爱"指明了诸法性空，无所摄受，故而甚至对法也不生贪爱之心。
④ "具备十种心意清净平等性"指明了前后一切无差别，而具备十种平等清净心。据《十地经》，十种平等清净心指过去佛法、未来佛法、现在佛法、戒、心、除见疑悔、道非道智、修行智见、于一切菩提分法上上观察和教化一切众生这十方面的平等清净心。
⑤ "缘起中无任何法污染或清净"指一切法空无自性，故而十二缘起中的诸法无所谓污染或清净。
⑥ "得知无相性"指明了无分别，故而知道并无诸经中展现的法相差别。
⑦ "无生法忍"（anutpattikadharmakṣānti）指安忍或忍可诸法无生无灭。
⑧ "不见任何法或减或增"指清除污染，法并不因此减少，而增长清净，法也不因此增加。
⑨ 第一种自在是"无分别自在"（nirvikalpavaśitā），指通晓无相的无分别智。第二种自在是"佛土清净自在"（kṣetrapariśuddhivaśitā），指能造就净土。
⑩ "智自在"（jñānavaśitā）指获得"无碍智"（pratisaṃvid），智慧无碍，运用自如。"无碍智"也译"无碍辩"或"无碍解"，包含四种：法无碍、义无碍、辞无碍和辩无碍。
⑪ "业自在"（karmavaśitā）指能运用神通力，随意变化，教化和造福众生。
⑫ "非地助道"指不能辅助诸地，即阻碍诸地。
⑬ 此处"最胜义"，据《中华大藏经》校勘记，诸本作"二者最胜义"。

他共平等出離，一切種治淨出離應化勤行。三者勝流義，因三地法界傳流，知所聞正法第一，為得此法，廣量三千大千世界火坑能自擲其中。四無所繫屬義，因此四地因此觀法愛一向不生。五身無差別義，因第五地十種心樂清淨平等。六無染清淨義，因第六地十二生因①處，無有一法可染可淨，如此通達故。七法門無異義，因第七地無相故，修多羅等法別異相②不行不顯故。八不減不增義，因八地得滿足無生法忍故，若不淨淨品③中不見一法有減有增故。此中復有四種自在。何者為四？一無分別自在，二淨土自在，三智自在，四業自在。此中法界是第一第二自在依處，八地中通達。智自在依義，因九地得四無礙辯故。業自在依義，因十地如意欲變化，作眾生利益事。

奘譯：論曰：於遍行等十法界中，有不染無知障十地功德，如次建立為十地障。謂初地中所證法界名遍行義，由通達此證得自他平等法性。第二地中所證法界名最勝義，由通達此作是思惟，是故我今於同④出離，一切行相應遍修治，是為勤修相應出離。第三地中所證法界名勝流義，由通達此知所聞法是淨法界最勝等流，為求此法，設有火坑量等三千大千世界，投身而取不以為難。第四地中所證法界名無攝義，由通達此乃至法愛亦皆轉滅。第五地中所證法界名為相續無差別義。由通達此得十意樂平等淨心。第六地中所證法界名無雜染無清淨義，由通達此知緣起法無染無淨。第七地中所證法界名種種法無差別義，由通達此知法無相，不行契經等種種法相中。第八地中所證法界名不增不減義，由通達此圓滿證得無生法忍，於諸清淨雜染法中不見一法有增有減。有四自在：一無分別自在，二淨土自在，三智自在，四業自在。法界為此四種所依，名四自在所依止義。第八地中唯能通達初二自在所依止義。第九地中亦能通達智自在所依義，圓滿證得無礙解故。第十地中復能通達業自在所依義，隨欲化作種種利樂有情事故。

---

① "十二生因"即十二緣起。
② "別異相"指差別相。
③ "不淨淨品"指不淨和淨兩方面。
④ 此處"同"的原詞是 samāna，詞義為相同、同等或平等。此詞諦譯"平等"。

[5. आवरणसमास]

[5. 障碍概括]

समासेन पुनः।

今译：简而言之：

谛译：復有略說：

奘译：復略頌曰：

**क्लेशावरणमाख्यातं ज्ञेयावरणमेव च।
सर्वाण्यावरणानीह यत्क्षयान्मुक्तिरिष्यते॥१७॥**

今译：已经说明烦恼障和所知障，
　　　灭尽一切障碍，解脱可期望。（17）

谛译：已說煩惱障，及一切智障，
　　　是攝一切障，盡彼得解脫。

奘译：已說諸煩惱，及諸所知障，
　　　許此二盡故，一切障解脫。

अस्य हि द्विविधस्यावरणस्य क्षयात्सर्वावरणेभ्यो मुक्तिरिष्यते।

今译：灭尽这两种障碍，从一切障碍中解脱可期望。

谛译：此二種障滅盡無餘故，得出離解脫一切障。

奘译：論曰：由此二種攝一切障故，許此盡時，一切障解脫。

[आवरणपिण्डार्थ]

[障碍总义]

आवरणानां पिण्डार्थः। महदावरणं यद्यपि। प्रतन्वावरणं यत्प्रादेशिकं।

प्रयोगावरणं यदुद्रिक्तं। प्राप्त्यावरणं यत्समम्। प्राप्तिविशेषावरणं यदादानविवर्जने।
सम्यक्प्रयोगावरणं यन्नवधाक्लेशावरणम्। हेत्वावरणं यच्छुभादौ दशविधहेत्व-
र्थाधिकारात्। तत्त्वप्रवेशावरणं यद्बोधिपक्ष्येषु। शुभानुत्तर्यावरणं यत्पारमितासु।
तद्विशेषगत्यावरणं यद्भूमिषु। संग्रहावरणं यत्समासतो द्विविधं॥

今译：障碍总义：广大障碍是遍满障碍。狭小障碍是部分障碍。加行障碍是增盛障碍。达到障碍是平等障碍。达到殊胜障碍是取舍障碍。正加行障碍是九种烦恼障碍。因障碍是善等十种能作因障碍。入真实障碍是菩提分障碍。无上清净障碍是波罗蜜障碍。波罗蜜的差别趋向障碍是十地障碍。总障碍简而言之是这两种。①

谛译：障總義者：一大障，是遍滿故。二小障者，一方障故。三修行障者，重惑。四至得障，平等煩惱。五至得勝負障，取捨障。六正行障者，是九種煩惱結。七因障，善等處由十種因義故。八入真實障者，是助道障。九無上善障者，十波羅蜜障。十勝負捨離障，十地障。攝集障略說有二種：一解脫障，二一切智障。

奘译：前障總義有十一種。一廣大障，謂具分障。二狹小障，謂一分障。三加行障，謂增盛障。四至得障，謂平等障。五殊勝障，謂取捨生死障。六正加行障，謂九煩惱障。七因障，謂於善等十能作障。八入真實障，謂覺分障。九無上淨障，謂到彼岸障。十此差別趣障，謂十地障。十一攝障，謂略二障。

मध्यान्तविभागे आवरणपरिच्छेदो द्वितीयः॥

今译：以上是《辩中边论》中第二《障碍品》。

谛译：《中邊分別論》障品第二竟。

---

① 此处"两种"指烦恼障和所知障。

今译：第三　真实品

谛译：真實品第三

奘译：辯真實品第三

तत्वमधिकृत्याह।

今译：现在，说明真实。

谛译：此品真實應說。何者真實？

奘译：已辯其障，當說真實。頌曰：

मूललक्षणतत्वं अविपर्यासलक्षणं।
फलहेतुमयं तत्वं सूक्ष्मौदारिकमेव च॥ १॥

今译：根本、相和无颠倒真实，
　　　因果构成的和粗细真实，（1）

谛译：根本相真實，無顛倒真實，
　　　果因俱真實，細麁等真實。

奘译：真實唯有十，謂根本與相，
　　　無顛倒因果，及麁細真實。

प्रसिद्धं शुद्धिविषयं संग्राह्यं भेदलक्षणं।
कौशल्यतत्वं दशधा आत्मदृष्टिविपक्षतः॥ २॥

今译：成就、清净境、摄受和差别相，
　　　善巧又有十种，以对治我见。（2）

谛译：成就清淨境，攝取分破實，
　　　勝智實十種，為對治我見。

奘译：極成淨所行，攝受并差別，
　　　十善巧真實，皆為除我見。

इत्येतद्दशविधं तत्वं यदुत मूलतत्वं लक्षणतत्वं। अविपर्यासतत्वं। फलहेतुतत्वं। औदारिकसूक्ष्मतत्वं। प्रसिद्धतत्वं। विशुद्धिगोचरतत्वं। संग्रहतत्वं। प्रभेदतत्वं। कौशल्यतत्वं च। तत्पुनर्दशविधं दशविधात्मग्राहप्रतिपक्षेण वेदितव्यं। तद्यथा स्कन्धकौशल्यं। धातुकौशल्यमायतनकौशल्यं। प्रतीत्यसमुत्पादकौशल्यं। स्थानास्थानकौशल्यमिन्द्रियकौशल्यं अध्वकौशल्यं सत्यकौशल्यं यानकौशल्यं। संस्कृतासंस्कृतकौशल्यं च।

今译：以上是十种真实，即根本真实、相真实、无颠倒真实、因果真实、粗细真实、成就真实、清净境真实、摄受真实、差别真实和善巧真实。应知善巧又有十种，以对治我执。例如，蕴善巧、界善巧、处善巧、缘起善巧、处非处善巧、根善巧、世善巧、谛善巧、乘善巧和有为无为善巧。

谛译：如是十種真實。何者為十？一根本真實，二相真實，三無顛倒真實，四果因真實，五細麁真實，六成就真實，七清淨境界真實，八攝取真實，九分破①真實，十勝智②真實。勝智又十種真實，為對治十種我執應知。何者為十？一陰勝智，二界勝智，三入勝智，四生緣勝智，五處非處勝智，六根勝智，七世勝智，八諦勝智，九乘勝智，十有為無為勝智。

奘译：論曰：應知真實唯有十種：一根本真實，二相真實，三無顛倒真實，四因果真實，五麁細真實，六極成真實，七淨所行真實，八攝受真實，九差別真實，十善巧真實。此復十種，為欲除遣十我見故。十善巧者：一蘊善巧，二界善巧，三處善巧，四緣起善巧，五處非處善巧，六根善巧，七世善巧，八諦善巧，九乘善巧，十有為無為法善巧。

---

① "分破"即分别。
② 此处"胜智"的原词是 kauśalya，通常译为"善巧"。

[1. मूलतत्त्व]

[1. 根本真实]

तत्र मूलतत्त्वं।

今译：其中，根本真实：

谛译：此中何者根本真實？

奘译：此中云何根本真實？

स्वभावस्त्रिविधः

今译：三种自性，

परिकल्पितः परतन्त्रः परिनिष्पन्नश्च। तत्रान्यतत्त्वव्यवस्थापनात्। किमत्र स्वभावत्रये तत्त्वमिष्यते।

今译：妄想自性、依他自性和圆成自性，因为其他真实都依此成立。三种自性中，什么真实可期望？

谛译：三種自性：一分別自性，二依他自性，三真實自性。一切餘真實此中所立故。三性中何法名真實可信受？

奘译：謂三自性：一遍計所執自性，二依他起自性，三圓成實自性。依此建立餘真實故。於此所說三自性中，許何義為真實？頌曰：

असच्च नित्यं सच्चाप्यतत्त्वतः।
सदसत्तत्त्वतश्चेति स्वभावत्रय इष्यते॥ ३॥

今译：　　　　永远非有，有而不真实，
　　有无真实，三种自性中可期望。（3）

谛译：性三一恒無，二有不真實，
　　三有無真實，此三本真實。

奘译：許於三自性，唯一常非有，
　　　　一有而不真，一有無真實。

परिकल्पितलक्षणं नित्यमसदित्येतत्परिकल्पितस्वभावे तत्त्वमविपरीतत्वात्। परतन्त्रलक्षणं सच्च न च तत्त्वतो भ्रान्तत्वादित्येतत्परतन्त्रस्वभावे तत्त्वं। परिनिष्पन्नलक्षणं सदसत्तत्त्वतश्चेत्येतत् परिनिष्पन्नस्वभावे तत्त्वं।

今译：妄想相永远非有。这是妄想自性中的真实，由于无颠倒性。依他相有而不真实，由于有迷乱性。这是依他自性中的真实。圆成相有无①真实。这是圆成自性的真实。

谛译：分别性相者，恒常不有。此相分别性中是真實，無顛倒故。依他性相者，有不實，唯有散亂執起故。此相依他性中是真實性。真實性相者，有無真實。此相真實性中是真實。

奘译：論曰：即於如是三自性中，遍計所執相常非有。唯常非有，於此性中許為真實，無顛倒故。依他起相有而不真。唯有非真，於依他起許為真實，有亂性故。圓成實相亦有非有。唯有非有，於此性中許為真實，有空性故。

[2. लक्षणतत्त्व]

[2. 相真实]

लक्षणतत्त्वं कतमत्।

今译：何为相真实？

谛译：何者相真實？

奘译：云何相真實？頌曰：

---

① "有无"即非无非有或亦有亦无，也就是认知有和无两者，故而真实。

समारोपापवादस्य धर्मपुद्गलयोरिह।
ग्राह्यग्राहकयोश्चापि भावाभावे च दर्शनं॥४॥

今译：法和补特伽罗增减见，
　　　所取能取和有无增减见。（4）

谛译：增益损减谤，於法於人中，
　　　所取及能取，有無中諸見。

奘译：於法數取趣①，及所取能取，
　　　有非有性中，增益損減見。

यज्ज्ञानान्न प्रवर्तेत तद्धि तत्त्वस्य लक्षणं।

今译：知此而不转出，即是真实相。

谛译：知常見不生②，是真實寂相。

奘译：知此故不轉，是名真實相。

पुद्गलधर्मयोः समारोपापवाददर्शनं यस्य ज्ञानान्न प्रवर्तते। तत्परिकल्पितस्वभावे तत्त्वलक्षणं। ग्राह्यग्राहकयोः समारोपापवाददर्शनं यस्य ज्ञानान्न प्रवर्तते। तत्परतन्त्रस्वभावे तत्त्वलक्षणं। भावाभावसमारोपापवाददर्शनं यस्य ज्ञानान्न प्रवर्तते। तत्परिनिष्पन्नस्वभावे तत्त्वलक्षणं। एतन्मूलतत्त्वे लक्षणमविपरीतं लक्षणतत्त्वमित्युच्यते।

今译：补特伽罗和法的增减见，知此而不转出。这是妄想自性中的真实相。所取能取的增减见，知此而不转出。这是依他自性中的真实相。有无的增减见，知此而不转出。这是圆成自性中的真实相。这种根本真实相称为无颠倒相真实。③

谛译：人等及法等有增益謗見，有損減謗見，不得起，為知見此

---

① "數取趣"是 pudgala（"补特伽罗"或"人"）的又一译名。
② 谛译这句中的"知常見"，按原文是"知此"。
③ 这里是说对于人和法以及所取和能取，认为有则是增益，认为无则是减损。不抱有这种见解，而认为亦有亦无，则无增无减，不颠倒错乱，才是真实相。

法故。此法分別性中是真實相。能執所執增益損減謗見不得起，為知見此法故。此法依他性中是真實相。有中無中增益損減見不得起，為知見此法故。此法真實性中是真實相。如是根本真實相，說名相真實。

奘译：論曰：於一切法補特伽羅所有增益及損減見，若知此故，彼便不轉，是遍計所執自性真實相。於諸所取能取法中所有增益及損減見，若知此故，彼便不轉，是名依他起自性真實相。於有非有所有增益及損減見，若知此故，彼便不轉，是名圓成實自性真實相。此於根本真實相中無顛倒故，名相真實。

[3. अविपर्यासतत्त्व [

[3. 无颠倒真实]

अविपर्यासतत्वं नित्यादिविपर्यासप्रतिपक्षेणानित्यदुःखशून्यानात्मता मूलतत्त्वे यथाक्रमं। कथं च तत्रानित्यतादिता वेदितव्या।

今译：无颠倒真实，即根本真实中的无常、苦、空和无我性依次对治常等颠倒。应知其中何为无常等？

谛译：無顛倒真實。無顛倒真實者，為對治常等顛倒故。有四種：一無常，二苦，三空，四無我。此四云何根本真實所立？此中無常云何應知？

奘译：無顛倒真實者，謂無常、苦、空、無我性，由此治彼常等四倒。云何應知此無常等依彼根本真實立耶？頌曰：

असदर्थो ह्यनित्यार्थ उत्पादव्ययलक्षणः ॥५॥

今译：无常义是非有义、生灭相，以及（5）

समलामलभावेन मूलतत्त्वे यथाक्रमं।

今译：有垢无垢性，依次在根本真实中。

谛译：無常義有三，無義生滅義，
　　　有垢無垢義，本實中次第。
奘译：無性與生滅，垢淨三無常。
　　　所取及事相，和合苦三種，
　　　空亦有三種，謂無異自性。
　　　無相及異相，自相三無我，
　　　如次四三種①，依根本真實。

त्रयो हि स्वभावा मूलतत्त्वं। तेषु यथाक्रमम् असदर्थो ह्यनित्यार्थं उत्पादव्ययार्थः समलामलतार्थश्च।

今译：三种自性是根本真实。其中，无常义依次是非有义、生灭义和有垢无垢义。

谛译：根本真實中有三種性。此性中次第應知三種無常義：一無有物為義，故說無常，二生滅為義，三有垢無垢為義。

奘译：論曰：無常三者：一無性無常，謂遍計所執，此常無故。二生滅無常，謂依他起，有起盡故。三垢淨無常，謂圓成實，位轉變②故。

दुःखमादानलक्ष्माख्यं संबन्धेनापरं मतं॥ ६॥

今译：认为苦有所取、相和和合。（6）

谛译：苦三一取苦，二相三相應。

मूलतत्त्वे यथाक्रमं दुःखमुपादानतः पुद्गलधर्माभिनिवेशोपादानात्। लक्षणस्त्रिदुःखतालक्षणत्वात्। संबन्धतश्च दुःखसंबन्धात्। तत्रैव मूलतत्त्वे यथाक्रमं वेदितव्यम्।

今译：根本真实中，苦依次有所取，由于执取补特伽罗和法③；

---

① "四三种"指无常、苦、空和无我四者各有三种。
② "位转变"垢和净的转变。
③ "执取补特伽罗和法"指本无苦，执取人和法而产生苦。

有相，由于有三种苦性①相；有和合，由于苦和合②。应知依次在根本真实中。

谛译：根本真實中次第三種苦：一取苦，人法執著所取故。相苦者，三受三苦為相故。相應③苦者，與有為相應故，為有為法④通相故。此三苦於次第性中應立。

奘译：苦三種者：一所取苦，謂遍計所執，是補特伽羅法執所取故。二事相苦，謂依他起，三苦相故。三和合苦，謂圓成實，苦相合故。

अभावश्चाप्यतद्भावः प्रकृतिः शून्यता मता।

今译：认为空性是无性、非如此性和自性。

谛译：無空不如空，性空合三種。

परिकल्पितलक्षणं न केनचित्प्रकारेणास्तीत्यभाव एवास्य शून्यता परतन्त्रलक्षणं तथा नास्ति यथा परिकल्प्यते न तु सर्वथा नास्तीति तस्यातद्भावः शून्यता। परिनिष्पन्नलक्षणं शून्यतास्वभावमेवेति प्रकृतिरेवास्य शून्यता।

今译：妄想相，没有任何事类据以为有，这种无性是它的空性⑤。依他相，如同妄想那样没有，但不是完全没有，这种非如此性是它的空性⑥。圆成相即空性自性，空性即它的本性⑦。

谛译：分別性者，無別道理令有，無有物是其空。依他性相者，

---

① "三种苦性"是"苦苦性"（duḥkhaduḥkhatā），即可憎者造成的苦性；"坏苦性"（vipariṇāmaduḥkhatā），即可爱者毁坏的造成的苦性；"行苦性"（saṃskāraduḥkhatā），即诸行无常造成的苦性。
② "苦和合"指无苦相和有苦相两者的和合。
③ 此处"相应"的原词是 saṃbandha，词义为联系或结合。
④ "有为法"指因缘和合。
⑤ "无性是它的空性"指空无所有是妄想相的空性。
⑥ "非如此性是它的空性"指不像妄想那样完全没有，因为有缘起，这是依他相的空性。
⑦ "空性即它的本性"指圆成自性原本就是空性，故而空性即圆成相的本性。

無有如所分別，不一向無此法，不如有①是空。真實性相者，二空②自性，是故說名自性空。

奘译：空有三者：一無性空，謂遍計所執，此無理趣可說為有，由此非有說為空故。二異性空，謂依他起，如妄所執不如是有，非一切種性全無故。三自性空，謂圓成實，二空所顯為自性故。

अलक्षणं च नैरात्म्यं तद्विलक्षणमेव च ॥७॥

今译：无我，即无相、异相，（7）

स्वलक्षणञ्च निर्दिष्टं

今译：以及自相，这里说明。

谛译：無相及異相，自相三無我。

परिकल्पितस्य स्वभावस्य लक्षणमेव नास्तीत्यलक्षणमेवास्य नैरात्म्यं। परतन्त्रस्यास्ति लक्षणं न तु यथा परिकल्प्यत इति तद्विलक्षणस्य लक्षणनैरात्म्यं। परिनिष्पन्नस्तु स्वभावो नैरात्म्यमेवेति प्रकृतिरेवास्य नैरात्म्यमिति त्रिविधे मूलतत्त्वे त्रिविधानित्यता परिदीपिता असदर्थानित्यता उत्पादभङ्गनित्यता समलनिर्मलानित्यता च। त्रिविधा दुःखता उपादानदुःखता लक्षणदुःखता संबन्धदुःखता च। त्रिविधा शून्यता अभावशून्यता अतद्भावशून्यता स्वभावशून्यता च त्रिविधं नैरात्म्यं अलक्षणनैरात्म्यं। विलक्षणनैरात्म्यं स्वलक्षणनैरात्म्यं च।

今译：妄想自性无相，这种无相是它的无我③。依他自性有相，但不如同妄想那样，这种异相是它的无我④。圆成自性即无我，无我即它的本性⑤。已经说明三种根本真实中的三种无常：非有义无常、生灭无常和有垢无垢无常。三种苦性：所取苦性、相苦性和和合苦性。

---

① "不如有"的原词是 atadbhāva，词义为非如此性，奘译"异性"。此词在下一段中，谛译"不如"。
② "二空"指人和法二空。按原文中没有此词。
③ "无相是它的无我"指妄想自性的无我没有任何相。
④ "这种异相是它的无我"指依他自性的无我不同于妄想自性的无相，而是有相。
⑤ "无我即它的本性"指圆成自性原本就是无我，故而，无我即它的本性。

三种空性：无性空性、非如此性空性和自性空性。三种无我：无相无我、异相无我和自相无我。

谛译：分别性者，相体无有，是故此无相是其无我。依他性者，有相不如所分别，不如相者是其无我。真实性者是二无我，是故自体是其无我。如是二①种根本真实中，显说有三种无常：一无物无常，二生灭无常，三有垢无垢无常。三种苦：一取苦，二相苦，三相应苦。三种空：一无有空，二不如空，三自性空。三种无我：一无相无我，二异相无我，三自性无我。

奘译：无我三者：一无相无我，谓遍计所执。此相本无，故名无相。即此无相，说为无我。二异相无我，谓依他起。此相虽有，而不如彼遍计所执，故名异相。即此异相，说为无我。三自相无我，谓圆实成。无我所显以为自相。即此自相，说为无我。如是所说无常、苦、空、无我四种。如其次第依根本真实各分为三种。四各三种如前应知。

[4. फलहेतुतत्त्व]

[4. 因果真实]

फलहेतुमयं तत्त्वं तत्रैव मूलतत्त्वे दुःखसमुदयनिरोधमार्गसत्यत्वं। कथं त्रिविधं मूलतत्त्वं दुःखादिसत्यत्वं। यतस्तदनित्यादिलक्षणं।

今译：因果构成的自性是根本真实中的苦、集、灭和道四谛②。为何苦谛等是三种根本真实？因为无常等相③，

谛译：果因真实。此根本真实中应立何者果因？苦谛，集谛，灭

---

① 此处"二"字，据《中华大藏经》校勘记，《丽》作"三"。
② "苦、集、灭和道"合称四谛或四圣谛。其中，苦谛（duḥkhasatya）指一切皆苦。集谛（samudayasatya）指苦由种种原因积集而成。灭谛（nirodhasatya）指苦的原因能灭除。道谛（mārgasatya）指灭苦之道。
③ "无常等相"指上述无常、苦、空和无我。

諦，道諦。云何根本真實得立？苦相等已說。苦諦如前說。無倒真實中，如三①、三無常等。因此四無倒應知苦諦。

奘译：因果真實，謂四聖諦。云何此依根本真實？頌曰：

दुःखसत्यमतो मतं।

今译： 由此确认苦谛②。

त्रिविधेन समुदयार्थेन समुदयसत्यं। त्रिविधः समुदयार्थः।

今译：集谛有三种积集义。三种积集义：

谛译：三種集諦應知。何者為三？

वासनाथ समुत्थानमविसंयोग एव च ॥८॥

今译：熏习、生起和未分离。(8)

谛译：集諦復有三，熏習與發起，
及不相離等。

奘译：苦三相已說，集亦有三種，
謂習氣等起，及相未離繫。
自性二不生，垢寂二三滅，
遍知及永斷，證得三道諦。

वासनासमुदयः परिकल्पितस्वभावाभिनिवेशवासना समुत्थानसमुदयः कर्मक्लेशाः। अविसंयोगसमुदयः। तथतायाः आवरणाविसंयोगः। त्रिविधेन निरोधेन निरोधसत्यं। त्रिविधो निरोधः।

今译：熏习积集是执著妄想自性习气③。生起积集是业和烦恼④。

---

① 此处"三"字，据《中华大藏经》校勘记，诸本作"三苦"。
② "苦谛"已在前面说明。
③ "执著妄想自性习气"指执著过去形成的妄想分别习气。
④ "业和烦恼"指由于习气再度生起，而造成新的业行，并带来烦恼。

未分离积集是真如的障碍未分离①。灭谛有三种灭。三种灭：

谛译：熏習集諦者，執著分別性熏習。發起集諦者，煩惱及業。不相離集諦者，如如與惑障不相離。三種滅義故，應知滅諦。何者為三？

奘译：論曰：苦諦有三：謂無常等四各三相，如前已說。集諦三者：一習氣集，謂遍計所執自性執習氣。二等起集，謂業煩惱。三未離繫集，謂未離障真如。

स्वभावद्वयनोत्पत्तिर्मलशान्तिद्वयं मतं।

今译：自性和二者不生以及污垢寂静二者。

谛译：體滅二種滅，垢淨前後滅。

स्वभावानुत्पत्तिर्ग्राह्यग्राहकयोरनुत्पत्तिर्मलशान्तिद्वयं च प्रतिसंख्यानिरोध-तथताख्यमित्येष त्रिविधो निरोधो यदुत स्वभावनिरोधो द्वयनिरोधः। प्रकृति-निरोधश्च। मार्गसत्यं त्रिविधे मूलतत्त्वे कथं व्यवस्थाप्यते।

今译：自性不生②，所取和能取二者不生③，污垢和寂静二者即择灭④和真如，这是三种灭，即自性灭、二者灭和本性灭⑤。如何在三种根本真实中确立道谛？

谛译：自性無生。能執所執二法不生。垢寂滅二種：一數緣滅⑥，二法如如。是三種滅：一無體滅⑦，二二滅，三自性滅。道諦有三，

---

① "障碍未分离"指真如没有摆脱障碍，依然受习气遮蔽。这是苦的原因。
② "自性不生"指诸法自性不生。
③ "所取和能取二者不生"指缘起的所取和能取不生。
④ "择灭"（pratisaṃkhyānirodha）指以智慧的抉择力灭除烦恼障和所知障，达到涅槃。
⑤ "本性灭"（prakṛtinirodha）指本性寂静，与涅槃和真如同义。
⑥ "数缘灭"是择灭的又一种译名。
⑦ 此处"无体灭"似应为"体灭"。这样，与谛译前面偈颂中的用词一致。"体"对应的原词是 svabhāva（"自性"）。

於三根本真實中云何得安立？

奘译：滅諦三者：一自性滅，謂自性不生故。二二取滅，謂所取能取二不生故。三本性滅，謂垢寂二，即擇滅及真如。

परिज्ञायां प्रहाणे च प्राप्तिसाक्षात्कृतावयं॥९॥

今译：在遍知、断除和证得中，（9）

मार्गसत्यं समाख्यातं

今译：说明道谛。

谛译：觀智及除滅，證至道有三。

परिकल्पितस्य परिज्ञाने परतन्त्रस्य परिज्ञाने प्रहाणे च। परिनिष्पन्नस्य परिज्ञाने प्राप्तिसाक्षात्करणे च एवमत्र परिज्ञाप्रहाणसाक्षात्क्रियायां मार्गसत्य-व्यवस्थानमिति वेदितव्यं।

今译：遍知妄想①，遍知和断除依他②，遍知和证得圆成③。应知这样在遍知、断除和证得中确立道谛。

谛译：說道諦如是：一者觀察分別性。二為觀察、除滅依他性。三為觀察、證至真實住④。如是此中為觀察、為除滅、為證至故，安立道諦應知。

奘译：道諦三者：一遍知道，二永斷道，三證得道。應知此中於遍計所執唯有遍知，於依他起有遍知及永斷，於圓成實有遍知及證得，故依此三建立道諦。

---

① "遍知妄想"指认知妄想中的无。
② "遍知和断除依他"指认知和断除依他中的有。
③ "遍知和证得圆成"指认知和证得圆成中的实相空性。
④ 此处"住"字，据《中华大藏经》校勘记，诸本作"性"。

[5. औदारिकसूक्ष्मतत्त्व [

[5. 粗细真实]

औदारिकसूक्ष्मतत्त्वं पुनः संवृतिपरमार्थसत्यं तन्मूलतत्त्वे कथं वेदितव्यं।

今译：粗细真实是世俗谛和胜义谛。应知它们如何在根本真实中？

谛译：麁细真實者，俗諦及真諦。此二諦根本真實中云何得立？

奘译：麁细真實，謂世俗勝義諦。云何此依根本真實？頌曰：

प्रज्ञप्तिप्रतिपत्तितः।
तथोद्भावनयोदारं

今译：　　　　　　　假名和行，
还有显示，是粗真实。

谛译：麁義有三種，立名及取行，
顯了名俗諦。

奘译：應知世俗諦，差別有三種，
謂假行顯了，如次依本三。
勝義諦亦三，謂義得正行，
依本一無變，無倒二圓實。

त्रिविधा हि संवृतिः प्रज्ञप्तिसंवृतिः। प्रतिपत्तिसंवृतिः। उद्भावनासंवृतिश्च। तया संवृतिसत्यत्वं मूलतत्त्वे यथाक्रमं वेदितव्यं।

今译：三种世俗谛，即假名世俗谛①、实行世俗谛②和显示世俗

---

① "假名世俗谛"指无有实体，唯有妄想分别的假名。
② "实行世俗谛"指依据假名而实行。此处"实行"的原词是 pratipatti，词义为获得、认知、行动、实行或修行。此词谛译"取行"，奘译"行"。

谛①。由此应知世俗谛依次在根本真实中。

谛译：俗諦有三種：一立名俗諦，二取行俗諦，三顯了俗諦。因此三義根本真實中，應安立三種俗諦。次第應知。

奘译：論曰：世俗諦有三種：一假世俗，二行世俗，三顯了世俗。此三世俗如其次第，依三根本真實建立。

परमार्थं तु एकतः॥ १०॥

今译：　　　　　　而胜义谛依一。（10）

谛译：真諦三中一。

परमार्थसत्यं। एकस्मात्परिनिष्पन्नादेव स्वभावाद्वेदितव्यं। स पुनः कथं परमार्थः।

今译：应知胜义谛依据一种圆成自性。云何胜义谛？

谛译：勝境諦者，一真實性中應知此勝境。云何真實？

अर्थप्रतिप्रपत्त्या हि परमार्थस्त्रिधा मतः।

今译：认为胜义谛有三种：义、获得和正行。

谛译：一義二正修②，三至得真實。

अर्थपरमार्थस्तथता परमस्य ज्ञानस्यार्थ इति कृत्वा। प्राप्तिपरमार्थो निर्वाणं परमो ऽर्थ इति कृत्वा प्रतिपत्तिपरमार्थो मार्गः परमो ऽस्यार्थ इति कृत्वा। कथमसंस्कृतं च संस्कृतं च परिनिष्पन्नः स्वभाव उच्यते।

今译：已知义胜义谛是真如，即胜智义③。已知得胜义谛是涅槃，

---

① "显示世俗谛"指认知"假名"和"实行"的实相是空，显示真实。
② "正修"即正行。谛译此颂释文中的用词是"正行"。
③ "胜智义"指殊胜智慧的境界，即殊胜智慧以真如为所行境界。

即胜义①。已知正行胜义谛是道，以殊胜为义②。为何无为和有为称为圆成自性？

谛译：義真實者，法如如真實智境界故。至得真實者，涅槃功德究竟故。正行真實者，聖道無勝境故。云何有為無為法共得真實性所攝？答：

奘译：勝義諦亦三種：一義勝義，謂真如勝智之境名勝義故。二得勝義，謂涅槃，此是勝果亦義利故。三正行勝義，謂聖道，以勝法為義故。

निर्विकाराविपर्यासपरिनिष्पत्तितो द्वयं॥११॥

今译：由于二者不变化和不颠倒的成就。（11）

谛译：無變異無倒，成就二真實。

असंस्कृतमविकारपरिनिष्पत्त्या परिनिष्पन्नं। संस्कृतं मार्गसत्यसंगृहीतम्‌विपर्यासपरिनिष्पत्त्या पुनर्ज्ञेयवस्तुन्यविपर्यासात्‌।

今译：无为③由不变化的成就而圆成。有为④总摄道谛，于所知事物不颠倒，由不颠倒的成就而圆成。

谛译：無為法者，無變異成就，得入真實性攝。一切有為法，道所攝無顛倒成就故，境界品類⑤中無顛倒故。

奘译：此三勝義應知但依三根本中圓成實立。此圓成實總有二種，

---

① "胜义"指殊胜境界。"得胜义"便是达到这种境界而获得涅槃。
② "以殊胜为义"指以真如为境界，而获得涅槃。
③ "无为"指真如或涅槃，永恒不变，无有作为。
④ "有为"指因缘和合，有所作为。这里意谓修道虽然依于所知事物，有所作为，但摒弃颠倒妄想，便能达到圆成。
⑤ "境界品类"的原词是 jñeyavastu，词义为所知事物，即外界各种事物或对象。此词奘译简略为"境"。

無為有為，有差別故。無為總攝真如涅槃，無變異故，名圓成實。有為總攝一切聖道，於境無倒故，亦名圓成實。

[6. प्रसिद्धतत्त्व]

[6. 成就真实]

प्रसिद्धतत्त्वं मूलतत्त्वे कथं व्यवस्थाप्यते। द्विविधं हि प्रसिद्धतत्त्वं। लोकप्रसिद्धं युक्तिप्रसिद्धं च। तत्र।

今译：如何在根本真实中确立成就真实？有两种成就真实：世间成就和道理成就。其中，

谛译：成就真實者，於根本真實中云何？

奘译：極成真實略有二種：一者世間極成真實，二者道理極成真實。云何此二依彼根本真實立耶？頌曰：

लोकप्रसिद्धमेकस्मात्

今译：世间成就依据一种，

谛译：安立成就者，一處世俗成。

奘译：世極成依一，理極成依三。

परिकल्पितस्वभावात्। यस्मिन्वस्तुनि संकेतसंस्तवानुप्रविष्ट्या बुद्धा सर्वेषां लौकिकानां दर्शनतुल्यता भवति। पृथिव्येवेयं नाग्री रूपमेवेदं न शब्द इत्येवमादि।

今译：依据妄想自性，于事物依据习惯用语①觉知，与一切世间看法一致。这是地而非火，这是色而非声，如此等等。

---

① "习惯用语"指世俗的名言概念。

谛译：分别性中得立是物處，共立印定①數習故，因此所立印定起世智。一切世間人一處同一世智，如此物是地非火，此物是色非聲，如是等此俗成就屬一性②。

奘译：論曰：若事世間共所安立，串習③隨入覺慧所取。一切世間同執此事，是地非火、色非聲等，是名世間極成真實。此於根本三真實中，但依遍計所執而立。

त्रयाद्युक्तिप्रसिद्धकं।

今译：　　　　　　　道理成就依据三种④。

谛译：離名無體故⑤，三處道理成。

यत्सतां युक्तार्थपण्डितानां तार्किकाणां प्रमाणत्रयं निश्रित्योपपत्ति-साधनयुक्त्या प्रसिद्धं वस्तु।

今译：擅长运用合理意义思辨的贤士依据三量⑥证实道理而事物成就。

谛译：（即三性）。⑦上品諸人於義於理中聰明，在於覺觀地中，依三量、四道理⑧中依一道理，若物若事得成就。此二⑨名道理成就。

---

① "印定"的原词是 saṃketa，词义为约定或习惯。
② 此处"一性"，也就是谛译偈颂中的"一处"，指三自性中的分别性（即"妄想自性"）。
③ "串习"的原词是 saṃstava，词义为密切或熟悉。谛译"数习"。
④ "依据三种"指依据妄想、依他和圆成三种自性。
⑤ "离名无体故"这句按原文和奘译均无。这句是说明世俗成就依靠名言分别，一旦离开名言，便无体相。
⑥ "三量"（pramāṇatraya）指三种认知方法：现量、比量和圣言量。
⑦ 此处括号中的"即三性"是夹住。"三性"即谛译偈颂中的"三处"，指三种自性。
⑧ "四道理"指观待、作用、证成和法尔四种道理。其中，"观待"指观待所缘，"作用"指有所缘而有作用，"证成"指三量，"法尔"指自然如此。按原文中没有涉及"四道理"。
⑨ "此二"可能指"三量"和"四道理"。

奘译：若有理義聰叡賢善能尋思者，依止三量證成道理施設建立①，是名道理極成真實。此依根本三真實立。

[7. विशुद्धिगोचरतत्त्व [

[7. 清净境真实]

विशुद्धिगोचरतत्वं द्विविधं क्लेशावरणविशुद्धिज्ञानगोचरं। ज्ञेयावरणविशुद्धि-ज्ञानगोचरं च। तदेतत्।

今译：清净境真实有两种：烦恼障清净智境和所知障清净智境②。也就是——

谛译：清淨境真實有二種：一清淨煩惱障智境，二清淨智障智境。如是清淨智境真實。

奘译：淨所行真實亦略有二種：一煩惱障淨智所行真實，二所知障淨智所行真實。云何此二依彼根本真實而立？頌曰：

विशुद्धिगोचरं द्वेधा एकस्मादेव कीर्तितं॥१२॥

今译：两种清净境真实，依据一种说明。（12）

谛译：清淨境二種，攝在於一處。

奘译：淨所行有二，依一圓成實。

परिनिष्पन्नादेव स्वभावान्न ह्यन्यस्वभावो विशुद्धिज्ञानद्वयगोचरो भवति।

今译：两种清净境智境依据圆成自性，而非依据其他自性。

---

① 此处"施设建立"的原文是 prasidhaṃ vastu（"事物成就"）。
② "烦恼障清净智境和所知障清净智境"指清除烦恼障和所知障的智慧所行境界。

谛译：一处者真实性。云何如此？无别住①作清净智境故。

奘译：論曰：煩惱所知二障淨智所行真實，唯依根本三真實中圓成實立，餘二非此淨智境故。

[8. संग्रहतत्त्व]

[8. 摄受真实]

कथं त्रिविधे मूलतत्त्वे संग्रहतत्त्वं वेदितव्यं।

今译：应知摄受真实如何在三种根本真实中？

谛译：三種根本真實性中，五攝真實云何安立？

奘译：云何應知相、名、分別、真如、正智攝在根本三真實耶？

颂曰：

निमित्तस्य विकल्पस्य नाम्नश्च द्वयसंग्रहः।

今译：相、分别和名的摄受依据两种，

谛译：相及於分別，名字二性攝。

奘译：名遍計所執，相分別依他，
　　　真如及正智，圓成實所攝。

यथायोगं पञ्च वस्तून्यारभ्य निमित्तविकल्पयोः परतन्त्रेण संग्रहः नाम्नः परिकल्पितेन।

今译：五事②随其相应，相和分别③的摄受依据依他，名④的摄受依据妄想。

谛译：如義相應，依五種攝品類，根本性中云何得立？相及分別

---

① 此处"住"字，据《中华大藏经》校勘记，诸本作"性"。
② "五事"指相、分别、名、真如和正智，也称"五法"。
③ "相"（nimitta）和"分别"（vikalpa）是所分别和能分别，相当于所取和能取。
④ "名"（nāma）指事物的名称或概念，即假名。

依他性中攝，名者分別性中攝。

奘译：論曰：相等五事隨其所應，攝在根本三種真實，謂名攝在遍計所執相，及分別攝在依他。

सम्यग्ज्ञानसतत्त्वस्य एकेनैव च संग्रहः ॥ १३ ॥

今译：正智和真如的摄受依据一种。（13）

谛译：聖智與如如，此二一性攝。

तथतासम्यग्ज्ञानयोः परिनिष्पन्नेन स्वभावेन संग्रहः ।

今译：真如和正智①的摄受依据圆成自性。

谛译：如如及聖智依真實性中攝。

奘译：圓成實攝真如、正智。

[9. प्रभेदतत्त्व [

[9. 差别真实]

प्रभेदतत्त्वं मूलतत्त्वे कथं वेदितव्यं । सप्तविधं प्रभेदतत्त्वं प्रवृत्तितत्त्वं । लक्षणतत्त्वं । विज्ञप्तितत्त्वं सन्निवेशतत्त्वं । मिथ्याप्रतिपत्तितत्त्वं । विशुद्धितत्त्वं सम्यक्प्रतिपत्तितत्त्वञ्च । (तत्र प्रवृत्तितत्त्वादित्रिविधं । अनवराग्रेष्वेति संसारः तथताचित्तसंक्लेशात्सत्त्वाः संक्लिश्यन्त इति सर्वं दुःखादिसत्यं च यथासंख्यं) यैव च सन्धिनिर्मोचनसूत्रे सप्तविधा तथता निर्दिष्टा । तत्र ।

今译：应知差别真实如何在根本真实中。有七种差别真实：流转真实、相真实、唯识真实、安立真实、邪行真实、清净真实和正行真实。（其中，流转真实等三种。轮回无始无终。由于真如心受污染，众生受污染。所谓一切皆苦谛等。）②在《解密深经》中已说明这七种

---

① "正智"（samyagjñāna）指证得真如的智慧。
② 这里括号中译文的原文，校刊本编者认为可能是混入的某种注释文字。

真如①。其中，

谛译：三種根本性中，分破真實云何得立？分破真實有七種。何者為七？

奘译：差別真實略有七種：一流轉真實，二實相真實，三唯識真實，四安立真實，五邪行真實，六清淨真實，七正行真實。云何應知此七真實依三根本真實立耶？頌曰：

प्रवृत्तितत्त्वं द्विविधं

今译：流转真实②依据两种。

谛译：生實二性攝，處邪行亦爾，
　　　相識及清淨，正行真性攝。

奘译：流轉與安立，邪行依初二，
　　　實相唯識淨，正行依後一。

मूलतत्त्वं वेदितव्यं। परिकल्पितपरतन्त्रलक्षणं। यथा प्रवृत्तितत्त्वं तथा।

今译：应知依据妄想相和依他相根本真实。如同流转真实，同样，

सन्निवेशाकुपन्नता।

今译：　　　　　　　　安立和邪行真实。

सन्निवेशमिथ्याप्रतिपत्तित्त्वे अपि तथैव द्विविधं मूलतत्त्वं।

今译：安立③和邪行真实④同样依据这两种根本真实。

谛译：一者生起真實，二相真實，三識真實，四依處真實，五邪

---

① 这句不见于谛译和奘译。
② "流转真实"指生死流转并无实性，是妄想分别而依据因缘生起。
③ "安立"的原词是 sanniveśa，词义为进入、所依、热衷和执著。"安立真实"指苦谛，即执著人和法，而出现种种苦相。
④ "邪行真实"指集谛，即执著缘起，而有种种不正确的行为，造成污染和烦恼。

行真實，六清淨真實，七正行真實。此中生起真實者，於根本真實中在二處。應知分別、依他性處。如生起真實依處，及邪行真實亦如是，根本性中二性攝。

奘译：論曰：流轉等七隨其所應，攝在根本三種真實。謂彼流轉、安立、邪行，依根本中遍計所執及依他起。

एकं लक्षणविज्ञप्तिशुद्धिसम्यक्प्रपन्नता ॥ १४ ॥

今译：相①、唯识②、清净③和正行④依据一种。（14）

लक्षणतत्त्वादीनि चत्वार्येकं मूलतत्त्वं परिनिष्पन्नलक्षणं।

今译：相真实等四种依据一种根本真实，即圆成相。

谛译：相、識、清淨、正行四法，一真實性攝。此四種云何一性攝？聖境聖智所顯故，勝智真實者。

奘译：實相、唯識、清淨、正行，依根本中圓成實立。

[10. कौशल्यतत्त्व]

[10. 善巧真实]

कौशल्यतत्त्वं दर्शनप्रतिपक्षेणेत्युक्तं। कथमेषु स्कन्धादिषु दशविधमात्म-दर्शनम्।

今译：已说善巧真实对治见。为何在蕴等中有十种我见？

谛译：為對治十種我見故說。何者陰等處十種我見？

奘译：善巧真實謂為對治十我見故，說有十種。云何於蘊等起十

---

① "相"指实相，即人和法无我，一切法皆空。
② "唯识"指一切法生起于识。
③ "清净"指灭谛，即灭除污染，也就清净，因为真如本性清净。
④ "正行"指道谛，即修行八正道而达到清净。

我見耶？頌曰：

> एकहेतुत्वभोक्तृत्वकर्तृत्ववशवर्तने।
> आधिपत्यार्थनित्यत्वे क्लेशशुद्ध्याश्रये ऽपि च॥१५॥

今译：执一、因性、受者性、作者性、自在转，
　　　增上义、常性以及污染和清净所依，（15）

谛译：一因及受者，作者及自在，
　　　增上义及常，垢染清淨依，

奘译：於蘊等我見，執一因受者，
　　　作者自在轉，增上義及常，

> योगित्वामुक्तमुक्तत्वे आत्मदर्शनमेषु हि।

今译：观行性和缚解性，这些是蕴等中的见。

谛译：觀者及縛解，此處生我見。

奘译：雜染清淨依，觀縛解者性。

> एष दशविध आत्मासद्ग्राहः स्कन्धादिषु प्रवर्तते। यस्य प्रतिपक्षेण दशविधं कौशल्यं यदुतैकत्वग्राहो हेतुत्वग्राहो भोक्तृत्वग्राहः कर्तृत्वग्राहः स्वतन्त्रग्राहः अधिपतित्वग्राहो नित्यत्वग्राहः संक्लिष्टव्यवदानत्वग्राहो योगित्वग्राहः। अमुक्त-मुक्तत्वग्राहश्च।

今译：这十种我执从蕴等中转出。十种善巧对治的我执是执一性、执因性、执受者性、执作者性、执自在转、执增上性、执常性、执污染清净性、执观行者性和执缚解性。

谛译：如是十種我邪執，於陰等諸法中起。為對治十種邪執故，說十種勝智。何者十種我邪執？一者一執，二因執，三者受者執，四作者執，五自在執，六增上執，七常住執，八染者淨者執，九觀者執，十縛解作者執。

奘译：論曰：於蘊等十法起十種我見：一執一性，二執因性，三

執受者性，四執作者性，五執自在轉性，六執增上義性，七執常性，八執染淨所依性，九執觀行者性，十執縛解者性。為除此見修十善巧。

कथमिदं दशविधं कौशल्यतत्त्वं मूलतत्त्वे ऽन्तर्भवति। यतस्त्रिषु स्वभावेषु ते स्कन्धादयो ऽन्तर्भूताः। कथमन्तर्भूताः।

今译：为何这十种善巧真实在根本真实中？因为蕴等在三自性中。如何在其中？

谛译：云何十種勝智根本真實中得立？三種性中，五陰等諸法如義道理被攝故。云何得在三性中？

奘译：云何十種善巧真實依三根本真實建立？以蘊等十無不攝在三種根本自性中故。如何攝在三自性中？頌曰：

परिकल्पविकल्पार्थधर्मतार्थेन तेषु ते॥१६॥

今译：它们在具有妄想义、分别义和法性义的三自性中。（16）

谛译：分別種類色，法然色等三。

奘译：此所執分別，法性義在彼。

त्रिविधं रूपं परिकल्पितं रूपं यो रूपस्य परिकल्पितः स्वभावः। विकल्पितं रूपं यो रूपस्य परतन्त्रः स्वभावस्तत्र हि रूपविकल्पः क्रियते। धर्मतारूपं यो रूपस्य परिनिष्पन्नः स्वभावः। यथा रूपमेवं वेदनादयः स्कन्धाः धात्वायतनादयश्च योज्याः। एवं त्रिषु स्वभावेषु स्कन्धादीनामन्तर्भावाद्दशविधं कौशल्यतत्त्वं मूलतत्त्व एव द्रष्टव्यं। उक्तमिदं यथा दशविधात्मदर्शनप्रतिपक्षेण स्कन्धादिकौशल्यं। स्कन्ध्याद्यर्थस्तु नोक्तः। स इदानीमुच्यते।

今译：三种色。妄想的色①是色的妄想自性。分别的色②是色的依他自性，因为其中进行色分别。法性的色③是色的圆成自性。如同色，

---

① "妄想的色"指由妄想而形成色。
② "分别的色"指依据分别而形成色。
③ "法性的色"指认知色是妄想和分别而产生的假名，并无实性，只有空性，即法性。

同样也适用于受等蕴①、界和处等②。这样，由于蕴等在三自性中，可见十种善巧真实在根本真实中。这是所说蕴等善巧对治十种我见。但蕴等义还未说，现在说明它。

谛译：色陰有三種：一分別③色，色處分別性。二種類④色，色處依他性種類。云何名依他？此立五法中體性不同故，立別種類名色。三法然⑤色，色處真實性。色通相故，如色，受等諸陰亦如是，及界、入諸法如是，三性中應⑥等被攝故。十種勝智真實根本真實中應知如是。已說為對治十種我見五陰等勝智，五陰等義未說。此義今說。

奘译：論曰：此蘊等十各有三義。且色蘊中有三義者：一所執義色，謂色之遍計所執性。二分別義色，謂色之依他起性，此中分別以為色故。三法性義色，謂色之圓成實性。如色蘊中有此三義，受等四蘊、界等九法各有三義隨應當知。如是蘊等由三義別，無不攝入彼三性中。是故，當知十善巧真實，皆依根本三真實而立。如是雖說為欲對治十種我見故，修蘊等善巧，而未說此蘊等別義。且初蘊義云何應知？頌曰：

[a. स्कन्ध्यार्थ]

[a. 蕴义]

अनेकत्वाभिसंक्षेपपरिच्छेदार्थ आदितः।

今译：先说非一、总括和分段义。

谛译：不一及總舉，差別是陰義。

---

① "受等蕴"指受、想、行和识。色和这四者组成五蕴。
② "蕴、界和处等"指蕴、界和处等十善巧。
③ 此处"分别"的原词是parikalpa，即"妄想"，奘译"所执"。
④ 此处"种类"的原词是vikalpa，即"分别"，奘译"分别"。
⑤ 此处"法然"的原词是dharmatā，即"法性"，奘译"法性"。
⑥ 此处"应"字，似应为"阴"。

奘译：非一及總略，分段義名蘊。

आदितस्तावत्स्कन्धास्ते त्रिविधेनार्थेन वेदितव्याः। अनेकत्वार्थेन यत्किञ्चि-द्रूपमतीतानागतप्रत्युत्पन्नमिति विस्तरः। अभिसंक्षेपार्थेन तत्सर्वमैकध्यम-भिसंक्षिप्येति। परिच्छेदार्थेन च रूपादिलक्षणस्य पृथक्त्वव्यवस्थानात्। राश्यर्थो हि स्कन्धार्थ एवं च लोके राश्यर्थो दृष्ट इति।

今译：现在先说诸蕴，应知它们有三种义：非一义，任何色细说有过去、未来和现在。总括义，一切总括为一种①。分段义，色等②相各自确立。蕴义即聚义③。由此可见世间中聚义④。

谛译：立陰義有三。初立義者，是陰名字有三義：一道路義，二燒熱義，三重擔義⑤。復有聚義⑥。聚有三義：一者多義。如經中說若色過去、現在、未來，若遠、若近、若麁、若細等，經中廣說，此色多故名聚。如是等色攝在一處，此言顯總舉色等諸陰體相種種故。更互無相攝⑦故，說有差別。此三義，一多二總三異，是名聚義。聚即是陰義，因此義相似世間中聚。

奘译：論曰：應知蘊義略有三種：一非一義，如契經言諸所有色等，若過去、若未來、若現在、若內、若外、若麁、若細、若劣、若勝、若遠、若近。二總略義，如契經言如是一切略為一聚。三分段義，如契經言說名色蘊等各別安立色等相故。由斯聚義，蘊義得成。又見世間聚義名蘊。已說蘊義，界義云何？頌曰：

---

① "总括为一种"指总括为一种蕴。
② "色等"指色、受、想、行和识五蕴。
③ "蕴义即聚义"指"蕴"（skandha）的词义是聚合体或群体，即"聚"。
④ "世间中聚义"指世间中一切事物都是聚合而成。以上对"蕴义"的分析对治"执一性"，即执著诸蕴是一个我的"我执"。
⑤ 此处"三义"是说"阴"（"蕴"）这个名词的词义除了"聚义"，另有这三种词义。
⑥ 此处"聚义"后面，据《中华大藏经》校勘记，《资》、《碛》、《南》、《清》有"是阴义"，《丽》有"是因义"。
⑦ "更互无相摄"指互不相摄。

[b. धात्वर्थ]

[b. 界义]

ग्राहकग्राह्यतद्ग्राहबीजार्थश्चापरो मतः॥१७॥

今译：能取、所取和二者取种子义是另一种。(17)

谛译：能取所取取，種子是界義。

奘译：能所取彼取，種子義名界。

कतमोऽपरो धातुस्तत्र ग्राहकबीजार्थः चक्षुर्धात्वादयः। ग्राह्यबीजार्थो रूपधात्वादयः। तद्ग्राहबीजार्थश्चक्षुर्विज्ञानधात्वादयः।

今译：何为另一种？这是界。其中，能取种子义是眼界等①。所取种子义是色界等②。二者取种子义是眼识界等③。

谛译：復有別攝名界。界名顯何義？顯種子義。能取種子者，名眼等諸界。所取種子者，色等諸界。取種子者，識等諸界。

奘译：論曰：能取種子義，謂眼等六內界。所取種子義，謂色等六外界。彼取種子義，謂眼識等六識界。已說界義，處義云何？頌曰：

[c. आयतनार्थ]

[c. 处义]

वेदितार्थपरिच्छेदभोगाय द्वारतोऽपरं।

今译：能受和境分别受用门④义是另一种。

---

① "眼界等"指眼、耳、鼻、舌、身和意六根。
② "色界等"指色、声、香、味、触和法六境。
③ "眼识界等"指能取六根和六境的六识：眼识、耳识、鼻识、舌识、身识和意识，故而称为"二者取"。"种子义"指因，即以上十八界是诸法之因。这是对治"执因性"，即执著我是因的"我执"。
④ "受用门"指受用之处或受用的门径，即"处"（āyatana，或译"入"）。

谛译：受塵分別用，入門故名入。

奘译：能受所了境，用門義名處。

**किमपरं आयतनं। तत्र वेदितोपभोगाय द्वारार्थेन षडाध्यात्मिकान्या-
यतनानि। अर्थपरिच्छेदोपभोगाय द्वारार्थेन षड्बाह्यानि।**

今译：何为另一种？这是处。其中，具有能受受用门义是内六处①。具有境分别②受用门义是外六处③。

谛译：復有別法名入。此中三受④為受用，三受門故，說六內入。分別塵境及受用門故，六種說外入。

奘译：論曰：此中能受受用門義，謂六內處。若所了境受用門義，是六外處。

[d. प्रतीत्यसमुत्पादार्थ]

[d. 缘起义]

प्रतीत्यसमुत्पादार्थः।

今译：缘起义：

谛译：何者十二因緣義？

奘译：已說處義，緣起義云何？頌曰：

पुनर्हेतुफलायासानारोपानपवादतः॥ १८ ॥

今译：因、果和作用无增减。（18）

---

① "内六处"指六根。
② 此处"境分别"的原词是 arthapariccheda，指境的分别或分类。
③ "外六处"指六境。以上是以十二处对治"执受者性"，即执著我是受者的"我执"。
④ "三受"指苦受、乐受和非苦非乐受。

谛译：因果及作事，不增损为义。

奘译：緣起義於因，果用無增減。

हेतुफलक्रियाणामसमारोपानपवादार्थः प्रतीत्यसमुत्पादार्थः। तत्र हेतुसमा-रोपः संस्कारादीनां विषमहेतुकल्पनात्। हेत्वपवादो निर्हेतुकत्वकल्पनात्फल-समारोपः सात्मकानां संस्कारादीनामविद्यादिप्रत्ययप्रवृत्तिकल्पनात्। फलापवादो न सन्त्यविद्यादिप्रत्ययाः संस्काराद्य इति कल्पनात्। क्रियासमारोपो ऽविद्यादीनां संस्कारायुत्पत्तौ व्यापारकल्पनात्क्रियापवादो निःसामर्थ्यकल्पनात्तदभावाद्-समारोपानपवादो वेदितव्यः।

今译：因、果和作用无增减是缘起义。其中，增益因，由于妄想行①等不平等②因。减损因，由于妄想无因性。增益果，由于妄想我的行等由无明等转出③。减损果，由于妄想行等没有无明等缘。增益作用，由于妄想无明等在行等产生中的功能性。减损作用，由于妄想无功能。应知没有这些妄想，也就无增减④。

谛译：因、果及事業⑤不增益不損減義，是名十二因緣義。增益因者，行等諸分別⑥立不平等因故。損減因者，分別立無因義故。增益果者，行等諸分別有我依無明得生如是分別。損減果者，無行等諸法從無明生。增益事者，無明等諸因生行等諸果時節分別有作意事。損減事者，分別無功用故。因、果、事中離此二執，此義無增益無損減。應知十二因緣義。

奘译：論曰：於因、果、用，若無增益及無損減，是緣起義。應

---

① "行"指十二缘起中的行。
② "不平等"的原词是 viṣama，词义为不平坦、不平等、不同或不合适。这里是说妄想与缘起不同的因，即妄想不合适的因，这就造成增益因。
③ "转出"指行等的生起以无明等为缘。
④ "没有这些妄想，也就无增减"指去除有因无因、有果无果和有作用无作用这些妄想，也就无增减，因为所有这一切只是缘起现象。原本无增无减。以上是对治"执作者性"，即执著我是作者的"我执"。
⑤ "事业"的原词是 kriyā，词义为作为、作用或功用。
⑥ 谛译此段中，"分别"的原词是 kalpana，词义为"妄想"，奘译"执"。

知此中增益因者，執行等有不平等因。損減因者，執彼無因。增益果者，執有我行等緣無明等生。損減果者，執無明等無行等果。增益用者，執無明等於生行等有別作用。損減用者，執無明等於生行等全無功能。若無如是三增減執，應知彼於緣起善巧。已說緣起義，處非處義云何？頌曰：

[e. स्थानास्थानार्थं]

[e. 处非处义]

अनिष्टेष्टविशुद्धीनां समोत्पत्त्याधिपत्ययोः।
संप्राप्तिसमुदाचारपारतन्त्र्यार्थतो ऽपरं॥ १९॥

今译：不可爱、可爱、清净、俱生、胜主、
　　　证得和实行不得自在①，这是另一种。（19）

谛译：不欲欲清淨，同生及增上，
　　　至得及起行，繫屬他為義。

奘译：於非愛愛淨，俱生及勝主，
　　　得行不自在，是處非處義。

स्थानास्थानं सप्तविधपारतन्त्र्यार्थेन वेदितव्यं। तत्रानिष्टे पारतन्त्र्यं दुश्चरितेनानिच्छतो ऽपि दुर्गतिगमनादिष्टे पारतन्त्र्यं सुचरितेन सुगतिगमनात्। विशुद्धौ पारतन्त्र्यं पञ्च निवरणान्यप्रहाय यावत्सप्तबोध्यङ्गान्यभावयित्वा दुःखस्यान्ताकरणात्समोत्पत्तौ पारतन्त्र्यं द्वयोःपूर्वाचरमयोस्तथागतयोश्चक्रवर्तिनोश्चैकस्मिन् लोकधातावनुत्पादादाधिपत्ये पारतन्त्र्यं स्त्रियाश्चक्रवर्तित्वाद्यकरणात्संप्राप्तौ पारतन्त्र्यं स्त्रियाः प्रत्येकानुत्तरबोध्यनभिसंबोधात्समुदाचारे

---

① "不得自在"的原词是 pāratantrya，词义为附属他者。此词谛译"繫屬他"，奘译"不自在"，在释文中也译"不得自在"。

पारतन्त्र्यं दृष्टिसंपन्नस्य वधाद्युपक्रमासमुदाचारात्पृथग्जनस्य च समुदाचारा-द्विस्तरेण बहुधातुकसूत्रानुसारादनुगन्तव्यं।

今译：应知处非处①有七种不得自在。其中，于不可爱不得自在，由于恶行，即使不愿意，也堕入恶道。于可爱不得自在，由于善行，进入善道。于清净不得自在，由于不断除五盖②，不修七觉支，不能灭除苦。于俱生③不得自在，由于不会有无前无后两位如来或两位转轮王在世界上同时出现。于胜主④不得自在，由于妇女不能成为转轮王。证得不得自在，由于妇女不能证得缘觉⑤和无上菩提。实行不得自在，由于具有正见者不会实行杀生等事，而凡夫会实行。⑥《多界经》中广说这些，应该遵循。

谛译：處非處有七種，繫屬他義故。應知此中，一不欲⑦繫屬他者，因惡行，若不欲，決入惡道。二欲繫屬他者，因善行入善道，若不欲，決入善道。三清淨繫屬他者，不離滅五蓋，不修七覺分，不得至苦邊際⑧。四同生繫屬他者，兩如來無前後，兩轉輪王，一世界中不得共生。五及增上繫屬他者，女人不得作轉輪王。六至得繫屬他者，女人不得作辟支佛及佛。七起行繫屬他者，已見四諦⑨人不得造殺等諸行，凡夫能造行故。如《多界經》中廣說，如是隨思擇。

奘译：論曰：處非處義略由七種不得自在，應知其相。一於非愛不得自在，謂由惡行雖無愛欲而墮惡趣。二於可愛不得自在，謂由妙

---

① "处非处"指正反两处。"处"是善因果，"非处"是恶因果。
② "五盖"（nivaraṇa 或 āvaraṇa）指五种障碍或烦恼：贪欲（rāga）、惛眠（styānamiddha）、瞋恚（pratigha）、掉悔（auddhatyakaukṛtya）和疑惑（vicikitsā）。
③ "俱生"（samotpatti）指同时出生或同时出世。
④ "胜主"（ādhipatya）指统治权或统治者。
⑤ 此处"缘觉"的原词是 pratyeka，全称为 pratyekabuddha，也译"独觉"或"辟支佛"。
⑥ 以上以七种"不得自在"对治"执自在转"，即执著由我作主转出的"我执"。
⑦ 此处"不欲"的原词是 aniṣṭa，词义为不可爱。奘译"非爱"。
⑧ "边际"（anta）指终端、结束或灭亡。
⑨ "已见四谛"指洞悉苦、集、灭、道四谛。原词是 dṛṣṭisampanna，词义为具有正见。奘译"见谛"。

行雖無愛欲而昇善趣。三於清淨不得自在，謂不斷五蓋，不修七覺支，決定不能作苦邊際。四於俱生不得自在，謂一世界無二如來、二轉輪王俱時出現。五於勝主不得自在，謂女不作轉輪王等。六於證得不得自在，謂女不證獨覺、無上正等菩提。七於現行不得自在，謂見諦者必不現行害生等事，諸異生①類容可現行。《多界經》中廣說此等，應隨決了是處非處。

[f. इन्द्रियार्थ]

[f. 根义]

इन्द्रियं पुनर्द्वाविंशतिविधं।

今译：还有二十二种根。

谛译：根者二十二種，因六義。佛立二十二根，復有六義。何者為六？

奘译：如是已說處非處義，根義云何？頌曰：

ग्रहणस्थानसंधानभोगशुद्धिद्वयार्थतः।

今译：能取、持续、相续、受用和二清净义。

谛译：取住及相接，受用二清淨。

奘译：根於取住續，用二淨增上。

ग्रहणार्थेन यावद्द्विशुद्धिद्व्यार्थेन तेषु तदाधिपत्यादूपादिविषयग्रहणे हि चक्षुरादीनां षण्णामाधिपत्यं स्थाने जीवितेन्द्रियस्य तदाधिपत्येनामरणात्। कुलसन्धाने स्त्रीपुरुषेन्द्रिययोरपत्यप्रसवाधिपत्यादुपभोगे वेदनेन्द्रियाणां कुशला-

---

① "异生"（pṛthagjana）指凡夫。

कुशलकर्मफलोपभोगात्। लौकिकविशुद्धौ श्रद्धादीनां। लोकोत्तरविशुद्धौ अनाज्ञात-माज्ञास्यामीन्द्रियादीनां।

今译：有能取义乃至二清净义，于它们中二十二根增长。在能取色等境中，眼等六根增长。在持续中，命根增长直至死。在家族相续中，男女根的后裔增长。在受用中，受用根①的善恶业果增长。在世间清净中，信根等②增长。在出世间清净中，未知欲知根等③增长。④

谛译：能取为义故，乃至二种清净为义故，此六事中为增上故，说二十二法名根。为能取六尘事增上故，眼等六法说为根。为摄相续令住增上乃至生死，说寿命为根。为处世相接续增上，说男女二根。受用增上故，五受说为根，意等业⑤被受用故。世间清净增上故，说信等五法为根。为出世清净增上故，说未知欲知等三无漏为根⑥。

奘译：论曰：二十二根依于六事增上义立。谓于取境，眼等六根有增上义。命根于住一期相续⑦有增上义。男女二根于续家族有增上义。于能受用善恶业果，乐等五根有增上义。于世间净，信等五根有增上义。于出世净，未知等根有增上义。已说根义，世义云何？颂曰：

[g. अध्वार्थ]

---

① "受用根"（vedanendriya）指苦、乐、喜、忧和舍五根。
② "信根等"指信、勤、念、定和慧五根。
③ "未知欲知根等"指"未知欲知根"（anājñātam ājñāsyāmīndriya）、"已知根"（ājñendriya）和"具知根"（ājñātāvīndriya）。这三根分别意谓欲知四谛、知晓四谛和已运用四谛断除烦恼，达到清净。
④ 以上以二十二根对治"执增上义"，即执著我是增长者的"我执"。
⑤ "意等业"指身、口和意三业。
⑥ 这里是指未知欲知等三根增长，最终达到"无漏"，即灭除烦恼。
⑦ "一期相续"指从生至死一个生命周期。

[g. 世义]

फलहेतूपयोगार्थनोपयोगात्तथापरं ॥ २० ॥

今译：因果受用义和未受用义，这是另一种。（20）

谛译：果因已受用，有用及未用。

奘译：因果已未用，是世义應知。

किमपरमध्वत्रयं यथायोगं फलहेतूपयोगार्थेनातीतोऽध्वा फलहेत्व-नुपयोगार्थेनानागतोऽध्वा हेतूपयोगफलानुपयोगार्थेन प्रत्युत्पन्नोऽध्वा वेदितव्यः।

今译：何为另一种？与三世相应。应知依据因果已受用义，是过去世。依据因果未受用义是未来世。依据因已受用、果未受用义，是现在世。[1]

谛译：復有別名三世，如義相應。果因已用故，立過去世。果因未用故，立未來世。因已用謝、果未謝故，立現在世。

奘译：論曰：應知因果已未受用，隨其所應三世義別。謂於因果俱已受用，是過去義。若於因果俱未受用，是未來義。若已受用因、未已受用果，是現在義。已說世義，諦義云何？頌曰：

[h. चतुःसत्यार्थं]

[h. 四谛义]

वेदनासनिमित्तार्थतन्निमित्तप्रपत्तितः।
तच्छमप्रतिपक्षार्थयोगादपरमिष्यते ॥२१॥

今译：受、受因义、为受因而行、

---

[1] 以上以因果与三世相应对治"执常性"，即执著我有常性的"我执"。其中，"受用"的原词是 upayoga，词义为使用、应用、利用或受用。

二者寂灭和对治，是另一种。（21）

谛译：受及受資糧，為生彼行因，
　　　滅彼及對治，為此不淨淨。

奘译：受及受資糧，彼所因諸行，
　　　二寂滅對治，是諦義應知。

किमपरं सत्यचतुष्टयं। तत्र दुःखसत्यं वेदनासनिमित्तार्थेन यत्किञ्चिद्वेदितमिदमत्र दुःखस्येति कृत्वा वेदनानिमित्तं पुनर्वेदनास्थानीया धर्मा वेदितव्याः। तन्निमित्तप्रतिपत्तितः समुदयसत्यं दुःखसत्यनिमित्तं या प्रतिपत्तिः। तयोः शामार्थेन निरोधसत्यं। प्रतिपक्षार्थेन मार्गसत्यं।

今译：何为另一种？四谛。其中，苦谛，有受和受因义。已知任何受皆是苦，应知受因是受所依法①。为受因而行是集谛。苦谛因是行②。二者③寂灭是灭谛。道谛具有对治义。④

谛译：復有別名四諦。何者為四？一者苦諦。何法名苦？受及受資糧⑤。如經中說，一切諸受皆是苦。受資糧，受生緣根塵等諸法，應知為生彼行因。何者集諦？為感諸苦一切邪行。滅彼及對治，為此不淨淨。為此因果二法寂滅故，說滅諦。為對治此二，名道諦。因此世諦說不淨，因此真諦說淨。

奘译：論曰：應知諦者即四聖諦。一苦聖諦，謂一切受及受資糧。契經中說，諸所有受皆是苦故。受資糧者，謂順受法。二集聖諦，謂即彼苦所因諸行。三滅聖諦，謂前二種究竟寂滅。四道聖諦，

---

① "受所依法"（vedanāsthānīyā dharmāḥ）指六根和六境。此词谛译"受生緣根塵等諸法"，奘译"順受法"。
② 此处"行"和前面"为受因而行"中的"行"，原词是 pratipatti，在这里指邪行（mithyāpratipatti）。参阅本品第14颂。
③ "二者"指苦和集。
④ 以上以四谛对治"执污染清净性"，即执著我是污染清净所依的"我执"。
⑤ 此处"资粮"的原词是 nimitta，词义为原因或手段。

謂即若①集能對治道。已說諦義，乘義云何？頌曰：

[i. यानत्रयार्थ]

[i. 三乘义]

गुणदोषाविकल्पेन ज्ञानेन परतः स्वयं।
निर्याणादपरं ज्ञेयं

今译：功德过失和无分别智，依他和自行出离，
应知是另一种。

谛译：得失無分別，智依他出離，
因智自出離。

奘译：由功德過失，及無分別智，
依他自出離，是乘義應知。

यानत्रयं यथायोगं। तत्र निर्वाणसंसारयोगुणदोषज्ञानेन परतः श्रुत्वा निर्याणार्थेन श्रावकयानं। तेनैव स्वयमश्रुत्वा परतो निर्याणार्थेन प्रत्येकबुद्धयानं। अविकल्पेन ज्ञानेन स्वयं निर्याणार्थेन महायानं वेदितव्यं ॥

今译：与三乘相应，其中，应知依他闻听涅槃功德和生死过失而出离是声闻乘。不依他闻听而自行出离是缘觉乘。具有无分别智而自行出离是大乘。②

谛译：復有別名三乘，如義相應。應知涅槃及生死功德過失觀智，從他聞依他得出離因果故，立名聲聞乘。因此智慧如前說，自不從他

---

① 此处"若"字，据《中华大藏经》校勘记，《资》、《碛》、《普》、《南》、《径》、《清》作"苦"。

② 以上以三乘对治"执观行者性"，即执著我是观行者的"我执"。"观行者性"的原词是 yogitva，即观心修行者，或称"修瑜伽行者"。

不依他行出離因果，名辟支佛乘。依無分別智自出離因果，是名大乘應知。

奘译：論曰：應知乘者，謂即三乘。此中如應顯示其義。若從他聞涅槃功德生死過失，而起此智，由斯智故得出離者，是聲聞乘。不從他聞涅槃功德生死過失，自起此智，由斯智故得出離者，是獨覺乘。若自然起無分別智，由斯智故得出離者，名無上乘。已說乘義，云何有為無為法義？頌曰：

[j. संस्कृतासंस्कृतार्थं]

[j. 有为无为义]

सप्रज्ञप्तिसहेतुकात्।
निमित्तात्प्रशमात्सार्थात्पश्चिमं समुदाहृतं ॥२२॥

今译：　　　　　有假名、有因、
相、寂静和有境，最后说这种。（22）

谛译：有言說有因，有相有為法，
　　　寂靜義及境，後說無為法。

奘译：有為無為義，謂若假若因，
　　　若相若寂靜，若彼所觀義。

संस्कृतासंस्कृतं तत्र सप्रज्ञप्तिर्नामकायादयः हेतुर्बीजसंगृहीतमालयविज्ञानं। निमित्तं प्रतिष्ठादेहभोगसंगृहीतं। प्रवृत्तिविज्ञानसंगृहीताश्च मनउद्ग्रहविकल्पः। एतत्सप्रज्ञप्तिसहेतुकं निमित्तं ससंप्रयोगं संस्कृतं वेदितव्यं। तत्र मनो यन्नित्यं मन्यनाकारं। उद्ग्रहः पञ्चविज्ञानकायाः विकल्पो मनोविज्ञानं तस्य विकल्पकत्वा-दसंस्कृतं पुनः प्रशमश्च निरोधः। प्रशमार्थश्च तथता तत्र प्रशमो निरोधो मार्गश्च

यश्च प्रशमो येन चेति कृत्वा प्रशमार्थः तथता प्रशमस्यार्थ इति कृत्वा तथताया मार्गालम्बनत्वात्। मार्गस्य प्रशमत्वं तेन प्रशमनात्। इत्येतेनार्थेन स्कन्धादिषु ज्ञानं स्कन्धादिकौशल्यं वेदितव्यं।

今译：有为无为。其中，有假名是名身①等。因是种子所摄阿赖耶识②。相是所依处、身体和受用所摄③。转识④所摄意、取和分别。应知这种有假名、有因、有相和有所相应者⑤是有为。其中，意永远思惟⑥。取是五识身⑦。分别是意识⑧，因为它能分别。无为是寂灭。其中，寂静义是真如。寂静是灭和道。已知由此而寂静，已知寂静境是真如，由于真如是道所缘，由于这种寂静而有道的寂静性。⑨应知由蕴等这些义而产生的智是蕴等善巧。

谛译：有别名有為無為。言說⑩者，名句味⑪等。因者，種子所攝阿黎耶識。相者，世器身及所受用。生起識所攝心及取、分别，如此等法有言說，有因，有相，有相應法，是名說有為法。此中說心⑫者，是法恒起識相解相⑬。取者，五識。分别，意識，此有三分别⑭故。無為法者，寂靜義及寂靜境。寂靜義者，滅諦。寂靜境者，道諦如如。此中道諦云何得寂靜名？此法若緣境界、若顯果依寂靜。因此義，五

---

① "名身"（nāmakāya）指名称的身体或名称本身。
② "种子所摄阿赖耶识"指阿赖耶识藏有假名种子，即受假名熏染而形成的习气。
③ "所依处"指器世间，即自然世界。"受用所摄"指身体受用的器物。
④ "转识"指从阿赖耶识转出的前七识。
⑤ "有所相应者"指有与心（即八识）所相应的各种心所法。
⑥ "意永远思惟"指第七识始终处在思惟状态，是妄想分别的驱动者。
⑦ "取是五识身"指眼识、耳识、鼻识、舌识和身识摄取外界对象。
⑧ "分别是意识"指第六识意识具有分别功能。
⑨ 以上以有为无为对治"执缚解性"，即执著我是束缚和解脱者的"我执"。
⑩ 此处"言说"的原词是saprajñapti（"有假名"），奘译"假"。
⑪ 此处"名句味"的原词是nāmakāya（"名身"），奘译"名"。
⑫ 此处"心"的原词是manas（"意"，或译"末那识"），即第七识。
⑬ "起识相解相"的原词是manyanākāra（"思惟"或"思量"），这里意谓识别相和理解相。
⑭ "三分别"指意识具有自性（svabhāva）、随念（anusmaraṇa）和计度（abhinirūpaṇā）三种分别（vikalpa）。

陰等十處聖智及聖智方便，說名十種勝智，應知。

奘译：論曰：應知此中，假謂名等。因謂種子所攝藏識。相謂器身并受用具。及轉識攝意、取、思惟。意謂恒時思量性識。取謂五識，取現境故。思惟即是第六意識，以能分別一切境故。如是若假、若因、若相及相應法總名有為。若寂靜者，謂所證滅及能證道，能寂靜故。彼所觀義①，謂即真如，是寂靜道所緣境故。如是所說若諸寂靜、若所觀義總名無為。應知此中緣蘊等十義所起正知，名蘊等善巧。

[तत्त्वपिण्डार्थ]

[真实总义]

तत्वस्य पिण्डार्थः । समासतो द्विविधं तत्वं । आदर्शतत्वं । दृश्यतत्वं च तत्रादर्शतत्वं मूलतत्वं तत्र शेषाणां दर्शनात् । दृश्यतत्वं नवविधं निरभिमान-दृश्यतत्वं । अविपर्यासदृश्यतत्वं । श्रावकयाननिर्याणदृश्यतत्वं । महायान-निर्याणदृश्यतत्वं । औदारिकेण परिपाचनात् । सूक्ष्मेण च विमोचनात्परवादि-निग्रहदृश्यतत्वं । दृष्टान्तसन्निश्रयेण युक्त्या निग्रहात् । महायानाभिद्योतनदृश्यतत्वं । सर्वाकारज्ञेयप्रवेशदृश्यतत्वं । अवितथतथताभिद्योतनदृश्यतत्वं आत्मग्राहवस्तु-सर्वाभिसन्धिप्रवेशदृश्यतत्वं च ॥

今译：真实总义：真实总括为两种：能显真实和所显真实。其中，能显真实是根本真实②，由于能显其余的真实。所显真实有九种：无骄慢所显真实③。无颠倒所显真实④。声闻乘出离所显真实⑤。大乘出

---

① "所观义"的原词是 artha，词义为义、对象或境。
② "根本真实"指妄想、依他和圆成三自性。
③ 这是指相真实。"无骄慢"（nirabhimāna）指不骄傲、不自负或不妄想。按前面所述，这里具体是指于人和法、所取和能取以及有和无不起增减想法。
④ 这是指无颠倒真实，即于无常、苦、空和无我不起颠倒想法。
⑤ 这是指因果真实，即声闻乘依据四谛因果修行。

离所显真实，由依据粗而成熟，依据细而解脱①。制伏他论所显真实，由依据喻证的道理制伏②。显示大乘所显真实③。入一切种类所知所显真实④。显示不虚妄真如所显真实⑤。入我执所依事物的一切密意所显真实⑥。

谛译：此十名真實，合真實義者，若略說真實有二種：一能顯真實，譬如鏡。二所顯真實，譬如影。何者能顯真實？三根本真實，所餘真實得顯現故。所顯真實有九種：一無增上慢所顯真實。二對治顛倒所顯真實。三聲聞乘出離所顯真實。四辟支乘出離所顯真實。五大乘出離所顯真實，因此麁真實成就眾生及法，微細真實者解脫眾生及法。六諸說墮負處⑦所顯真實者，依正譬喻，依正道理，能令諸說墮下負處。七顯了大乘所顯真實。八一切種所知攝一切法所顯真實。九顯了不如及如⑧所顯真實。十我執依處法一切義意入所顯真實。

奘译：真實總義略有二種，謂即能顯所顯真實。能顯真實，謂即最初三種根本，能顯餘故。所顯真實，謂後九種，是初根本所顯示故。所顯九者：一離增上慢所顯真實。二對治顛倒所顯真實。三聲聞乘出離所顯真實。四無上乘出離所顯真實，由麁能成熟、細能解脫故。五能伏他論所顯真實，依喻導理降伏他故。六顯了大乘所顯真實。七入一切種所知所顯真實。八顯不虛妄真如所顯真實。九入我執事一切祕密所顯真實。

---

① 这是指粗细真实，即大乘依据世俗谛教化众生，依据胜义谛获得解脱。
② 这是指成立真实，即依据世间常识和喻证的道理确定事物成立。"喻证"（dṛṣṭānta）指推理中的例证。
③ 这是指清净境真实，即清净智所行境界。
④ 这是指摄受真实，即通晓一切种类所知，也就是通晓五法：相、分别、名、正智和真如。
⑤ 这是指差别真实，即显示七种真如所显真实。
⑥ 这是指善巧真实，即通晓我执所依事物的一切密意或含义。
⑦ "说堕负处"的原词是paravādinigraha，词义为制伏他人的论说。谛译释义为"令诸说堕下负处"，意谓挫败他人的论说。
⑧ "不如及如"的原词是avitathatathatā（"不虚妄真如"），奘译"不虚妄真如"。

मध्यान्तविभागशास्त्रे तत्त्वपरिच्छेदस्तृतीयः ॥

今译：以上是《辩中边论》中第三《真实品》。

谛译：《中邊分別大乘論》真實品說竟。

今译：第四　修习对治、分位和得果品

谛译：對治修住品第四

奘译：辯修對治品第四

[1.प्रतिपक्षभावना]

[1. 修习对治]

प्रतिपक्षभावना बोधिपक्ष्यभावना सेदानीं वक्तव्या।

今译：现在应该讲述修习对治，即修习菩提分。

谛译：修習對治者，三十七道品修習，今當說。

奘译：已辯真實，今次當辯修諸對治，即修一切菩提分法。

[a. चत्वारि स्मृत्युपस्थानानि]

[a. 四念处]

तत्र तावदादौ।

今译：这里先说：

谛译：此論中初說（心者，我執。種類又云相、塵、識也）[①]：

奘译：此中先應說修念住。頌曰：

दौष्ठुल्यात्तर्षहेतुत्वाद्स्तुत्वादविमोहतः।
चतुःसत्यावताराय स्मृत्युपस्थानभावना ॥ १ ॥

[①] 此处括号中的文字是夹注。

今译：粗重、爱因、所依事和无迷乱，
　　　为了进入四谛，修习四念处。（1）

谛译：麁行貪因故，種故不迷故，
　　　為入四諦故，修四念處觀。

奘译：以麁重愛因，我事無迷故，
　　　為入四聖諦，修念住應知。

कायेन हि दौष्ठुल्यं प्रभाव्यते। तत्परीक्षया दुःखसत्यमवतरति। तस्य सदौष्ठुल्यसंस्कारलक्षणत्वात्। दौष्ठुल्यं हि संस्कारदुःखता। तया सर्वं सास्त्रवं वस्त्वार्यां दुःखतः पश्यन्तीति। तृष्णाहेतुर्वेदना तत्परीक्षया समुदयसत्यमवतरति। आत्माभिनिवेशवस्तु चित्तं तत्परीक्षया निरोधसत्यमवतरत्यात्मोच्छेदभया-पगमात्। धर्मपरीक्षया सांक्लेशिकवैयवदानिकधर्मासंमोहात्। मार्गसत्यमवतरत्यतः आदौ चतुःसत्यावताराय स्मृत्युपस्थानभावना व्यवस्थाप्यते।

今译：身体显示粗重，故而由观察身体而进入苦谛，因为身体有粗重诸行相。粗重即诸行苦性①。由此，圣者依据苦观察一切有漏事②。爱因是受③，由观察受而进入集谛④。我执所缘事是心⑤，由观察心而进入灭谛，因为摆脱对断除我的恐惧⑥。由观察法而对污染和清净法不迷乱⑦，进入道谛。为了进入四谛，首先确立修习四念处⑧。

---

① "粗重即诸行苦性"指身体不净，所作诸行造成痛苦。
② "有漏事"指有烦恼事。"漏"的原词是 āsrava 或 āsrava，词义为流淌、流出、错误和痛苦。在佛经中，通常指烦恼。"漏"有"欲漏"（kāma）、"有漏"（bhava）、"见漏"（dṛṣṭi）和"无明漏"（avidyā）等，指由无明而执著三界，产生种种痛苦和烦恼。
③ "爱因是受"指爱的原因是受，即爱缘于受。"爱"的原词是 tṛṣṇā，词义为渴望、贪求或贪爱。
④ "集谛"指十二缘起。
⑤ "我执所缘事是心"指"我执"缘于心识，尤其是名为"意"的第七识。
⑥ "摆脱对断除我的恐惧"指认知人和法无我，摆脱对"无我"的恐惧。
⑦ "对污染和清净法不迷乱"指认知缘起中无任何法污染或清净，因为阿赖耶识本性清净。
⑧ "四念处"即上述观身、观受、观心和观法。

谛译：由身故，麁行得顯現。思擇麁行故，得入苦諦。此身者，麁大諸行為相故。麁大者，名行苦。因此行苦，一切有漏諸法，於中聖人觀苦諦。受者，貪愛依處。思擇諸受故，得入集諦。心者，我執依處。為思擇此心，得入滅諦，離我斷怖畏故。法者，不淨淨二品。為思擇此法，離不淨淨品無明故，得入道諦。是故，初行為令入四諦中。

奘译：論曰：麁重由身而得顯了，故觀察此入苦聖諦。身以有麁重諸行為相故，以諸麁重即行苦性，由此聖觀有漏皆苦。諸有漏受說為愛因，故觀察此入集聖諦。心是我執所依緣事，故觀察此入滅聖諦，怖我斷滅由斯離故。觀察法故，於染淨法遠離愚迷，入道聖諦。是故，為入四聖諦理，最初說修四念住觀。

[b. चत्वारि सम्यक्प्रहाणानि]

[b. 四正断]

ततः सम्यक्प्रहाणभावना यस्मात् ।

今译：然后，修习四正断。

谛译：修習四念處所安立，次修習正勤。

奘译：已說修念住，當說修正斷。頌曰：

परिज्ञाते विपक्षे च प्रतिपक्षे च सर्वथा ।
तदपायाय वीर्यं हि चतुर्धा संप्रवर्तते ॥२॥

今译：明了一切种类障碍和对治，
　　　为去除它们，四正勤[1]转出。（2）

谛译：已知非助道，一切種對治，
　　　為上二種故，修習四正勤。

---

[1] 此处"正勤"的原词是 vīrya。也译"精进"。

奘译：已遍知障治，一切種差別，
　　　為遠離修集①，勤修四正斷。

स्मृत्युपस्थानभावनया विपक्षे प्रतिपक्षे च सर्वप्रकारं परिज्ञाते विपक्षापगमाय प्रतिपक्षोपगमाय च वीर्यं चतुर्धा संप्रवर्तते। उत्पन्नानां पापकानामकुशलानां धर्माणां प्रहाणायेति विस्तरः।

今译：由修习四念处，明了一切种类障碍和对治。为了去除障碍，为了进行对治，四正勤转出。细说是为了断除已生的邪恶不善法等②。

谛译：為修習四念處究竟故，非助道黑法及助道品白法③，一切種已明了所見故。為滅離非助道法，為生起助道法，四種正勤得起，第一為滅已生非善惡法，如經中廣說（為滅，為塞，為生，為長）④。

奘译：論曰：前修念住，已能遍知一切障治品類差別。今為遠離所治障法及為修集能對治道，於四正斷精勤修習，如說已生惡不善法為令斷故，乃至廣說。已說修正斷，當說修神足。頌曰：

[c. चत्वार ऋद्धिपादाः]

[c. 四神足]

**कर्मण्यता स्थितेस्तत्र सर्वार्थानां समृद्धये।
पञ्चदोषप्रहाणाष्टसंस्कारासेवनान्वया॥३॥**

今译：安住堪任性，为一切事成，
　　　断除五过失，修习八种行。（3）

---

① "为远离修集"指为远离障碍而修习。
② 这里所说"四正勤"也就是"四正断"（samyakprahāṇa）。"四正断"细说是断除已生的恶，阻断未生的恶，让未生的善产生，让已生的善增长。
③ "非助道黑法"指障碍，"助道品白法"指对治。
④ 此处括号中的文字是夹注。

谛译：随事住於彼，為成就所須，
　　　　捨離五失故，修習八資糧。

奘译：依住堪能性，為一切事成，
　　　　滅除五過失，勤修八斷行。

तस्यां तदपायायवीर्यभावनायां चित्तस्थितेः कर्मण्यता चत्वार ऋद्धिपादाः सर्वार्थसमृद्धिहेतुत्वात्तिस्थितिस्त्र चित्तस्थितिः समाधिर्वेदितव्यः। अतः सम्यक्प्र-हाणानन्तरमृद्धिपादाः। सा पुनः कर्मण्यता पञ्चदोषप्रहाणायाष्टप्रहाणसंस्कार-भावनान्वया वेदितव्या।

今译：为了断除它们而修习精勤，心安住堪能性①，即四神足②，因为这是一切事成的原因。应知安住是心安住，即入定。因此，紧接正断，而说神足。应知这种堪能性是伴随修习八断行，断除五过失。

谛译：為離為得黑白二種法，修習正勤已，心者無障有助故，得住此心。住有四能③。四能者一，隨教得成就④。隨教得成就者，說名四如意足，一切所求義成就因緣故。此中住者，心住，名三摩提，應知。是故，四正勤後，次第說四如意足。隨事隨教住者，為滅五種過失，為修習八種資糧⑤故應知。

奘译：論曰：依前所修離、集、精進⑥，心便安住，有所堪能，為勝事成，修四神足，是諸所欲勝事因故。住謂心住，此即等持⑦故。次正斷說四神足。此堪能性，謂能滅除五種過失，修八斷行。

---

① "堪能性"（karmaṇyatā）指熟练性或善巧性。
② "四神足"（catvāra ṛddhipādāḥ，也译"四如意足"）指通过欲求、心念、精进和观想引发四种入定而获得神通力。
③ 此处"四能"指四如意足。
④ 此处"随教得成就"指"堪能性"。
⑤ 此处"资粮"的原词是 prahāṇasaṃskāra（"断行"）。
⑥ 此处"离、集、精进"即前面奘译第 2 颂释文中所说"为远离所治障法及为修集能对治道，于四正断精勤修习"。
⑦ "等持"是"入定"（samādhi）的另一译名。

[पञ्च दोषाः]

[五过失]

कतमे पञ्च दोषा इत्याह।

今译：何为五过失？回答说：

谛译：何者名失耶？

奘译：何者名為五種過失？頌曰：

**कौसीद्यमववादस्य संमोषो लय उद्धतः।
असंस्कारो ऽथ संस्कारः पञ्च दोषा इमे मताः ॥४॥**

今译：懈怠、忘失圣言、昏沉、掉举①、
　　　不作行和作行，被认为是五过失。（4）

谛译：懈怠忘尊教，及下劣掉起，
　　　不作意作意，此五失應知。

奘译：懈怠忘聖言，及惛沈掉舉，
　　　不作行作行，是五失應知。

तत्र लयौद्धत्यमेको दोषः क्रियते। अनभिसंस्कारो लयौद्धत्यप्रशमनकाले दोषः। अभिसंस्कारः प्रशान्तौ।

今译：其中，昏沉和掉举作为一种过失。昏沉和掉举升起时，不作行是过失。昏沉和掉举平息时，作行是过失。②

---

① "昏沉"（laya）和"掉举"（uddhata）属于"五盖"。"昏沉"相当于"惛眠"（styānamiddha）。"掉举"的通常用词是 auddhatyakaukṛtya（也译"掉悔"），其中，auddhatya 的词义为骄慢或轻浮，kaukṛtya 的词义为后悔或懊恼。

② 这里是说在昏沉和掉举升起时，不增加修行力度是过失，而在昏沉和掉举平息时，再继续增加力度也是过失。此处使用的"作行"（abhisaṃskāra）一词相当于"加行"（prayoga）。

谛译：懈怠者，沒嬾惡處。忘尊教者，如師所立法名句味①等不憶不持故。下劣、掉起者，兩障合為一，憂喜為體故，沈浮是其事。此位中沈②時，不作意是第四過失。若無此二而作意，是第五過失。

奘译：論曰：應知此中惛沈、掉舉合為一失。若為除滅惛沈、掉舉，不作加行，或已滅除惛沈、掉舉，復作加行，俱為過失。

[अष्ट प्रहाणसंस्काराः]

[八断行]

एषां प्रहाणाय कथमष्टौ प्रहाणसंस्कारा व्यवस्थाप्यन्ते। चत्वारः कौसीद्यप्रहाणाय च्छन्दव्यायामश्रद्धाप्रस्रब्धयस्ते पुनर्यथाक्रमं वेदितव्याः।

今译：为断除这些过失，怎样确立八断行？为断除懈怠，应知它们依次是欲、勤、信和安这四种。

谛译：為滅此五失，安立八種禪定資糧③。為滅懈怠，何者為四？一欲，二正勤，三信，四猗。復有四法，次第應知。

奘译：為除此五，修八斷行。云何安立彼行相耶？頌曰：

आश्रयो ऽथाश्रितस्तस्य निमित्तं फलमेव च।

今译：所依和能依及其因和果。

谛译：依處及能依，此因緣及果。

奘译：為斷除懈怠，修欲勤信安，
即所依能依，及所因能果。

為除餘四失，修念智思捨，
記言覺沈掉，伏行滅等流。

---

① 谛译"名句味"在前面对应的原词是 nāmakāya（"名身"）一词，即"名称"。
② 此处"沉"字，据《中华大藏经》校勘记，诸本作"沉浮"。
③ "八种禅定资粮"即"八断行"。

आश्रयश्छन्दो व्यायामस्य। आश्रितो व्यायामस्तस्याश्रयस्य च्छन्दस्य
निमित्तं श्रद्धा संप्रत्यये सत्यभिलाषात्तस्याश्रितस्य व्यायामस्य फलं प्रस्रब्धि-
रारब्धवीर्यस्य समाधिविशेषाधिगमाच्छेषाश्चत्वारः प्रहाणसंस्काराः स्मृति-
संप्रजन्यचेतनोपेक्षाश्चतुर्णां दोषाणां यथासंख्यं प्रतिपक्षास्ते पुनः स्मृत्यादयो
वेदितव्या यथाक्रमं।

今译：欲是勤所依。勤是能依。所依者欲的原因是信，因为有信，才有愿望。能依者勤的结果是安①，因为精勤者获得殊胜入定。其他四种断行是念、智、思和舍，依次对治其他四种过失，应知它们依次是念等四种断行。

谛译：欲者，正勤依處。能依者，正勤。此依處名欲。有何因是名信？若有信，即生欲。此能依者，名正勤果。此果名猗，若作正勤，得所求禪定故。餘四種資糧：一念，二智，三作意，四捨滅。餘四種失如次第對治，此念等四法次第，應知。

奘译：論曰：為滅懈怠，修四斷行：一欲，二正勤，三信，四輕安。如次應知即所依等。所依謂欲，勤所依故。能依謂勤，依欲起故。所因謂信，是所依欲生起近因②。若信受彼，便希望故。能果謂安，是能依勤近所生果，勤精進者得勝定故。為欲對治後四過失，如數修餘四種斷行。

आलम्बनेऽसंमोषो लयौद्धत्यानुबुध्यना।
तदपायाभिसंस्कारः शान्तौ प्रशठवाहिता ॥५॥

今译：不忘失所缘，觉知昏沉和掉举生起，
　　　　为去除它们而作行，平息而平等流。（5）

谛译：緣境界不迷，高下能覺知，
　　　　滅彼心功用，寂靜時放捨。

---

① "安"（prasrabdhi 或 praśrabdhi，也译"轻安"）指平静或安宁。这里是说有愿望，便有欲求；有欲求，便会精勤；精勤努力，便能达到平静，利于入定。
② "近因"指直接的原因。

स्मृतिरालम्बने ऽसंप्रमोषः संप्रजन्यं स्मृत्यसंप्रमोषे सति लयौद्धत्या-
नुबोधः। अनुबुध्य तदपगमायाभिसंस्कारश्चेतना। तस्य लयौद्धत्यस्योपशान्तौ
सत्यां प्रशठवाहिता चित्तस्योपेक्षा।

今译：念是不忘失所缘①。智是念不忘失而觉知昏沉和掉举生起。
思是觉知后，为去除它们而作行。一旦昏沉和掉举平息，心住于舍②，
平等而流③。

谛译：念者，不忘失境界。智者，不忘失境界时，覺知沈浮兩事。
覺知已，為滅此作功用意，是名作意。此沈浮二法寂滅已，起放捨心，
放流相續名捨滅。

奘译：一念，二正知，三思，四捨，如次應知即記言等。記言謂
念能不忘境，記聖言故。覺沈掉者謂即正知，由念記言，便能隨覺悟
沈、掉擧二過失故。伏行謂思，由能隨覺沈掉失已，為欲伏除發起加
行。滅等流者，謂彼沈掉既斷滅已，心便住捨，平等而流。

[d. पञ्चेन्द्रियाणि]

[d. 五根]

ऋद्धिपादानामनन्तरं पञ्चेन्द्रियाणि श्रद्धादीनि तेषां कथं व्यवस्थानं।

今译：神足之后，是信等五根。它们怎样确立？

谛译：四如意足後，次第說修習五根。此五根云何得立？

奘译：已說修神足，當說修五根。所修五根云何安立？頌曰：

---

① "不忘失所缘"即颂中所说"不忘失圣言"。
② "舍"（upekṣā）指无所执著，内心彻底平静。
③ "平等而流"指不沉不浮，平静而流。原词是 praśaṭhavāhitā，其中前面的 praśaṭha
一词是个生僻字，或许与 praśama（"平静"）或 śamatha（"寂静"）相关。此词也见于第
5 品第 26 颂，奘译"等运"。

रोपिते मोक्षभागीये च्छन्दयोगाधिपत्यतः।
आलम्बने ऽसंमोषाविसारविचयस्य च ॥६॥

今译：种植顺解脱分，增长欲、修习、
不忘失所缘、不散乱和思择。（6）

谛译：已下解脱種，欲事增上故，
境界不迷沒，不散及思擇。

奘译：已種順解脫，復修五增上，
謂欲行不忘，不散亂思擇。

आधिपत्यत इति वर्तते। ऋद्धिपादैः कर्मण्यचित्तस्यारोपिते मोक्षभागीये कुशलमूले च्छन्दाधिपत्यतः प्रयोगाधिपत्यतः। आलम्बनासंप्रमोषाधिपत्यतः। अविसाराधिपत्यतः। प्रविचयाधिपत्यतश्च। यथाक्रमं पञ्च श्रद्धादीनीन्द्रियाणि वेदितव्यानि।

今译：增长转出。依靠神足，堪能心种植顺解脱分善根，由此欲增长，加行增长，不忘失所缘增长，不散乱增长，思择增长[1]。应知依次信等这五根。

谛译：此中增上次第五處流[2]，為修四勤故。心已隨教得住，因此心已下解脫分善根種子。一欲增上故，二勤修增上故，三不忘境界增上故，四不散動增上故，五思擇法增上故，如次第信等五根，應知。

奘译：論曰：由四神足，心有堪能，順解脫分善根滿已。復應修習五種增上：一欲增上，二加行增上，三不忘境增上，四不散亂增上，五思擇增上。此五如次第，即信等五根。

---

[1] 这里所说五种"增长"分别是信根、勤根、念根、定根和慧根。
[2] "增上次第五处流"指增上依次在这五根中转出。

[e. पञ्च बलानि]

[e. 五力]

तान्येव श्रद्धादीनि बलवन्ति बलानीत्युच्यन्ते। तेषां पुनर्बलवत्वं।

今译：这些信等五根有力，称为力。接着讲述五力。

奘译：已說修五根，當說修五力。何者五力？次第云何？頌曰：

विपक्षस्य हि संलेखाद्

今译：由于减损障碍，

谛译：說力損惑故，前因後是果。

奘译：即損障名力，因果立次第。

यदा तान्यश्रद्धादिभिर्विपक्षैर्न व्यवकीर्यन्ते। कस्माच्छ्रद्धादीनां पूर्वोत्तर-निर्देशः। यस्मात्

今译：那时它们不受不信等障碍扰乱。为何这样提及信等的前后次序？因为——

谛译：信等五法如前所說。為有勝力故，說名力。勝力者何義？能損離非助惑故。若五法，非信等諸對治惑不相障故。故說根力有次第。云何信等五法前後次第說？

奘译：論曰：即前所說信等五根有勝勢用，復說為力，謂能伏滅不信障等，亦不為彼所陵雜故。此五次第依因果立，以依前因引後果故。

पूर्वस्य फलमुत्तरं।

今译：　　　　后者是前者的果。

श्रद्धानो हि हेतुफलं वीर्यमारभते। आरब्धवीर्यस्य स्मृतिरुपतिष्ठते।

उपस्थितस्मृतेश्चित्तं समाधीयते। समाहितचित्तो यथाभूतं प्रजानाति। अवरोपित-मोक्षभागीयस्येन्द्रियाण्युक्तान्यथ निर्वेधभागीयानि किमिन्द्रियावस्थायां वेदितव्या-न्याहोस्विद्बलावस्थायां।

今译：信因果，则精勤启动。精勤启动，则念安住。念安住，则心入定。心入定，则如实知①。已知种植顺解脱分的五根。然后，应知顺抉择分②在根位中，还是在力位中？

谛译：五种法如前後為因果故。云何如此？若人信因信果，為求得此果故決勤行。因此勤行已，守境不移。若念止住，心得三昧。（平等住，不高不下，一三受故，二一境故。又有五種住未說。）③若心得定，觀知如實境。因此義，是故五法立次第。若人已下種解脫分善根已，說五根是其位。若人已下通達分④善根者，為在五根位中，為當在力位中？

奘译：謂若決定信有因果，為得此果發勤精進。勤精進已，便住正念。住正念已，心則得定。心得定已，能如實知。既如實知，無事不辦。故此次第依因果立。如前所說，順解脫分既圓滿已，復修五根。何位修習順決擇分？為五根位，五力位耶？頌曰：

द्वौ द्वौ निर्वेधभागीयाविन्द्रियाणि बलानि च ॥७॥

今译：两种抉择分在根中，两种在力中。（7）

谛译：二二通達分，五根及五力。

奘译：順決擇二二，在五根五力。

उष्मगतं मूर्धानश्चेन्द्रियाणि। क्षान्तयो लौकिकाश्चाग्रधर्मा बलानि।

---

① "如实知"指运用智慧如实知。
② "顺抉择分"（nirvedhabhāgīya）指通达或洞悉无分别智的修行，属于菩萨修行五阶位中的第二阶位，即加行位。加行位又分四位：暖位、顶位、忍位和世第一法位。
③ 此处括号中的文字是夹注。
④ "通達分"即顺抉择分。

今译：暖位和顶位在根中，忍位和世第一法位在力中。①

谛译：煖位及顶位立行五根。忍位及世第一法立行五力。若人下解脱善根种，此二二位决定通达分。若未，不如此力。

奘译：论曰：顺决择分中，暖、顶二种在五根位。忍世、第一法在五力位。

[f. सप्त बोध्यङ्गानि]

[f. 七觉支]

बलानन्तरं बोध्यङ्गानि तेषां कथं व्यवस्थानं।

今译：力之后，讲述觉支。它们怎样确立？

谛译：次说觉分。此云何安立？

奘译：已说修五力，当说修觉支。所修觉支云何安立？颂曰：

आश्रयाङ्गं स्वभावाङ्गं निर्याणाङ्गं तृतीयकं।
चतुर्थमनुशांसाङ्गं निःक्लेशाङ्गं त्रिधा मतं ॥८॥

今译：所依支、自性支、第三出离支、
　　　第四利益支、无染支有三种。（8）

谛译：依分自体分，第三出离分，
　　　第四功德分，三种灭惑分。

奘译：觉支略有五，谓所依自性，
　　　出离并利益，及三无染支。

---

① 在加行位的四位中，暖位（uṣmagata）和顶位（mūrdhāna）修四寻思观，认知名、义、自性和差别均为空无；忍位（kṣānti）和世第一法位（laukikadharma）修如实观智，认知所知之对象和能知之识均为空无。

दर्शनमार्गे बोधावज्ञानि बोध्यङ्गानि। तत्र बोधेराश्रयाङ्गं स्मृतिः। स्वभावाङ्गं धर्मविचयः। निर्याणाङ्गं वीर्य। अनुशंसाङ्गं प्रीतिः। असंक्लेशाङ्गं त्रिधा प्रस्रब्धिसमाध्युपेक्षाः। किमर्थं पुनरसंक्लेशाङ्गं त्रिधा देशितं।

今译：觉支在见道位中，是觉的分支①。其中，觉所依支是念②。自性支是择法③。出离支是精进④。利益支是喜⑤。无染支有三种：轻安⑥、定⑦和舍⑧。为何说无染支有三种？

谛译：見道位中，顯立覺分。覺者何義？無分別如如智，是名覺。分者何義？同事法朋⑨，是名分義。此七法中覺依止分者，是名念覺。自性分者，是名擇法覺。出離分者，名正勤覺。功德分者，名喜覺。無染無障分三法，謂猗、定、捨。云何說三法為無染障分？

奘译：論曰：此支助覺，故名覺支。由此覺支位在見道，廣有七種，略為五支：一覺所依支，謂念。二覺自性支，謂擇法。三覺出離支，謂精進。四覺利益支，謂喜。五覺無染支，此復三種，謂安、定、捨。何故復說無染為三？頌曰：

निदानेनाश्रयेणेह स्वभावेन च देशितं।

今译：由因缘、所依和自性而说。

谛译：因緣依處故，自性故言說。

奘译：由因緣所依，自性義差別，
　　　故輕安定捨，說為無染支。

---

① "觉的分支"即七觉支：念、择法、精进、喜、轻安、定和舍。
② "念"（smṛti）指正确的忆念或观想。
③ "择法"（dharmavicaya）指选择正法。
④ "精进"（vīrya）指精勤努力修习正法。
⑤ "喜"（prīti）指获得正法而喜悦。
⑥ "轻安"（prasrabdhi）指轻快安稳。
⑦ "定"（samādhi）指入定。
⑧ "舍"（upekṣā）指无所执著而平静。
⑨ "同事法朋"指共同作为正法的分支。

असंक्लेशस्य निदानं प्रस्रब्धिदौष्ठुल्यहेतुत्वात्संक्लेशस्य। तस्याश्च तत्प्रतिपक्ष-
त्वादाश्रयः समाधिः। स्वभावोपेक्षा।

今译：轻安是无染的因缘①，由于污染是粗重的原因，而轻安对治粗重。所依是入定。自性是舍。

谛译：無障無染因者猗，惑障為重行作因故，此猗與麁重因對治故。依止者是禪定。自性者是捨覺分。

奘译：論曰：輕安即是無染因緣。麁重為因，生諸雜染，輕安是彼近對治故。所依謂定。自性即捨。故此無染，義別有三。

[g. अष्ट मार्गाङ्गानि]

[g. 八道支]

बोध्यङ्गानन्तरं मार्गाङ्गानि तेषां कथं व्यवस्थानं।

今译：觉支之后，讲述道支。它们怎样确立？

谛译：次說道分。此法云何安立？

奘译：說修覺支已，當說修道支。所修道支云何安立？頌曰：

परिच्छेदोऽथ संप्राप्तिः परसंभावना त्रिधा ॥९॥

今译：分别、令他至、令他信三种，（9）

谛译：分決及令至，令他信三種，

奘译：分別及誨示，令他信有三，

विपक्षप्रतिपक्षश्च मार्गस्याङ्गं तदष्टधा।

今译：对治障碍三种，这是八道支。

谛译：對治不助法，說道有八分。

奘译：對治障亦三，故道支成八。

---

① "轻安是无染的因缘"指无染缘于轻安。

भावनामार्गे ऽस्य परिच्छेदाङ्गं सम्यग्दृष्टिर्लौकिकी लोकोत्तरपृष्ठलब्धा यया स्वाधिगमं परिच्छिनत्ति। परसंप्रापणाङ्गं सम्यक्संकल्पः सम्यग्वाक्। ससमुत्थानया वाचा तत्प्रापणात्। परसंभावनाङ्गं त्रिधा सम्यग्वाक्कर्मान्ताजीवास्तैर्हि यथाक्रमं।

今译：在修道位中，它的分别支是正见。这是世间的，而在出世间后获得，由分别而自证。令他至①支是正思和正语，由运用语言而引导他人。令他信支三种，即正语、正业和正命。它们依次是：

谛译：修習道位中顯立道分②。見道分決分③是正見。此見世間正見，出世正見後得，因此智自所得道及果決定分別。令他至分者，正思惟及正言，因有發起語言，能令他知及得。令他信分者有三種：正言，正業，正命。此三法次第。

奘译：論曰：於修道位建立道支，故此道支廣八略四：一分別支，謂正見。此雖是世間而出世後得，由能分別見道位中自所證故。二誨示他支，謂正思惟正語一分等起④發言，誨示他故。三令他信支，此有三種，謂正語、正業、正命。四對治障支亦有三種，謂正精進、正念、正定。由此道支略四廣八，何緣後二各分為三？頌曰：

दृष्टौ शीले ऽथ संलेखे परविज्ञप्तिरिष्यते ॥१०॥

今译：见、戒和简朴，由此令他信可期望。（10）

谛译：見戒及知足，應知令他信。

奘译：表見戒遠離，令他深信受，
對治本隨惑，及自在障故。

तस्य सम्यग्वाचा कथासांकथ्यविनिश्चयेन प्रज्ञायां संभावना भवति। सम्यक्कर्मान्तेन शीले ऽकृत्याकरणात्सम्यगाजीवेन संलेखे धर्मेण मात्रया च

---

① "令他至"（prāpaṇa）指引导或指导他人达到或获得。
② "道分"指道支，即八道支。
③ "分決分"即分別支。
④ "正思惟正語一分等起"指正思惟一分和正语一分一起发挥作用。

चीवराद्यन्वेषणात्। विपक्षप्रतिपक्षाङ्गं त्रिधैव सम्यग्व्यायामस्मृतिसमाधयः। एषां हि यथाक्रमं।

今译：由正语即言谈、论议和抉择，令他人相信智慧。由正业即不作恶业，令他人相信戒。由正命即依法依量乞求衣钵等，令他人相信简朴。对治障碍支三种，即正勤、正念和正定。它们依次是：

谛译：令他信分者三處。依正言說言語，共相難①正義、共思擇義時，他得信是人有智，是故令他信智。依正業，他得信持戒不作不如法事故。依正命者，他得信輕財知足，如法如量行見②衣服等四命緣③故。是故，令他信知足，輕財知足。煩惱對治分者三種：正勤，正念，正定。此三法如次第。

奘译：論曰：正語等三，如次表已。見、戒、遠離令他信受，謂由正語、論議、決擇令他信知已有勝慧。由正業故，不作邪業，令他信知已有淨戒。由正命故，應量應時如法乞求衣鉢等物，令他信已有勝遠離。正精進等三如次對治本隨二煩惱及自在障。

क्लेशोपक्लेशवैभुत्वविपक्षप्रतिपक्षता।

今译：对治烦恼、随烦恼④和自在障。

谛译：大惑及小惑，自在障對治。

त्रिविधो हि विपक्षः क्लेशो भावनाहेयः। उपक्लेशो लयौद्धत्यं विभुत्वविपक्षश्च वैशेषिकगुणाभिनिर्हारविबन्धः तत्र प्रथमस्य सम्यग्व्यायामः प्रतिपक्षस्तेन मार्गभावनात्। द्वितीयस्य सम्यक्स्मृतिः शमथादिनिमित्तेषु सूपस्थितस्मृतेः लयौद्धत्याभावात्। तृतीयस्य सम्यक्समाधिः ध्यानसन्निश्रयेणाभिज्ञादिगुणा-भिनिर्हारात्।

---

① "相难"的原词是 sāṃkathya，词义为讨论或议论。
② "行见"的原词是 anveṣaṇa，词义为寻求。此词奘译"乞求"。
③ "四命缘"指四种资生具，即衣服、食物、卧具和药物。
④ "随烦恼"（upakleśa）指附随根本烦恼的各种烦恼。"根本烦恼"（mūlakleśa）指贪、瞋、痴、慢、见和疑六种烦恼。

今译：三种障碍：阻碍修习的烦恼[①]，昏沉和掉举的随烦恼，阻碍引发殊胜功德的自在障。其中，正勤对治第一种，由于精勤修道。正念对治第二种，由于念安住寂止等相中，昏沉和掉举不生起。正定对治第三种，由于依靠禅定引发神通等功德。

谛译：非助道烦恼有三：一修习道所斷烦恼，是名大惑。二心沈没掉起烦恼，是名小惑。三自在障者，能障礙顯出勝品功德。第一烦恼者，正勤是其對治。云何如此？因正勤修道得成故。若道得成，思惟烦恼滅。第二烦恼者，正念是其對治，寂靜相處。若正念正寂靜相處，沈没及掉起滅故。第三烦恼者，正定是其對治，依止禪定故，能顯出六神通功德故。

奘译：此所對治略有三種：一根本烦恼，謂修所斷。二隨烦恼，謂惛沈掉舉。三自在障，謂障所引勝品功德。此中正精進別能對治初，為對治彼，勤修道故。正念別能對治第二，繫念安住止等相中，遠離惛沈及掉舉故。正定別能對治第三，依勝靜慮，速能引發諸神通等勝功德故。

[h. प्रतिपक्षभावनाप्रभेद]

[h. 修习对治差别]

सैषा प्रतिपक्षभावना समासेन त्रिविधा वेदितव्या।

今译：应知修习对治简略为三种：

谛译：此修習對治，若略說有三種，應知。

奘译：修治差別云何應知？頌曰：

अनुकूला विपर्यस्ता सानुबन्धा विपर्यया ॥११॥

今译：颠倒而随顺，有颠倒依随，（11）

[①] "阻碍修习的烦恼"指根本烦恼。

谛译：隨不倒有倒，隨顛倒不倒，

奘译：有倒順無倒，無倒有倒隨，

अविपर्यस्तविपर्यासाननुबन्धा च भावना।

今译：无颠倒和无颠倒依随，三种修习。

谛译：無倒無隨倒，修對治三種。

奘译：無倒無倒隨，是修治差別。

विपर्यस्तापि अविपर्यासानुकूलाविपर्यस्ता विपर्यासानुबन्धा अविपर्यस्ता विपर्यासनिरनुबन्धा च यथाक्रमं पृथग्जनशैक्षाशैक्षावस्थासु। बोधिसत्वानां तु

今译：颠倒而随顺无颠倒，无颠倒仍有颠倒依随，无颠倒和无颠倒依随，依次属于凡夫、有学位和无学位。[①]而菩萨的

谛译：修習對治有三。何者三？一者隨應無倒法與倒相雜，二者顛倒所隨逐無見倒，三者無顛倒無倒法隨逐。如次第凡夫位中，有學聖位中，無學聖位中。菩薩修對治者有別異。何者別？

奘译：論曰：此修對治略有三種：一有顛倒順無顛倒，二無顛倒有顛倒隨，三無顛倒無顛倒隨。如是三種修治差別，如次在異生、有學、無學位。菩薩、二乘所修對治有差別相云何應知？頌曰：

आलम्बनमनस्कारप्राप्तितस्तद्विशिष्टता ॥१२॥

今译：所缘、思惟和证得，及其差别性。（12）

谛译：境界及思惟，至得有差別。

奘译：菩薩所修習，由所緣作意，
證得殊勝故，與二乘差別。

---

① 这里是说凡夫有颠倒妄想而随圣者修习无颠倒妄想。有学位指修习者达到无颠倒，但不彻底，仍有残余的颠倒妄想依随。无学位指完成修习，无颠倒妄想，也无残余的颠倒妄想依随。

श्रावकप्रत्येकबुद्धानां हि स्वासन्तानिकाः कायादयः आलम्बनम्। बोधिसत्वानां स्वपरसान्तानिकाः श्रावकप्रत्येकबुद्धा अनित्यादिभिराकारैः कायादी-न्मनसिकुर्वन्ति। बोधिसत्वास्त्वनुपलम्भयोगेन। श्रावकप्रत्येकबुद्धाः स्मृत्यु-पस्थानादीनि भावयन्ति यावदेव। कायादीनां विसंयोगाय। बोधिसत्वा न विसंयोगाय। नाविसंयोगाय। यावदेवाप्रतिष्ठितनिर्वाणाय। उक्ता प्रतिपक्षभावना।

今译：因为声闻和缘觉以自相续身等为所缘①。而菩萨以自他相续身等②为所缘。声闻和缘觉以无常等行相思惟身等。而菩萨以修习无所得③思惟身等。声闻和缘觉修习念处等，为达到身等离弃④。而菩萨不为身等离弃或不离弃，只为证得无住涅槃⑤。已说修习对治。

谛译：聲聞及辟支自相續身等念處諸法是其境界。若菩薩自他相續身等念處諸法是其境界。聲聞及辟支由無常等諸相，思惟身等諸法。若諸菩薩無生得⑥道理故，思惟觀察。若聲聞及緣覺修習四念處等諸法，為滅離身等諸法。若菩薩修習此等法，不為滅離故修習諸法，非不為滅離故修習諸法，但為至得無住處涅槃。

奘译：論曰：聲聞獨覺以自相續身等為境而修對治。菩薩通以自他相續身等為境而修對治。聲聞獨覺於身等境，以無常等行相思惟而修對治。若諸菩薩於身等境，以無所得行相思惟而修對治。聲聞獨覺修念住等，但為身等速得離繫。若諸菩薩修念住等，不為身等速得離繫，但為證得無住涅槃。菩薩與二乘所修對治，由此三緣故而有差別。

修對治總義者：謂開覺修。損減修。瑩飾修。發上修。隣近修，謂隣近見道故。證入修。增勝修。初位修。中位修。後位修。有上修。

---

① "以自相续身等为所缘"指以自己的身等为观想和对治的对象。"相续身"指前后相续的五蕴之身。
② "自他相续身等"指自己的和众生的身等。
③ "无所得"指一切法空，无所得。
④ "达到身等离弃"指达到涅槃。
⑤ 这里是说菩萨不考虑离弃或不离弃身体等，而只为证得无住涅槃，即达到涅槃，也不入涅槃，继续在生死轮回中救度众生。
⑥ "无生得"即无所得。

無上修，謂所緣、作意、至得殊勝。①

奘译：辩修分位品第五②

[2. तत्रावस्था]

[2. 分位]

तत्रावस्था कतमा।

今译：其中，有哪些分位？

谛译：修習對治已說，修住者何者？

奘译：已說修對治，修分位云何？頌曰：

谛译：修住品第五

हेत्ववस्थावताराख्या प्रयोगफलसंज्ञिता।
कार्याकार्यविशिष्टा च उत्तरानुत्तरा च सा ॥१३॥

今译：因、入、加行、果、作、
　　　　无作、殊胜、上和无上，（13）

谛译：修住有四種，因入行至得，
　　　　有作不作意，有上亦無上，

奘译：所說修對治，分位有十八，
　　　　謂因入行果，作無作殊勝，

अधिमुक्तौ प्रवेशे च निर्याणे व्याकृतावपि।
कथिकत्वे ऽभिषेके च संप्राप्तावनुशंसने ॥१४॥

---

① 此处奘译"修对治总义者"按原文在第四品结尾部分，按谛译在第六品结尾部分。
② 奘译以及谛译第五品和第六品按原文均属于第四品。

今译：信解、证入、出离、受记、
　　　辩说、灌顶、证得、胜利，（14）

谛译：願樂位入位，出位受記位，
　　　說者位灌位，至位功德位，

奘译：上無上解行，入出離記說，
　　　灌頂及證得，勝利成所作。

कृत्यानुष्ठा उद्दिष्टा

今译：成所作，已说这些分位。

谛译：作事位已說。

तत्र हेत्ववस्था या गोत्रस्थस्य पुद्गलस्यावतारावस्था उत्पादितबोधिचित्तस्य प्रयोगावस्था चित्तोत्पादादूर्ध्वमप्राप्ते फले। फलावस्था प्राप्ते। सकरणीयावस्था शैक्षस्य। अकरणीयावस्था अशैक्षस्य। विशेषावस्थाभिज्ञादिगुणविशेष-समन्वागतस्य। उत्तरावस्था श्रावकादिभ्यो भूमिप्रविष्टस्य बोधिसत्वस्य। अनुत्तरावस्था बुद्धस्य तत ऊर्ध्वमवस्थाभावादधिमुक्त्यवस्था बोधिसत्वानां सर्वस्यामधिमुक्तिचर्याभूमौ। प्रवेशावस्था प्रथमायां भूमौ निर्याणावस्था तदुत्तरासु षट्सु भूमिषु। व्याकरणावस्था अष्टम्यां भूमौ कथिकत्वावस्था नवम्यामभिषेकावस्था दशम्यां। प्राप्त्यवस्था बुद्धानां धर्मकायः। अनुशंसावस्था सांभोगिकः कायः। कृत्यानुष्ठानावस्था निर्माणकायः। सर्वाप्येषा बहुविधावस्थाभिसमस्य वेदितव्या।

今译：其中，因位属于住种性的补特伽罗①。入位属于发起菩提心。加行位属于发起菩提心后，尚未得果。果位，已得果。有作位属于有学。无作位属于无学。殊胜位属于获得神通等殊胜功德。上位属于声闻等进入菩萨地。无上位属于佛，此后无位②。信解行位属于一

---

① "住种性的补特伽罗"指具有声闻、缘觉和菩萨本性的人，因为这种本性是"因"。

② "此后无位"指佛是至高无上位，故而此后无位。以下九位是按照菩萨地分位。

切信解行地①的菩萨。证入位属于初地。出离位属于此后六地。受记位属于第八地。说法②位属于第九地。灌顶位属于第十地。证得位属于佛法身③。胜利位属于受用身④。成所作位属于变化身⑤。应知所有这些分位总结为三种⑥：

谛译：修住位有十八。何者十八？一因位修住，若人已住自性中。二入位修住，已發心。三行位修住，從發心後未至果。四果位修住，已得時。五有功用位修住，有學聖人。六無功用位修住，無學聖人。七勝德位修住，求行得六神通人。八有上位修住，過聲聞等位未入初地菩薩人。九無上位修住，諸佛如來。此位後無別位故。十願樂⑦位修住，諸菩薩人一切願樂行位中。十一入位修住者，初菩薩地。十二出離位修住，初地後六地。十三受記位修住，第八地。十四能說師位修住，第九地。十五灌頂位修住，第十地。十六至得位修住，諸佛法身。十七功德位修住，諸佛應身。十八作事位修住，諸佛化身。一切諸住無量應知，今但略說。

奘译：論曰：如前所說修諸對治，差別分位有十八種：一因位，謂住種性補特伽羅。二入位，謂已發心。三加行位，謂發心已，未得果證。四果位，謂已得果。五有所作位，謂住有學。六無所作位，謂住無學。七殊勝位，謂已成就諸神通等殊勝功德。八有上位，謂超聲聞等已入菩薩地。九無上位，謂已成佛，從此以上無勝位故。十勝解行位，謂勝解行地一切菩薩。十一證入位，謂極喜地。十二出離位，謂次六地。十三受記位，謂第八地。十四辯說位，謂第九地。十五灌

---

① "信解行地"属于进入十地前的准备阶段。
② "说法"的原词是kathika，词义为说者或说法者。此词谛译"说师"，奘译"辩说"。
③ "法身"（dharmakāya）指佛具有的永恒法性。
④ "受用身"（sāmyogikaḥ kāyaḥ，或译"应身"）指佛的相好具足、享用法乐的身体。
⑤ "变化身"（nirmāṇakāya，或译"化身"）指佛为教化众生而示现的种种变化的身体。
⑥ 此处"总结"的原词是abhisamasya，即abhisamas的独立式，词义为总结、总之或简而言之。
⑦ "愿乐"（adhimukti）也译"信解"或"胜解"。

顶位，谓第十地。十六证得位，谓佛法身。十七胜利位，谓受用身。十八成所作位，谓变化身。此诸分位差别虽多应知，略说但有三种。其三者何？颂曰：

धर्मधातौ त्रिधा पुनः।
अशुद्धाशुद्धशुद्धा च विशुद्धा च यथार्हतः ॥१५॥

今译： 　　　　　法界中三种分位①，
不净、净不净和净，随其所应。（15）

谛译： 　　　　　法界复有三，
不净不净净，清净如次第。

奘译：应知法界中，略有三分位，
不净净不净，清净随所应。

तत्राशुद्धावस्था हेत्ववस्थामुपादाय यावत्प्रयोगादशुद्धशुद्धावस्था शैक्षाणाम्।
विशुद्धावस्था अशैक्षाणाम्।

今译：其中，不净位是从因位至加行位。净不净是有学位。净是无学位。

谛译：若略说，此位有三：一不净位住者，从因位乃至行住。二不净净位住者，有学圣人。三清净位住，无学圣人。

奘译：论曰：於真法界位略有三，随其所应摄前诸位。一不净位，谓从因位乃至加行。二净不净位，谓有学位。三清净位，谓无学位。云何应知依前诸位差别建立补特伽罗？颂曰：

पुद्गलानां व्यवस्थानं यथायोगमतो मतम्।

今译：认为由此补特伽罗随其所应确立。

---

① "法界"（dharmadhātu）含有二义：一是总称一切法，一是指称一切法的本质，即法性。"法界中三种分位"可理解为在证得法性过程中的三种分位。

谛译：此中安立人，應知如道理。

奘译：依前諸位中，所有差別相，

　　　　隨所應建立，諸補特伽羅。

अतो ऽवस्थाप्रभेदाद्यथायोगं पुद्गलानां व्यवस्थानं वेदितव्यमयं गोत्रस्थो ऽयमवतीर्ण इत्येवमादि। उक्तावस्था।

今译：应知这些分位差别，随其所应，补特伽罗确立[1]。这是住种性，这是入位，如此等等。已说分位。

谛译：因此住别异故，如道理應知諸凡聖別異安立。此人者自性中住，此人已入位。如是等修住已說，何者得果？

奘译：論曰：應知依前諸位別相，如應建立補特伽羅，謂此住種性，此已發心等。

修分位總義者：謂堪能位，即種性位。發趣位，即入加行位。不淨位、淨不淨位、清淨位。有莊嚴位。遍滿位，謂遍滿十地故。無上位。[2]

奘译：辯得果品第六

谛译：得果品第六

[3. फलप्राप्ति]

[3. 得果]

फलप्राप्तिः कतमा।

今译：何为得果？

---

[1] "补特伽罗确立"指确定修行人在修习对治中所处各种分位。
[2] 此处奘译"修分位总义者"按原文在第四品结尾部分，按谛译在第六品结尾部分。

奘译：已辩修位，得果云何？颂曰：

भाजनत्वं विपाकाख्यं बलं तस्याधिपत्यतः ॥१६॥

今译：器性称为果报果，器性增长而有力，（16）

谛译：器果及报果，此是增上果，

奘译：器說為異熟，力是彼增上，

रुचिवृद्धिर्विशुद्धिश्च फलमेतद्यथाक्रमं।

今译：爱乐、增长和清净，依次五种果。

谛译：愛樂及增長，清淨果次第。

奘译：愛樂增長淨，如次即五果。

भाजनत्वं यः कुशलानुकूलो विपाकः। बलं या भाजनत्वाधिपत्या-त्कुशलस्याधिमात्रता। रुचिर्या पूर्वाभ्यासात्कुशलरुचिः। वृद्धिर्या प्रत्युत्पन्ने कुशलधर्माभ्यासात्कुशलमूलपरिपुष्टिः। विशुद्धिर्यदावरणप्रहाणं। एतद्यथाक्रमं फलं पञ्चविधं वेदितव्यम्। विपाकफलमधिपतिफलं निष्यन्दफलं पुरुषकारफलं विसंयोगफलं च।

今译：器性①是随顺善的果报。器性增长而有力，而增强善法。爱乐是由前世不断修习，而爱乐善法。增长是现世不断修习善法，而滋养善根。清净是去除障碍。应知这些依次是五种果：果报果②、增上果③、等流果④、士用果⑤和离系果⑥。

---

① "器性"（bhājanatva）指适合接受佛性的根器。
② "果报果"（vipākaphala）指由前世的业造成今世的果。这里对应"器性"。
③ "增上果"（adhipatiphala）指由器性增长获得的果。这里对应"力"。
④ "等流果"（niṣyandaphala）指由因流出的果。原词中的 niṣyanda，词义为流动。汉译佛经中译为"等流"，意谓因流出同等的果，或者说，因流出与其相应的果。这里对应"爱乐"。
⑤ "士用果"（puruṣakāraphala）指人为努力产生的果。原词中的 puruṣakāra，词义为人的作为。这里对应"增长"。
⑥ "离系果"（visaṃyogaphala）指去除污染或摆脱束缚而获得的果。这里对应"清净"。

谛译：器果者，果報與善根相應。報果者，器果增上故，善根最上品。愛樂果者，宿世數習故，愛樂善法。增長果者，現世數習功德善根故，善根圓滿。清淨果者，滅離諸障。此位果有五種次第應知：一者報果，二者增上果，三者隨流果，四功用果，五相離果。

奘译：論曰：器謂隨順善法異熟。力謂由彼器增上力，令諸善法成上品性。愛樂謂先世數修善力，今世於善法深生愛樂。增長謂現在數修善力，令所修善根速得圓滿。淨謂障斷得永離繫。此五如次即是五果：一異熟果，二增上果，三等流果，四士用果，五離繫果。復次，頌曰：

उत्तरोत्तरमाद्यं च तदभ्यासात्समाप्तितः ॥१७॥

今译：后后、初果、不断修习、究竟，（17）

谛译：上上及初果，數習究竟果，

आनुकूल्याद्विपक्षाच्च विसंयोगाद्विशेषतः।
उत्तरानुत्तरत्वाच्च फलमन्यत्समासतः ॥१८॥

今译：随顺、所对治、离系、殊胜、
上和无上，简略为其他果①。（18）

谛译：隨順及對治，相離及勝位，
有上無上故，略說果如是。

奘译：復略說餘果，後後初數習，
究竟順障滅，離勝上無上。

उत्तरोत्तरफलं गोत्राच्चित्तोत्पाद इत्येवमादि परंपरया वेदितव्यं। आदिफलं प्रथमतो लोकोत्तरधर्मप्रतिलम्भः। अभ्यासफलं तस्मात्परेण शैक्षावस्थायां। समाप्तिफलमशैक्षाधर्माः। आनुकूल्यफलमुपनिषद्भावेनोत्तरोत्तरफलमेव वेदितव्यं।

---

① "其他果"指将以上五种果另外分为十种果。

विपक्षफलं प्रहाणमार्गो यदेवादिफलं। प्रतिपक्षो ऽभिप्रेतः। विसंयोगफलं निरोधसाक्षात्क्रिया अभ्यासफलं समाप्तिफलं च क्लेशविसंयोगः शैक्षाशैक्षाणां यथाक्रमं। विशेषफलमभिज्ञादिको गुणविशेषः। उत्तरफलं बोधिसत्वभूमय-स्तदन्ययानोत्तरत्वादनुत्तरफलं बुद्धभूमिः। एतानि चत्वारि अभ्याससमाप्ति-फलप्रभेद एव एतदन्यत्फलं समासनिर्देशतो व्यासतस्त्वपरिमाणं।

今译：后后果，由种性而发菩提心，应知如此等等，依次连续。初果是最初证得出世间法。不断修习果在此后的有学位中。究竟果是无学法。随顺果具有因性①，应知即后后果。所对治果是能断道②，即初果，意谓对治。离系果是亲证寂灭，依次是不断修习果和究竟果，有学和无学离弃烦恼。殊胜果是神通等殊胜功德。上果是菩萨诸地，由于超越其他乘。无上果是佛地。这四种是不断修习果和究竟果差别③。这是另外简略讲述这些果。如果广说，则无量。

谛译：若略說果有十種：一者上上④果，從自性發心乃至修行，應知後後次第。二初果者，初得出世諸法。數習果者，從初果後有學位中。究竟果者，無學諸法。隨順果者，為因緣故，應知上上果。對治果者，是滅道，因此得初果。此中初道名對治果。相離果，數習果，圓滿果，為遠離惑障故，如次第有學、無學諸聖人果。勝位果者，神通等諸功德。有上果者，菩薩地，為勝餘乘故。無上果者，諸如來地。如是四種果，為分別圓滿果故。為略說如是多，若廣說則無量。

奘译：論曰：略說餘果差別有十：一後後果，謂因種性得發心果，

---

① "随顺果具有因性"，其中的"随顺"（ānukūlya）意谓前因后果依次相随，故而说"具有因性"。它相当于"后后果"。由此可以理解为这里所说的十果中，前四果是一种分类，后六果是又一种分类。

② "能断道"（prahāṇamārga）指断除障碍或烦恼。

③ 这一句是说离系、殊胜、上果和无上果这四种果是不断修习果和究竟果的差别，或者说，不断修习果和究竟果可以分为这四种果。按谛译是"如是四种果，为分别圆满果故"。按奘译是"后六种果，即究竟等前四差别"。这是将前四种的前二种和后六种的前二种总括在一起的说法。此句奘译与果位总义中的相关说法一致。

④ "上上"的原词是 uttarottara，其中的 uttara 既可读为"上"，也可读为"后"，故而"上上"即"后后"。

如是等果展轉應知。二最初果，謂最初證出世間法。三數習果，謂從此後諸有學位。四究竟果，謂無學法。五隨順果，謂因漸次應知即是後後果攝。六障滅果，謂能斷道，即最初果，能滅障故，說為障滅。七離繫果，謂即數習及究竟果，學無學位如次遠離煩惱繫故。八殊勝果，謂神通等殊勝功德。九有上果，謂菩薩地，超出餘乘未成佛故。十無上果，謂如來地，此上更無餘勝法故。此中所說後六種果，即究竟等前四差別。如是諸果但是略說，若廣說即無量。

[प्रतिपक्षभावनापिण्डार्थ]

[修习对治总义]

तत्र प्रतिपक्षभावनायाः पिण्डार्थः। व्युत्पत्तिभावना निर्लेखभावना परिकर्मभावना। उत्तरसमारम्भभावना। श्लिष्टभावना दर्शनमार्गश्लेषात्। प्रविष्टभावना उत्कृष्टभावना आदिभावना मध्यभावना पर्यवसानभावना। सोत्तरा भावना निरुत्तरा च भावना यालम्बनमनस्कारप्राप्तिविशिष्टा ॥

今译：这里，修习对治总义：开觉修，损减修，莹饰修，发上修，邻近见道位的邻近修，证入修，增胜修，初位修，中位修，后位修，有上修，无上修即所缘、思惟和证得的殊胜性。①

谛译：此中修習對治合集眾義：覺悟修習。令薄修習。熟治修習。上事修習。密合修習，智到境一家②故。上品修。勝品得修。初發修。中行修。最後修。有上修。無上修者，境界無勝、思量無集、至得無勝故

---

① 这里所述各种"修"中，开觉修对应四念处，损减修对应四正勤，莹饰修对应四神足，发上修对应五根，邻近修对应五力，证入修对应七觉支，增胜修对应八道支，初位修对应颠倒而随顺无颠倒，中位修对应无颠倒而仍有颠倒依随，后位修对应无颠倒和无颠倒依随，有上修对应声闻，无上修对应菩萨。

② "智到境一家"指"临近见道位"。

अवस्थानां पिण्डार्थः। भव्यतावस्था गोत्रस्थस्य। आरम्भावस्था यावत्प्रयोगात्। असुद्धावस्था अशुद्धशुद्धावस्था विशुद्धावस्था। सालंकारावस्था। व्याप्त्यवस्था दशभूमिव्यापनात्। अनुत्तरावस्था च ॥

今译：分位总义：堪能位即种性位，依据加行的发趣位，不净位，净不净位，净位①，有庄严位②、遍满十地的遍满位③，无上位④。

谛译：修住合集众义：應成修住⑤，住者此人住自性⑥中。作事修住者，從發心乃至修行位名最淨住。最淨位住。有莊嚴位住。遍滿十地故，無上位住。⑦

फलानां पिण्डार्थः संग्रहतः तद्विशेषतः पूर्वाभ्यासत उत्तरोत्तरनिर्हारतः। उद्देशतो निर्देशतश्च। तत्र संग्रहतः। पञ्च फलानि। तद्विशेषतः शेषाणि। पूर्वाभ्यासतः विपाकफलं। उत्तरोत्तरनिर्हारतस्तदन्यानि चत्वारि। उद्देशतः उत्तरोत्तरफलादीनि चत्वारि निर्देशतः आनुकूल्यफलादीनि षट्। तेषामेव चतुर्णां निर्देशात् ॥

今译：果位总义：依据摄受、差别、前世修习、后后引发、标示和解释。其中，依据摄受⑧，五种果。依据差别，其他果⑨。依据前世修习，果报果。依据后后引发⑩，另外四种果⑪。依据标示，后后等四种果⑫。依据解释，随顺等六种果⑬，由于解释四种果。

---

① "不净位，净不净位，净位"参阅本品第15颂释。
② "有庄严位"相当于殊胜位。
③ "遍满位"指十地。
④ "无上位"指成佛。
⑤ "应成修住"指堪能位。
⑥ 此处"自性"指种性。
⑦ 这段谛译文字表述与原文不尽一致。而奘译（见前面）贴合原文，清晰明白。
⑧ "摄受"（saṃgraha）一词在这里意谓"总括"。
⑨ "其他果"指依据五种果的差别，分为其他十种果。参阅本品第16—18颂。
⑩ "后后引发"指前者引发后者。
⑪ "另外四种果"指五种果中果报果之后的四种果。
⑫ "后后等四种果"指十种果中前四种果。它们总体标示所有各种果。
⑬ "随顺等六种果"指十种果中的后六种果，它们具体解释前四种果。

谛译：果合集眾義：一攝持果，二最勝①果，三宿習果，四上上引出果，五略果，六廣果。此中攝持果者五種果。餘果是五種果別異。宿世所集故，名果報果。上上引出故，有四種餘果。若略說上上果有四種，若廣說隨順果有六，是四種果分別廣說故。

奘译：果總義者：謂攝受故，差別故，宿習故，後後引發故，標故，釋故。此中攝受者，謂五果。差別者，謂餘果。宿習者，謂異熟果。後後引發者，謂餘四果。標者，謂後後等四果。釋者，謂隨順等六果，分別前四果故。

मध्यान्तविभागे प्रतिपक्षभावनावस्थाफलपरिच्छेदश्चतुर्थः ॥

今译：以上是《辩中边论》中第四《对治、修习分位和得果品》。

谛译：《中邊分別論》中此處有四三品②：一對治品，二修住品，三得果品。已廣說究竟（一器果，二果報果，三愛樂果，四增長果，五清淨果，攝一切果盡）③。

---

① "最胜"的原词是 viśeṣa，词义为特殊、殊胜和差别。此词奘译"差别"。
② "四三品"指第四品分为三品。
③ 此处括号中的文字是夹注。

今译：第五　无上乘品

谛译：無上乘品第七

奘译：辯無上乘品第七

[1. त्रिविधानुत्तर्यं]

[1. 三种无上]

यानानुत्तर्यमिदानीं वक्तव्यं। तदुच्यते।

今译：现在应说无上乘。这样说：

谛译：無上乘今當說。

奘译：已辯得果，無上乘今當說。頌曰：

आनुत्तर्यं प्रपत्तौ हि पुनरालम्बने मतं।
समुदागम उद्दिष्टं

今译：无上乘依据正行和所缘，
　　　还有修证。

谛译：無上乘三處，修行及境界，
　　　亦說聚集起①。

奘译：總由三無上，說為無上乘，
　　　謂正行所緣，及修證無上。

त्रिविधमानुत्तर्यं महायाने येनैतदनुत्तरं यानं प्रतिपत्त्यानुत्तर्यं। आलम्बना-
नुत्तर्यं। समुदागमानुत्तर्यं च।

---

① "聚集起"的原词是 samudāgama，词义为升起、成就、获得或证得。奘译"修证"。谛译也译为"集起"和"习起"。

今译：大乘有三种无上，因此是无上乘。正行无上、所缘无上和修证无上。

谛译：無上有三種。大乘中因此三義，乘成無上。何者三義？一修行無上，二境界無上，三集起得無上。

奘译：論曰：此大乘中總由三種無上義，故名無上乘。三無上者：一正行無上，二所緣無上，三修證無上。

[2. प्रतिपत्त्यानुत्तर्यं]

[2. 正行无上]

तत्र प्रतिपत्त्यानुत्तर्यं दशपारमिताप्रतिपत्तितो वेदितव्यं।

今译：其中，应知正行无上依据十波罗蜜正行。

谛译：此中何者名修行無上？十波羅蜜修行中應知。

奘译：此中正行無上者，謂十波羅蜜多行。此正行相云何應知？頌曰：

प्रतिपत्तिस्तु षड्विधा ॥१॥

今译：　　　　　正行有六种。（1）

谛译：　　　　　修行復六種。

तासु पारमितासु।

今译：在十波罗蜜中。

谛译：此十波羅蜜中，隨一有六種。何者六？

परमार्थ मनस्कारे अनुधर्मे ऽन्तवर्जने।
विशिष्टा चाविशिष्टा च

今译：最胜、思惟、随法、离二边、
　　　差别和无差别。

谛译：無比及思擇，隨法與離邊，
　　　　別及通六修。

奘译：正行有六種，謂最勝作意，
　　　　隨法離二邊，差別無差別。

इत्येषा षड्विधा प्रतिपत्तिर्यदुत परमा प्रतिपत्तिः। मनस्कारप्रतिपत्तिर-नुधर्मप्रतिपत्तिः। अन्तद्वयवर्जिता प्रतिपत्तिः विशिष्टा प्रतिपत्तिः। अविशिष्टा च प्रतिपत्तिः।

今译：以上是六种正行，即最胜正行、思惟正行、随法正行、离二边正行、差别正行和无差别正行。

谛译：如是六修：一無比修，二思擇修，三隨法修，四離邊修，五別修，六通修。

奘译：論曰：即於十種波羅蜜多隨修差別有六正行：一最勝正行，二作意正行，三隨法正行，四離二邊正行，五差別正行，六無差別正行。

[a. परमा प्रतिपत्तिः]

[a. 最勝正行]

तत्र।

今译：其中，

谛译：此中無比十二種。何者為十二？

奘译：最勝正行，其相云何？頌曰：

परमा द्वादशात्मिका ॥२॥

今译：　　　　最胜正行有十二种。(2)

औदार्यमायतत्त्वं च अधिकारो ऽक्षयात्मता।

नैरन्तर्यमकृच्छ्रत्वं वित्तत्वं च परिग्रहः ॥३॥

今译：高尚、长时、尽责、无尽性、
无间、无难性、资财性、摄受，（3）

谛译：廣大及長時，增上體無盡，
無間及無難，自在及攝治，

आरम्भप्राप्तिनिष्यन्दनिष्पत्तिः परमा मता।

今译：发起、至得、等流和究竟，这些最胜。

谛译：極作至得流，究竟無比知，
此處無比義，知十波羅蜜。

奘译：最勝有十二，謂廣大長時，
依處及無盡，無間無難性，
自在攝發起，得等流究竟，
由斯說十度，名波羅蜜多。

इत्येषा द्वादशविधा परमा मता। यदुतौदार्यपरमता आयतत्वपरमता अधिकारपरमता अक्षयत्वपरमता नैरन्तर्यपरमता अकृच्छ्रत्वपरमता। वित्तत्व-परमता परिग्रहपरमता। आरम्भपरमता प्रतिलम्भपरमता निष्यन्दपरमता निष्पत्तिपरमता च। तत्रौदार्यपरमता सर्वलौकिकसंपत्त्यनर्थित्वेनोत्कृष्टतया च वेदितव्या। आयतत्वपरमता त्रिकल्पासंख्येयपरिभावनात्। अधिकारपरमता सर्वसत्त्वार्थक्रियाधिकारात्। अक्षयत्वपरमता महाबोधिपरिणामनयात्यन्तमर्यादा-नान्नैरन्तर्यपरमतात्मपरसमताधिमोक्षात्सर्वसत्त्वदानादिभिः पारमितापरिपूर्णाद्-कृच्छ्रत्वपरमतानुमोदनामात्रेण परदानादीनां परमितापरिपूर्णात्। वित्तत्व-परमता। गगनगञ्जसमाध्यादिभिर्दानादिपरिपूर्णात्परिग्रहपरमता निर्विकल्पज्ञान-परिगृहीतत्वात्। आरम्भपरमताधिमुक्तिचर्याभूमावधिमात्रायां क्षान्तौ प्रतिलम्भ-परमता प्रथमायां भूमौ। निष्यन्दपरमता। तदन्यास्वष्टसु भूमिषु। निष्पत्तिपरमता दशम्यां भूमौ तथागत्यां च। बोधिसत्त्वनिष्पत्त्या बुद्धनिष्पत्त्या च।

今译：这些被认为是十二种最胜，即高尚最胜，长时最胜，尽责最胜，无尽最胜，无间最胜，无难最胜，资财最胜，摄受最胜，发起最胜，至得最胜，等流最胜，究竟最胜。其中，应知高尚最胜是不追求一切世间富贵而高尚。长时最胜是三无数劫修习①。尽责②最胜是为一切众生的利益尽力做事。无尽最胜是永远回向大菩提无穷尽。无间最胜是深信自他平等，布施一切众生等波罗蜜③圆满。无难最胜是仅凭随喜④，布施他人等波罗蜜圆满。资财最胜是由虚空藏入定等而布施等波罗蜜圆满。摄受最胜是摄受无分别智。发起最胜在胜解行地增上忍⑤中。至得最胜在初地中。等流最胜在此后八地中。究竟最胜在第十地和如来地中，由于菩萨圆满和佛圆满。

谛译：如是十二种無比修行：一廣大無比，二長時無比，三增上，四無盡，五無間，六無難，七自在，八攝治，九極作，十至得，十一勝流，十二究竟。何者廣大無比？不欲樂一切世間及出世富樂故，是故廣大無比應知。何者長時無比？一一處三阿僧祇劫修習得成故。何者增上無比？一切眾生遍滿利益事故。何者無盡無比？由迴向無上菩提故，最極無窮無盡。何者無間修無比？由得自他平等樂修故，因一切眾生施等功德能圓滿成就十波羅蜜故。何者無難無比？隨喜他所行諸波羅蜜，自波羅蜜得圓滿故。何者自在無比？由破虛空⑥等諸禪定力故，施等波羅蜜得滿足成就。何者攝治無比？由一切波羅蜜無分別智所攝治護故。何者極作無比？地前方便願樂行地⑦中，最上法忍及道品隨一所成故。何者至得無比？於初地中得未曾見出世法故。何者勝流無比？離初地應知餘八種上地中。何者究竟無比？第十地及佛

---

① "三无数劫修习"指在无量无数劫中坚持修习。
② "尽责"的原词是 adhikāra，词义为统治、职责或供奉。此词谛译"增上"，奘译"依处"。
③ "布施一切众生等波罗蜜"指布施等十波罗蜜。
④ "随喜"（anumodanā）指见他人行善，自己也随之心生欢喜，由此自己也增长功德。
⑤ "胜解行地增上忍"指进入菩萨十地前加行位中的忍位。
⑥ 此处"破虚空"的原词是 gaganagañja，其中的 gagana，词义为空或虚空，gañja 词义为宝藏或宝库，合称"虚空藏"。此词奘译"虚空藏"。
⑦ "地前方便愿乐行地"指进入十地之前的胜解行地（adhimukticaryābhūmi）。

地中應知，何以故？菩薩道及佛果圓滿故。

奘译：論曰：最勝正行有十二種：一廣大最勝，二長時最勝，三依處最勝，四無盡最勝，五無間最勝，六無難最勝，七自在最勝，八攝受最勝，九發起最勝，十至得最勝，十一等流最勝，十二究竟最勝。此中廣大最勝者，終不欣樂一切世間富樂自在，志高遠故。長時最勝者，三無數劫熏習成故。依處最勝者，普為利樂一切有情為依處故。無盡最勝者，迴向無上正等菩提無窮盡故。無間最勝者，由得自他平等勝解，於諸有情發起施等波羅蜜多速圓滿故。無難最勝者，於他有情所修善法但深隨喜，令自施等波羅蜜多速圓滿故。自在最勝者，由虛空藏等三摩地力，令所修施等速圓滿故。攝受最勝者，無分別智之所攝受，能令施等極清淨故。發起最勝者，在勝解行地最上品忍中。至得最勝者，在極喜地[①]。等流最勝者，在次八地。究竟最勝者，在第十地及佛地中，菩薩如來因果滿故。

ततश्च परमार्थेन दश पारमिता मताः ॥४॥

今译：由于这种最胜义，被认为十种波罗蜜。（4）

यत एषा द्वादशविधा परमता एतासु संविद्यते। ततः परमा इत्यनेनार्थेन दश पारमिताः। कतमा दशेत्येकेषां तन्नामव्युत्पादनार्थमुच्यते।

今译：这十二种最胜性存在于它们之中，因此称为最胜。由于这种意义，而称为十种波罗蜜。哪十种？为显示它们的名称而说：

谛译：此處無比義，知十波羅蜜者。如是十二無比義，於十法中皆悉具有。是故，十法通得名波羅蜜多。何者名十波羅蜜？為顯此十法別名，故說偈言：

奘译：由施等十波羅蜜多，皆有如斯十二最勝，是故皆得到彼岸名。何等名為十到彼岸？頌曰：

---

① "极喜地"即菩萨初地，也译"欢喜地"。

दानं शीलं क्षमा वीर्यं ध्यानं प्रज्ञा उपायता।
प्रणिधानं बलं ज्ञानमेताः पारमिता दशेति ॥५॥

今译：布施、持戒、安忍、精进、禅定、智慧、
方便、愿、力和智，这些是十种波罗蜜。（5）

谛译：施戒忍精進，定般若方便，
願力及闍那，此十無比度。

奘译：十波羅蜜多，謂施戒安忍，
精進定般若，方便願力智。

किमासां प्रत्येकं कर्म।

今译：它们各自的作为是什么？

谛译：此十波羅蜜別事云何？

奘译：論曰：此顯施等十度別名。施等云何各別作業？頌曰：

अनुग्रहो ऽविघातश्च कर्म तस्य च मर्षणं।
गुणवृद्धिश्च सामर्थ्यमवतारविमोचने।
अक्षयत्वं सदा वृत्तिर्नियतं भोगपाचने ॥६॥

今译：各自的作为是饶益、不害、
忍受、增德、能令入和解脱、
无尽、常起、必定和受用成熟。（6）

谛译：财利不損害，安受增功德，
除惡及令入，解脫與無盡，
常起及決定，樂法成熟事。

奘译：饒益不害受，增德能入脫，
無盡常起定，受用成熟他。

इत्येतदासां कर्म यथाक्रमं। दानेन हि बोधिसत्वः सत्वाननुगृह्णाति। शीलेनोपघातं परेषां न करोति। क्षान्त्या परैः कृतमुपघातं मर्षयति। वीर्येण

गुणान्वर्धयति। ध्यानेनर्द्ध्यादिभिरावर्ज्यावतारयति। प्रज्ञया सम्यगववाददानाद्वि-मोचयति। उपायकौशल्यपारमितया महाबोधिपरिणामनाद्दानादीनक्षयान् करोति। प्रणिधानपारमितयानुकूलोपपत्तिपरिग्रहात्। सर्वजन्मसु बुद्धोत्पादारागणतो दानादिषु सदा प्रवर्तते बलपारमितया प्रतिसंख्यानभावनाबलाभ्यां नियतं दानादिषु प्रवर्तते। विपक्षानभिभवात्। ज्ञानपारमितया यथारुतधर्मसंमोहापगमाद्दानाद्या-धिपतेयधर्मसंभोगं च प्रत्यनुभवति। सत्त्वांश्च परिपाचयति। उक्ता परमा प्रतिपत्तिः।

今译：以上这些依次是它们的作为。菩萨以布施饶益众生。以持戒不伤害他人。以安忍忍受他人伤害。以精进增长功德。以禅定获得神通等，吸引众生进入正法。以智慧给予正确教导，令众生解脱。以方便善巧波罗蜜回向大菩提而布施等无尽。以愿波罗蜜获得随顺生①，在一切生中逢佛出世，常起布施等。以力波罗蜜即思择力和修习力灭除障碍，必定常起布施等。以智波罗蜜摆脱以音思量诸法的迷惑，受用布施等增上法乐，成熟众生。已说最胜正行。

谛译：如是十波羅蜜次第事應知。由施故，菩薩能利益眾生。由持戒故，不損害眾生壽命、財物及眷屬等。由忍辱故，若他起損惱等事，安心忍受。由精進故，生長他功德，損減他罪障等。由禪定故，因神通等諸功德，令他眾生背惡歸善得入正位。由般若故，顯說正教，令他解脫。由方便故，迴向善根，趣大菩提，施等功德令流無盡。由願力故，能受住捨隨樂生處，於彼生中能事諸佛及聞正法，於施等中恒行不息，利益眾生。由思擇修習力故，伏滅對治，決定能行施等諸度，利益眾生。由智故，滅離如言法②無明，施等諸行及施等增上緣法得共受用，此二菩薩能成熟眾生。

奘译：論曰：此顯施等十到彼岸各別事業，如次應知。謂諸菩薩由布施波羅蜜多故，於諸有情普能饒益。由淨戒波羅蜜多故，於諸有

---

① "随顺生"（anukūlopapatti）指符合心意的出生。此处谛译"住舍随乐生处"，其中的"住舍"可能指取舍。奘译"随顺施等胜生"，其中的"施等"是糅合句义中含有的意义。

② "如言法"（yathārutadharma）指以执著文字的方式思量诸法。

情不為損害。由安忍波羅蜜多故，他損害時，深能忍受。由精進波羅蜜多故，增長功德。由靜慮波羅蜜多故，起神通等，能引有情令入正法。由般若波羅蜜多故，能正教授，教誡有情令得解脫。由方便善巧波羅蜜多故，迴向無上正等菩提，能令施等功德無盡。由願波羅蜜多故，攝受隨順施等勝生，一切生中恒得值佛，恭敬供養常起施等。由力波羅蜜多故，具足思擇、修習二力，伏滅諸障，能令施等常決定轉。由智波羅蜜多故，離如聞言諸法迷謬，受用施等增上法樂，無倒成熟一切有情。如是已說最勝正行。

[b. मनसिकारप्रतिपत्ति]

[b. 思惟正行]

मनसिकारप्रतिपत्तिः कतमा।

今译：何为思惟正行？

谛译：無比修行已說，何者思量修行？

奘译：作意正行，其相云何？頌曰：

यथाप्रज्ञप्तितो धर्मं महायानमनस्क्रिया।
बोधिसत्वस्य सततं प्रज्ञया त्रिप्रकारया ॥७॥

今译：菩萨永远运用三种慧，
　　　思惟大乘所施设诸法。（7）

谛译：如言說正法，思量大乘義，
　　　是菩薩常事，依三種般若。

奘译：菩薩以三慧，恆思惟大乘，
　　　如所施設法，名作意正行。

दानादीन्यधिकृत्य यथाप्रज्ञप्तानां सूत्रादिधर्माणां महायाने मनसिकरणम्-

भीक्ष्णं श्रुतचिन्ताभावनामय्या प्रज्ञया मनसिकारप्रतिपत्तिः। सा त्रिप्रकारया प्रज्ञया मनसिक्रिया कं गुणं करोति।

今译：以闻、思和修三慧①不断思惟大乘中关于布施等所施设经文等诸法，这是思惟正行。以这三慧思惟，有何功德？

谛译：依十種施等波羅蜜，如諸佛所安立所說修多羅等，諸法大乘中如理思惟，數數②聽聞、思量、修習故，聞、思、修慧恒思惟行。若因三慧修行思惟，生何功德？

奘译：論曰：若諸菩薩以聞、思、修所成妙慧，數數作意思惟大乘，依布施等如所施設契經等法，如是名為作意正行。此諸菩薩以三妙慧思惟大乘，有何功德？頌曰：

धातुपुष्ट्यै प्रवेशाय चार्थसिद्ध्यै भवत्यसौ।

今译：它能滋养界、进入和达到目的。

谛译：為長養界入，為得事究竟。

奘译：此增長善界，入義及事成。

श्रुतमय्या प्रज्ञया मनसिकुर्वतो धातुपुष्टिर्भवति। चिन्तामय्या तस्य श्रुतस्यार्थं भावेन प्रविशति। भावनामय्यार्थसिद्धिं प्राप्नोति भूमिप्रवेशपरिशोधनात्।

今译：以闻所成慧思惟能滋养界③。以思成慧思惟能如实进入所闻义。以修所成慧思惟能达到目的，进入诸地而净化。

谛译：若人因聞慧修行思惟者，一切善根界性得增長。若因思慧修行思惟者，如所聞名句義，此理得入意，得生顯現故。若因修慧修行思惟者，如所求正事得成就，為入地，為治淨故。此修行思惟有伴應知。

---

① "闻、思和修三慧"指听闻经教而生闻慧，正确思惟经教而生思慧，依据经教修习而生修慧。

② "数数"的原词是 abhīkṣṇam，词义为不断。

③ "界"（dhātu）有"因素"、"元素"和"种子"等义。此处谛译和奘译均理解为"善根界"。

奘译：論曰：聞所成慧思惟大乘，能令善根界得增長。思所成慧思惟大乘，能正悟入所聞實義。修所成慧思惟大乘，能令所求事業成滿，謂能趣入修治地故。作意正行有何助伴？頌曰：

संयुक्ता धर्मचरितैः सा ज्ञेया दशभिः पुनः ॥८॥

今译：应知它还与十种法行相联系。（8）

谛译：十種正行法，共相應應知。

奘译：此助伴應知，即十種法行。

सा पुनर्मनसिकारप्रतिपत्तिः। दशभिर्धर्मचरितैः परिगृहीता वेदितव्या कतमद्दशधा धर्मचरितं।

今译：应知这种思惟正行还摄受十种法行。哪十种法行？

谛译：此思惟修行者，十種正法行所攝持應知。何者十種法行？

奘译：論曰：應知如是作意正行，由十法行之所攝受。何等名為十種法行？頌曰：

लेखना पूजना दानं श्रवणं वाचनोद्ग्रहः।
प्रकाशनाथ स्वाध्यायश्चिन्तना भावना च तत् ॥९॥

今译：书写、供养、布施、闻听、读诵、
　　　受持、演说、诵习、思惟和修习。（9）

谛译：書寫供養施，聽讀及受持，
　　　廣說及讀誦，思惟及修習。

奘译：謂書寫供養，施他聽披讀，
　　　受持正開演，諷誦及思修。

महायानस्य लेखनं पूजनं परेभ्यो दानं परेण वाच्यमानस्य श्रवणं। स्वयं च वाचनं। उद्ग्रहणं। परेभ्यो देशनं ग्रन्थस्यार्थस्य वा स्वाध्यायनं। चिन्तनं भावनं च।

今译：大乘经的书写、供养①、布施他人②、闻听他人读诵、自己读诵、受持③、为他人宣说经义、诵习④、思惟⑤和修习⑥。

谛译：大乘法修行有十：一書寫。二供養。三施與他。四若他讀誦，一心聽聞。五自讀。六自如理取名味及義。七如道理及名句味顯說。八正心聞誦。九空處⑦如理思量。十已入意，為不退失故修習。

奘译：論曰：於此大乘有十法行：一書寫。二供養。三施他。四若他誦讀，專心諦聽。五自披讀。六受持。七正為他開演文義。八諷誦。九思惟。十修習。行十法行，獲幾所福？頌曰：

अमेयपुण्यस्कन्धं हि चरितं तद्दशात्मकम्।

今译：这十种法行有无量功德聚。

谛译：無量功德聚，是十種正行。

奘译：行十法行者，獲福聚無量。

कस्मान्महायान एव धर्मचरितमत्यर्थं महाफलं देश्यते सूत्रेषु न पुनः श्रावकयाने। द्वाभ्यां कारणाभ्यां।

今译：为何大乘经中所说法行有极大功德，而在声闻乘中不是这样？有两个原因：

谛译：此十種正行有三種功德：一無量功德道，二行方便功德道，三清淨功德道。云何大乘中佛說最極大果報，聲聞乘等法不如是說？云何如此？有二種因。

奘译：論曰：修行如是十種法行，所獲福聚其量無邊。何故但於

---

① "供養"（pūjana）指尊敬和爱护佛经。
② "布施他人"指施予他人佛经。
③ "受持"（udgrahaṇa）指记诵佛经。
④ "诵习"（svādhyāyana）指诵读研习佛经。
⑤ "思惟"（cintana）指思考佛经经义。
⑥ "修习"（bhāvana）指按照佛经经义修习。
⑦ "空处"指安静处。

大乘經等說修法行獲最大果，於聲聞乘不如是說？頌曰：

विशेषादक्षयत्वाच्च

今译：由于殊胜和无尽。

कथं विशेषात्। कथमक्षयत्वात्।

今译：何为殊胜？何为无尽？

परानुग्रहतोऽशमात् ॥१०॥

今译：　　　　　　由于饶益和不停息。（10）

谛译：最勝無盡故，利他不息故。

奘译：勝故無盡故，由攝他不息。

परानुग्रहवृत्तित्वाद्विशिष्टत्वं। परिनिर्वाणेऽप्यशमात्। अनुपरमाद् अक्षयत्वं वेदितव्यं। उक्ता मनसिकारप्रतिपत्तिः।

今译：应知由饶益他人而殊胜。即使达到无余涅槃也不停息。由不停息而无尽。已说思惟正行。

谛译：最勝者，小乘經但為自利故，大乘自利利他平等，是故最勝。第一為自利故，第二為利他故，是故有下有上，是故說勝。大菩提者，至無餘涅槃，他利益事如因地中無息①故，故說無盡。無盡故，勝小乘。

奘译：論曰：於此大乘修諸法行，由二緣故，獲最大果。一最勝故，二無盡故。由能攝益他諸有情，是故大乘說為最勝。由雖證得無餘涅槃，利益他事而恒不息。是故，大乘說為無盡。如是已說作意正行。

---

① "因地"指发菩提心至成佛之间的修行过程。"如因地中无息"指即使证得无余涅槃，依然如同在因地中，为他人谋利益不停息。

[c. अनुधर्मप्रतिपत्ति]

[c. 随法正行]

अनुधर्मप्रतिपत्तिः कतमा।

今译：何为随法正行？

谛译：思惟修行已說，何者隨法修行？

奘译：隨法正行，其相云何？頌曰：

अविक्षिप्ताविपर्यासपरिणता चानुधार्मिकी।

今译：无散乱和无颠倒转变，是两种随法。

谛译：隨法有二種，不散動顛倒。

奘译：隨法行二種，謂諸無散亂，
　　　無顛倒轉變，諸菩薩應知。

इत्येषा द्विविधानुधर्मप्रतिपत्तिः। यदुताविक्षिप्ता चाविपर्यासपरिणता च।

今译：以上是两种随法正行，即无散乱和无颠倒转变。

谛译：隨法修行者如是二種：一無散動修行，二無顛倒變異修行。

奘译：論曰：隨法正行略有二種：一無散亂轉變，二無顛倒轉變。菩薩於此應正了知。

[अविक्षेपपरिणता]

[无散乱转变]

तत्र षड्विधविक्षेपाभावादविक्षिप्ता। तत्र षड्विधो विक्षेपः। प्रकृतिविक्षेपः। बहिर्धाविक्षेपः। अध्यात्मविक्षेपः निमित्तविक्षेपः दौष्ठुल्यविक्षेपः मनसिकार-विक्षेपश्च। स एष किं लक्षणो वेदितव्य इत्यत आह।

今译：其中，无散乱是六种无散乱。其中，六种散乱是自性散乱、外散乱、内散乱、相散乱、粗重散乱和思惟散乱。应知何为其相，故而说：

谛译：此中散动有六种。滅除此六種散動故，說無散動。何者六種散動？一自性散動，二外緣散動，三內散動，四相散動，五麁惑散動，六思惟散動。此六散動何者為相？應知故說。

奘译：此中六種散亂無故，名無散亂。六散亂者：一自性散亂，二外散亂，三內散亂，四相散亂，五麁重散亂，六作意散亂。此六種相云何應知？頌曰：

व्युत्थानं विषये सारस्तथास्वादलयोद्धतः ॥११॥

今译：出定、境中流散、贪味而昏沉掉举，（11）

谛译：起觀行六塵，貪味下掉起，

奘译：出定於境流，味沈掉矯示，

संभावनाभिसन्धिश्च मनस्कारे ऽप्यहंकृतिः।
हीनचित्तं च विक्षेपः परिज्ञेयो हि धीमता ॥१२॥

今译：矫示、思惟中我执和心低劣，
　　　智者应该明了这些散乱。（12）

谛译：無決意於定，思量處我慢，
　　　下劣心散亂，智者應當知。

奘译：我執心下劣，諸智者應知。

इत्येवंलक्षणः षड्विधो विक्षेपो यो बोधिसत्त्वेन परिज्ञेयः। तत्र व्युत्थानं समाधितः पञ्चभिर्विज्ञानकायैः प्रकृतिविक्षेपः। विषये विसारो बहिर्धाविक्षेपः। समाधेरास्वादना लयौद्धत्यं चाध्यात्मविक्षेपः। संभावनाभिसन्धिः निमित्तविक्षेपः। तन्निमित्तं कृत्वा प्रयोगात्। साहंकारमनस्कारता दौष्ठुल्यविक्षेपः। दौष्ठुल्यवशेना-स्मिमानसमुदाचारात्। हीनचित्तत्वं। मनसिकारविक्षेपः हीनयानमनसिकार-

समुदाचारात्।

今译：以上是六种散乱相，菩萨应该明了。其中，自性散乱是五识身出定①。外散乱是于外境中流散②。内散乱是贪著入定味而昏沉掉举生起。相散乱是矫示，由于作相加行③。粗重散乱是思惟中有我执，由粗重而生起我慢。思惟散乱是心低劣，生起低劣乘思惟。

谛译：如是為相，六種散動，菩薩應知應離。何者六相？一從禪定起散動，由五識故，是名性散動。六塵中若心行動，是名外散動。是禪定貪味，憂悔掉起，是名內散動。下地意未決未息④，是名相散動，因此相入定故。有我執思惟定中所起，名麁散動，因此麁思惟生，我慢起行故。下劣品思惟，名思惟散動，下乘思惟起行故。前兩散動未得令不得，次兩已得令退，第五令不得解脫，第六令不得無上菩提，應知。

奘译：論曰：此中出定，由五識身，當知即是自性散亂。於境流者，馳散外緣，即外散亂。味沈掉者，味著等持，惛沈掉舉，即內散亂。矯示者，即相散亂，矯現相已，修定加行故。我執者，即麁重散亂，由麁重力我慢現行故。心下劣者，即作意散亂，依下劣乘起作意故。菩薩於此六散亂相，應遍了知，當速除滅。

[अविपर्यासपरिणता]

[无颠倒转变]

तत्राविपर्यासो दशविधे वस्तुनि वेदितव्यः। यदुत।

---

① "五识身出定"指五识（即眼识、耳识、鼻识、舌识和身识）攀缘外物而从定中出离。
② "于外境中流散"指心不安定，随外境流散。
③ "作相加行"指心已入定，仍然故意显示形相而加行。
④ "下地意未决未息"的原词是 saṃbhāvanābhisandhi。其中的 saṃbhāvana 的词义是令人相信，abhisandhi 的词义是故意，故而此词奘译"矫示"。谛译"下地意未决未息"，意谓下劣的意念未停息。

今译：其中，应知于十种事无颠倒。它们是：

谛译：此中無倒十種處應知。何者十？

奘译：如是已說無散亂轉變，無顛倒轉變云何應知？頌曰：

व्यञ्जनार्थमनस्कारे ऽविसारे लक्षणद्वये।
अशुद्धशुद्धावागन्तुकत्वे ऽत्रासितानुन्नतौ ॥१३॥

今译：文字、对象、思惟、不流散、二相，
污染、清净、客性、无惧和无高傲。（13）

谛译：言辭義思惟，不動二相處，
不淨及淨客，無畏及無高。

奘译：智見於文義，作意及不動，
二相染淨客，無怖高無倒。

तत्र।

今译：其中，

谛译：此中何法名無倒？無倒者，如理如量知見。此無倒十種處，一者名句味無倒，如偈說：

奘译：論曰：依十事中如實智見，應知建立十無倒名。此中云何於文無倒？頌曰：

संयोगात्संस्तवाच्चैव वियोगादप्यसंस्तवात्।
अर्थसत्वमसत्वं च व्यञ्जने सो ऽविपर्ययः ॥१४॥

今译：由于相应而习惯，不相应而不习惯，
有意义和无意义，这是文字无颠倒。（14）

谛译：聚集數習故，有義及無義，
是言辭無倒。

奘译：知但由相應，串習或翻此①，
　　　有義及非有，是於文無倒。

संयोगे सति व्यञ्जनानामविच्छिन्नोच्चारणतया अस्य चेदं नामेति संस्तवात्सार्थकत्वं विपर्ययान्निरर्थकत्वमिति। यदेवं दर्शनं सो ऽविपर्यासो व्यञ्जने वेदितव्यः। कथमर्थे ऽविपर्यासः।

今译：由于相应②，文字不间断说出，依据习惯知道"这是它的名"。③因习惯而有意义，因相违而无意义。应知这样的知见是文字无颠倒。何为对象④无颠倒？

谛译：若名句味⑤若有相應，名言無間不相離說故，此物是其名，數數習故，名句等有義。若翻此三⑥，無義。若有如此知見，名名句味無倒。何者義無倒？

奘译：論曰：若於諸文能無間斷次第宣唱，說名相應。共許此名唯目此事⑦，展轉憶念，名為串習。但由此二⑧，成有義文。與此相違，文成無義。如實知見此二文者，應知是名於文無倒。於義無倒，其相云何？頌曰：

**द्वयेन प्रतिभासत्वं तथा चाविद्यमानता।
अर्थे स चाविपर्यासः सदसत्वेन वर्जितः॥१५॥**

今译：二者似显现，然而并不如实有，
　　　摒弃有和非有，这是对象无颠倒。（15）

---

① "翻此"指与此相反。
② "相应"的原词是 saṃyoga，词义为结合或联系。
③ 这里是说文字或字母互相有联系，不间断地说出，同时这些文字或字母按照约定俗成组合成词，表示名称或概念，也就是公众习惯的用词。
④ "对象"的原词是 artha，也可译为"意义"，指文字的对象。
⑤ 此处"名句味"对应的原词是 vyañjana（"文字"），谛译这段中又译"名言"。
⑥ "翻此三"指违反上述三点。按奘译，将上述理由归纳为两点。
⑦ "唯目此事"指唯独针对此事。
⑧ "此二"指文字（字母）不间断地连续说出相应的名词，同时依据习惯形成该名词的特定意义。

谛译：顯現似二種，如顯不實有，
　　　是名義無倒，遠離有無邊。
奘译：似二性顯現，如現實非有，
　　　知離有非有，是於義無倒。

द्वयेन ग्राह्यग्राहकत्वेन प्रतिभासते तदाकरोत्पत्तितः। तथा च न विद्यते यथा प्रतिभासत इति। अर्थे यद्दर्शनं स तत्राविपर्यासः। अर्थस्य सत्वेन वर्जितो ग्राह्यग्राहकाभावादसत्वेन वर्जितः। तत्प्रतिभासभ्रान्तिसद्भावात्।

今译：由所取和能取二者，依据它们的行相产生而似显现。然而，并不如似显现的那样实有。这种对对象的知见是无颠倒。由无所取和能取，而摒弃有对象，由似显现它们的迷乱相，而摒弃无对象。①

谛译：諸義顯現有二：一顯所執。二顯能執，由二相生故。如是無所有如所顯現義中。若生如此知見，是名義無倒。云何如此義者遠離有相？能執所執無有故。遠離無相，似能似所散亂有故。何者思惟無倒？

奘译：論曰：似二性顯現者，謂似所取能取性現。亂識似彼行相生故，如現實非有者，謂如所顯現實不如是有。離有者，謂此義所取能取性非有故。離非有者，謂彼亂識現似有故。如實知見此中義者，應知是名於義無倒。於作意無倒者，頌曰：

तज्जल्पभावितो जल्पमनस्कारस्तदाश्रयः।
मनस्कारेऽविपर्यासो द्वयप्रख्यानकारणे ॥१६॥

今译：受它们的言语熏染，言语思惟成为它们的依处，
　　　思惟是二者显现的原因，这是思惟无颠倒。（16）
谛译：此言熏言思，彼依思無倒，
　　　為顯二種因。

---

① 这里是说所取和能取是妄想分别的产物，原本不存在，因此应该"摒弃有对象"。然而，由于有迷乱相存在，因此应该"摒弃无对象"。

奘译：於作意無倒，知彼言熏習，
　　　言作意彼依，現似二因故。

ग्राह्यग्राहकजल्पपरिभावितो जल्पमनस्कारस्तस्य ग्राह्यग्राहकविकल्पस्या-श्रयो भवतीत्ययं मनस्कारे ऽविपर्यासः। कतमस्मिन्मनस्कारे ग्राह्यग्राहक-संप्रख्यानकारणे स ह्यसौ जल्पमनस्कारो ऽभिलापसंज्ञापरिभावितत्वात् ग्राह्यग्राह-कविकल्पाश्रयो वेदितव्यः।

今译：受所取和能取言语熏染，言语思惟成为所取和能取分别的依处。这是思惟无颠倒。依据什么？依据思惟是所取和能取显现的原因。应知这种言语思惟受言语名想①熏染，而成为所取和能取分别的依处。②

谛译：所執能執言所熏習，言語思惟是能執所執虛妄分別依處。若起如此知見一切處，是名思惟無倒。何者思惟？為能執所執虛妄作顯現，因此思惟言語名句味兩法③所生故，為二法作依處。離此思惟，無倒境故。何者不動無倒？

奘译：論曰：所取能取言所熏習，名言作意。即此作意是所能取分別所依，是能現似二取因故。由此作意是戲論④想之所熏習，名言作意。如實知見此作意者，應知是於作意無倒。於不動無倒者，頌曰：

**मायादिवदसत्वं च सत्वं चार्थस्य तन्मतं।
सो ऽविसारे ऽविपर्यासो भावाभावाविसारतः॥ १७॥**

今译：认为对象的非有和有如同幻等，
　　　这是不流散无颠倒，依据有无。（17）

谛译：如幻等不有，亦有義應知，

---

① "名想"（saṃjñā）指名称或概念。
② 这里是说思惟是运用言语思惟，而这种思惟受言语的名称或概念熏染，故而会作出所取和能取的妄想分别。
③ 此处"两法"以及后一个"二法"指能执和所执。
④ 此处"戏论"的原词是 abhilāpa，词义为言说或言谈。这里是将用于分别的言语称为"戏论"。

是不動無倒，有無不散故。

奘译：於不動無倒，謂知義非有，

非無如幻等，有無不動故。

यत्तदर्थस्यासत्वं सत्वं चानन्तरमुक्तं। तन्मायादिवन्मतं यथा माया न हस्त्यादिभावेनास्ति न च नैवास्ति तद्भ्रान्तिमात्रास्तित्वात्। एवमर्थोऽपि न चास्ति यथा संप्रख्याति ग्राह्यग्राहकत्वेन न च नैवास्ति तद्भ्रान्तिमात्रास्तित्वात्। आदिशब्देन मरीचिस्वप्नोदकचन्द्रादयो दृष्टान्ता यथायोगं वेदितव्या इति यन्मायाद्युपमार्थे दर्शनादविसारं चेतसः पश्यति सोऽविसारेऽविपर्यासस्तेन भावाभावयोश्चित्तस्याविसरणात्।

今译：接着说对象的非有和有。认为如同幻等，正如幻作马等非有，也非无，因为有迷乱相。同样，对象并不如似显现的那样实有，而所取和能取也非无，因为有迷乱相。应知"等"字表示与其相应的阳焰①、梦和水中月等例证。由于明了幻等比喻义，而心不流散。这是不流散无颠倒，因为心于有无不流散。

谛译：是義亦有亦無，如前已說。此有無譬如幻化。幻化者為象馬等實體故，無有非無，唯似象等，散亂有故，義亦如是不有。如所顯現能執所執故，非不有，唯相似散亂相有故。等者如野馬②、夢幻、水月等譬。如是道理應知。已見幻等譬義故，心不僻行，是名不動無倒。因此無倒心，有無執中心不散動故。何者二相無倒？

奘译：論曰：前說諸義離有非有，此如幻等非有無故。謂如幻作諸象馬等，彼非實有。象馬等性亦非全無，亂識似彼諸象馬等而顯現故。如是諸義無如現似所取能取定實有性，亦非全無，亂識似彼所取能取而顯現故。等聲③顯示陽焰、夢境及水月等，如應當知。以能諦觀義如幻等，於有無品心不動散。如實知見此不動者，應知是於不動

---

① "阳焰"（marīca）指由阳光造成的幻影或幻觉。

② "野马"与"阳焰"一词意义相通。此词在古汉语中指日光下田野里产生的雾气，与"阳焰"同样具有虚幻的意义。

③ "声"的原词是śabda，词义为声音、字或词。"等声"（ādiśabda）即等字。

無倒。於二相無倒者，謂於自相及共相中俱無顛倒。於自相無倒者，頌曰：

सर्वस्य नाममात्रत्वं सर्वकल्पाप्रवृत्तये।
स्वलक्षणेऽविपर्यासः।

今译：一切唯名，离一切妄想分别，
　　　这是自相无颠倒，

谛译：一切唯有名，為分別不起，
　　　是別相無倒。

奘译：於自相無倒，知一切唯名，
　　　離一切分別，依勝義自相。

सर्वमिदं नाममात्रं। यदिदं चक्षूरूपं यावन्मनोधर्मा इति यज्ज्ञानं सर्वविकल्पानां प्रतिपक्षेण अयं स्वलक्षणेऽविपर्यासः। कतमस्मिन्स्वलक्षणे।

今译：一切唯名，即眼和色乃至意和法①。这种智对治一切妄想分别。这是自相无颠倒。依据什么自相？

谛译：一切諸法唯有名言。何者名？一切眼及色乃至心及法。如此知見一切虛妄分別，為對治故，說名別相②無倒。何者名別相？為虛妄，為真實？此相名真實。真實別相中是無倒。

奘译：論曰：如實知見一切眼色乃至意法皆唯有名，即能對治一切分別。應知是於自相無倒。此依勝義自相而說。

परमार्थे स्वलक्षणे ॥१८॥

今译：　　　　　　依据胜义自相③。（18）

---

① "眼和色乃至意和法"指眼、耳、鼻、舌、身和意（六根）以及色、声、香、味、触和法（六境）。这里是说这些都是妄想分别的假名。

② "別相"的原词是svalakṣaṇa，通常译为"自相"。此词谛译在前面第一品中，也译"自体相"或"体相"。此处译为"別相"，是与下述"通相"（即"共相"）相对而言。

③ "胜义自相"指胜义谛的自相，即真如实相。

संवृत्या तु नेदं नाममात्रमिति गृह्यते।

今译：而世俗谛认为不是唯名。

谛译：云何如此？若為俗諦故，一切諸法不但有名，如是執故。何者通相無倒？

奘译：若依世俗非但有名，可取種種差別相故。於共相無倒者，頌曰：

धर्मधातुविनिर्मुक्तो यस्माद्धर्मो न विद्यते।
सामान्यलक्षणं तस्मात्स च तत्राविपर्ययः ॥१९॥

今译：由于脱离法界，也就无法，
　　　因此，依据共相而无颠倒。（19）

谛译：出離於法界，更無有一法，
　　　故法界通相，此智是無倒。

奘译：以離真法界，無別有一法，
　　　故通達此者，於共相無倒。

न हि धर्मनैरात्म्येन विना कश्चिद्धर्मो विद्यते। तस्माद्धर्मधातुः सर्वधर्माणां सामान्यं लक्षणमिति। यदेवंज्ञानमयं सामान्यलक्षणेऽविपर्यासः।

今译：因为没有任何法脱离法无我，因此，法界①是一切法的共相。正是这种智，依据共相而无颠倒。

谛译：無有別法離無我真實有體，是故法界一切通相，體平等故。如是知見，是名通相無倒。何者淨不淨無倒？

奘译：論曰：以無一法離法無我者故，真法界諸法共相攝。如實知見此共相者，應知是於共相無倒。於染淨無倒者，頌曰：

विपर्यस्तमनस्काराविहानिपरिहाणितः।
तदशुद्धिर्विशुद्धिश्च स च तत्राविपर्ययः ॥२०॥

---

① "法界"指空性。

今译：依据颠倒思惟未灭和已灭，
　　　它的污染和清净无颠倒。（20）

谛译：顛倒邪思惟，未滅及已滅，
　　　此不淨及淨，是彼不顛倒。

奘译：知顛倒作意，未滅及已滅，
　　　於法界雜染，清淨無顛倒。

विपर्यस्तमनस्काराप्रहाणं तस्य धर्मधातोरविशुद्धिस्तत्प्रहाणं विशुद्धिरिति यदेवंज्ञानमयमविशुद्धौ विशुद्धौ चाविपर्यासो यथाक्रमं।

今译：颠倒思惟未灭，法界污染，已灭则清净。正是这种智，依次依据污染和清净而无颠倒。

谛译：顛倒不正思惟在及未盡，是名法界不清淨。若不在及盡，是名法界清淨。若有此知見，是名不淨及淨無倒如次第。何者客無倒？

奘译：論曰：若未斷滅顛倒作意，爾時法界說為雜染。已斷滅時，說為清淨。如實知見此染淨者，如次是於染淨無倒。於客無倒，其相云何？頌曰：

**धर्मधातोर्विशुद्धत्वात्प्रकृत्या व्योमवत्पुनः।
द्वयस्यागन्तुकत्वं हि स च तत्राविपर्ययः ॥२१॥**

今译：由于法界本性清净如虚空，
　　　二者的客性，依此无颠倒。（21）

谛译：法界性淨故，譬之如虛空，
　　　此二種是客，是彼不顛倒。

奘译：知法界本性，清淨如虛空，
　　　故染淨非主，是於客無倒。

धर्मधातोः पुनराकाशवत् प्रकृतिविशुद्धत्वात्। द्वयमप्येतदागन्तुकम्विशुद्धिर्विशुद्धिश्च पश्चादिति। यदेवं ज्ञानमयमागन्तुकत्वे ऽविपर्यासः।

今译：法界本性清净如虚空，得知先污染后清净，二者是客性①。正是这种智，依据客性而无颠倒。

谛译：復有法界如真虚空自性淨故，是二種法非舊法②，故名客，先不淨後及淨。若有此知見，是名客相無倒。何者無怖及無高無倒？

奘译：論曰：法界本性淨若虚空。由此應知先染後淨二差別相，是客非主。如實知見此客相者，應知是名於客無倒。於無怖無高俱無顛倒者，頌曰：

संक्लेशश्च विशुद्धिश्च धर्मपुद्गलयोर्न हि।
असत्वाच्चासतामानौ नातः सो ऽत्राविपर्ययः ॥२२॥

今译：法和人的污染和清净非有，由于非有，
也就无恐惧和无高傲，依此而无颠倒。（22）

谛译：染污及清淨，法人二俱無，
無故無怖慢，是二處無倒。

奘译：有情法無故，染淨性俱無，
知此無怖高，是於二無倒。

न हि पुद्गलस्य संक्लेशो न विशुद्धिर्नापि धर्मस्य। यस्मान्न पुद्गलो ऽस्ति न धर्मो यतश्च न कस्यचित्संक्लेशो न व्यवदानं अतो न संक्लेशपक्षे कस्यचिद्धानिः न व्यवदानपक्षे कस्यचिद्विशेषः। यतस्त्रासो वा स्यादुन्नतिर्वेत्ययमत्रासे ऽनुन्नतौ चाविपर्यासः।

今译：因为没有人和法的污染和清净。由于没有人和法，也就没有任何污染和清净。因此，没有污染方面的任何减损，也没有清净方面的任何增益。由于有恐惧或高傲③，因此，依据无恐惧和无高傲而无颠倒。

---

① "二者是客性"指污染和清净是外在的或外加的，如同外来的客人。
② "二種法"指不净和净二种法。"非舊法"指这二种法并非原本存在的法。
③ "恐惧或高傲"指为污染而恐惧，为清净而高傲。

谛译：人者無染污無清淨，法亦如是。先無染污，後無清淨。云何如此人及法非實有故？是故，二中無有一物是淨品及不淨品。不淨品時，無有一法被損減。清淨品時，無有一物被增益。為此二法，生怖畏，生高慢。若有如此知見，是名無怖畏無高慢無倒。

奘译：論曰：有情及法俱非有故，彼染淨性亦俱非有。以染淨義俱不可得，故染淨品無減無增，由此於中無怖無慢。如實知見無怖高者，應知是名於二無倒。

無倒行總義者，謂由文無倒，能正通達止觀二相。由義無倒，能正通達諸顛倒相。① 由作意無倒，於倒因緣能正遠離。由不動無倒，善取彼相。由自相無倒，修彼對治無分別道。由共相無倒，能正通達本性清淨。由染淨無倒，了知未斷及已斷障。由客無倒，如實了知染淨二相。由無怖無高二種無倒，諸障斷滅，得永出離。②

[दश वज्रपदानि]

[十金剛句]

एते च दशाविपर्यासा दशसु वज्रपदेषु यथाक्रमं योजयितव्याः। दश वज्रपदानि। सदसत्ता अविपर्यसः। आश्रयो मायोपमता अविकल्पनता प्रकृतिप्रभास्वरता संक्लेशो व्यवदानम्। आकाशोपमता अहीनता अविशिष्टता च। वज्रपदानां शरीरव्यवस्थानं। स्वभावतः। आलम्बनतः। अविकल्पनतः। चोद्यपरिहारतश्च। तत्र स्वभावतः त्रयः स्वभावाः। परिनिष्पन्नपरिकल्पितपर-तन्त्राख्या आद्यैस्त्रिभिः पदैर्यथाक्रमं। आलम्बनतः। त एव। अविकल्पनतो येन च न विकल्पयति निर्विकल्पेन ज्ञानेन यच्च न विकल्पयति प्रकृतिप्रभास्वरतां। तदनेन ज्ञेयज्ञानव्यवस्थानं यथाक्रमं वेदितव्यं। यदुत त्रिभिः स्वभावैरविकल्पनतया च। चोद्यपरिहारतः। शिष्टानि पदानि तत्रेदं चोद्यं। यद्येते परिकल्पितपरतन्त्रलक्षणा

---

① 这里按原文和谛译，"文无倒"是"通达止相"，"义无倒"是"通达观相"。
② 这段奘译"无倒行总义者"按原文和谛译在本品结尾部分。

धर्मा न संविद्यन्ते। कथमुपलभ्यन्ते। अथ संविद्यन्ते धर्माणां प्रकृतिप्रभास्वरता न युज्यते। तन्मायोपमतया परिहरति। यथा मायाकृतं न विद्यत उपलभ्यते च यदि प्रकृतिप्रभास्वरता धर्माणां तत्कथं पूर्वं संक्लेशः पश्चाद्व्यवदानं। अस्य परिहारः। संक्लेशव्यवदानमाकाशोपमतया वेदितव्यं। यथाकाशं प्रकृतिपरिशुद्धं संक्लिश्यते। व्यवदायते चेति। यद्यप्रमेयबुद्धोत्पादे सत्यप्रमेयाणां सत्वानां क्लेशापशमः। तत्कथं न संसारसमुच्छेदो न निर्वाणवृद्धिर्भवति। तस्याहीनाविशिष्टतया परिहारः। अप्रमेयत्वात्सत्वधातोर्व्यवदानपक्षस्य च।

今译：这十种无颠倒依次与十金刚句相应。十金刚句：有非有无颠倒，所依，如幻，无分别，本性光明，污染，清净，如虚空，无减，无增。这是安身金刚句。依据自性，依据所缘，依据无分别，依据消除非难。其中，依据自性是三自性，称为圆成、妄想和依他，依次与前三句相应。依据所缘即三自性。依据无分别而不分别，由无分别智而不分别，本性光明。应知由此依次安立境智①，也就是三自性和无分别。消除非难是其余各句。其中，有这种非难："如果妄想和依他相法非有，怎么能获得？而如果有，则不符合诸法本性光明。"依据如幻性消除这种非难，说"如同幻事非有而获得②"。"如果诸法本性光明，何以先污染后清净？"消除这种非难，说"应知污染和清净如虚空，如同虚空本性清净而受到污染和获得清净"。"如果无量佛出世，灭除无量众生烦恼，何以生死无断灭，涅槃无增益？"以无减无增③消除这种非难，还由于众生界和清净方面的无量性④。

谛译：如是十种無倒，十種金剛足⑤中如次第應安立。何者名十種金剛足？一有無無倒，二依處無倒，三幻化譬無倒，四無分別無倒，

---

① "境智"（jñeyajñāna）指所观之境和能观之智两者合一无分别，即真如之智。
② "获得"如前所述，因有迷乱相而有获得。
③ "无减无增"如前所述污染和清净无减无增，由此生死和涅槃无减无增。
④ 这里是说众生界和清净方面（即涅槃界）同样无量无边。
⑤ "金剛足"（vajrapada）即金刚句。原文中的 pada 一词，可读为"句"，也可读为"足"。

五自性清淨無倒，六不淨無倒，七淨無倒，八如真空譬無倒，九不減[①]無倒，十不增無倒。[②]

奘译：此十無倒如次安立於彼十種金剛句中。何等名為十金剛句？謂有非有無顛倒，所依，幻等喻，無分別，本性清淨，雜染，清淨，虛空喻，無減，無增。為攝如是十金剛句，有二頌[③]言：

> 應知有非有，無顛倒所依，
> 幻等無分別，本性常清淨，
> 及雜染清淨，性淨喻虛空，
> 無減亦無增，是十金剛句。

且初安立十金剛句。自性者，謂自性故，所緣故，無分別故，釋難故。自性故者，謂三自性，即圓成實、遍計所執及依他起，是初三句如次應知。所緣故者，即三自性。無分別故者，謂由此無分別，即無分別智。及於此無分別，即本性清淨。如次應知安立境智，謂三自性及無分別。釋難故者，謂所餘句。且有難言：遍計所執、依他起相若實是無，云何可得？若實是有，不應諸法本性清淨。為釋此難，說幻等喻，如幻事等雖實是無而現可得。復有難言：若一切法本性清淨，如何得有先染後淨？為釋此難，說有染淨及虛空喻，謂如虛空雖本性淨，而有雜染及清淨時。復有難言：有無量佛出現於世，一一能度無量有情，令出生死入於涅槃，云何生死無斷滅失，涅槃界中無增益過？為釋此難，說染及淨無減無增，又有情界及清淨品俱無量故。

द्वितीयं शरीरव्यवस्थानम्।

今译：第二种安身。

---

① 此处"灭"字，据《中华大藏经》校勘记，《资》、《碛》、《普》、《南》、《径》、《清》作"减"。
② 此处原文和奘译对十金刚句的具体阐释不见于谛译。
③ "二颂"指以下八句，每四句为一颂。按原文此二颂在金刚句释文之后。

奘译：第二安立彼自性者，如有颂言：

यत्र या च यतो भ्रान्तिर्भ्रान्तिर्या च यत्र च।
भ्रान्त्यभ्रान्तिफले चैव पर्यन्तश्च तयोरिति ॥

今译：由于其中有迷乱和其中无迷乱，
　　　迷乱和无迷乱二果，二者的边际。①

सदसत्ताविपर्यासः आश्रयो माययोपमा।
अकल्पना प्रकृत्या च भास्वरत्वं सदैव हि ॥

今译：有非有无颠倒，所依，如幻，
　　　无分别，本性永远光明。

संक्लेशो व्यवदानं चाकाशोपमता तथा।
अहीनानधिकत्वञ्च दश वज्रपदानि हि ॥

今译：污染，清净，如虚空，
　　　无减，无增，十种金刚句。

奘译：乱境自性因，无乱自性境，
　　　乱无乱二果，及彼二边际。②

उक्तानुधर्मप्रतिपत्तिः।

今译：已说随法正行。

---

① 这首偈颂是对十金刚句的另一种概括。"有迷乱"和"无迷乱"相当于有颠倒和无颠倒。

② 奘译这首偈颂的表述与原文有差异，这是依据安慧的《辩中边论疏》的释文，将这首偈颂具体化，即十金刚句说明乱境、乱自性、乱因、无乱自性、无乱境、乱果、无乱果、乱边际和无乱边际。其中，乱境指境（"对象"或"义"）颠倒，乱自性指妄想自性，乱因指思惟颠倒，无乱自性指圆成自性，无乱境指有无如虚空不流散无颠倒，乱果指污染，无乱果指清净，乱边际指世间，无乱边际指涅槃。参阅山口益（S. Yamaguchi）编《辩中边论疏》（Sthiramati：Madhyāntavibhāgaṭīkā, 1934）第231、232页。

谛译：已說隨法修行。

奘译：如是已說隨法正行。

[d. अन्तद्वयवर्जने प्रतिपत्तिः]

[d. 离二边正行]

अन्तद्वयवर्जने प्रतिपत्तिः कतमा या रत्नकूटे मध्यमा प्रतिपत्तिरुपदिष्टा। कस्यान्तस्य वर्जनादसौ वेदितव्या।

今译：何为离二边正行？《宝积经》所说中道。应知离什么边？

谛译：何者遠離二邊修行？如《寶頂經》中佛為迦葉等說無相中道。何者二邊為遠離此故？此中道應知。

奘译：離二邊正行云何應知？如《寶積經》所說中道行。此行遠離何等二邊？頌曰：

पृथक्त्वैकत्वमन्तश्च तीर्थ्यश्रावकयोरपि।
समारोपापवादान्तो द्विधा पुद्गलधर्मयोः ॥२३॥

今译：异性和一性，外道和声闻，
　　　补特伽罗和法增益和减损，（23）

谛译：別異邊一邊，外道及聲聞，
　　　增益與損減，二種人及法，

奘译：異性與一性，外道及聲聞，
　　　增益損減邊，有情法各二，

विपक्षप्रतिपक्षान्तः शाश्वतोच्छेदसंज्ञितः।
ग्राह्यग्राहकसंक्लेशव्यवदाने द्विधा त्रिधा ॥२४॥

今译：所治和能治，常住和断灭，
　　　所取和能取，染净二边三种，（24）

谛译：非助對治邊，斷常名有邊，
　　　能取及所取，染淨有二三，

奘译：所治及能治，常住與斷滅，
　　　所取能取邊，染淨二三種，

विकल्पद्वयतान्तश्च स च सप्तविधो मतः।
भावाभावे प्रशाम्ये ऽथ शमने त्रास्यतद्द्वये ॥२५॥

今译：分别二边有七种：有非有，
　　　所寂能寂，恐怖及畏惧，（25）

谛译：分別二種邊，應知有七種，
　　　有無及應止，能止可畏畏，

奘译：分別二邊性，應知復有七，
　　　謂有非有邊，所能寂怖畏，

ग्राह्यग्राहे ऽथ सम्यक्त्वमिथ्यात्वे व्यापृतौ न च।
अजन्मसमकालत्वे स विकल्पद्वयान्तता ॥२६॥

今译：所取能取，正性邪性，有用无用，
　　　不起同时，这些是分别二边性。（26）

谛译：能取所取邊，正邪事無事，
　　　不生及俱時，有無分別邊。

奘译：所能取正邪，有用并無用，
　　　不起及時等，是分別二邊。

तत्र रूपादिभ्यः। पृथक्त्वमात्मन इत्यन्तः। एकत्वमित्यन्तः तत्परिवर्जनार्थं मध्यमा प्रतिपत्। या नात्मप्रत्यवेक्षा। यावन्न मानवप्रत्यवेक्षा आत्मदर्शने हि जीवस्तच्छरीरं। अन्यो जीवो ऽन्यच्छरीरमिति भवति दर्शनं। नित्यं रूपमिति तीर्थिकान्तः। अनित्यमिति श्रावकान्तः। तत्परिवर्जनार्थं मध्यमा प्रतिपद्या

रूपादीनां न नित्यप्रत्यवेक्षा नानित्यप्रत्यवेक्षा। आत्मेति पुद्गलसमारोपान्तः नैरात्म्यमित्यपवादान्तः प्रज्ञप्तिसतो ऽप्यपवादात्। तत्परिवर्जनार्थं मध्यमा प्रतिपद्यदात्मनैरात्म्ययोर्मध्यं निर्विकल्पं ज्ञानं। भूतं चित्तमिति धर्मसमारोपान्तः अभूतमित्यपवादान्तः। तत्परिवर्जनार्थं मध्यमा प्रतिपद्यत्र न चित्तं न चेतना न मनो न विज्ञानं। अकुशलादयो धर्माः संक्लेश इति विपक्षान्तः। कुशलादयो व्यवदानमिति प्रतिपक्षान्तस्तत्परिवर्जनार्थं मध्यमा प्रतिपद्यो ऽस्यान्तद्वयस्या-नुपगमो ऽनुदाहारो ऽप्रव्याहारः। अस्तीति शाश्वतान्तस्तयोरेव पुद्गलधर्म-योर्नास्तीत्युच्छेदान्तस्तत्परिवर्जनार्थं मध्यमा प्रतिपद्यनयोर्द्वयोरन्तयोर्मध्यं। अविद्या ग्राह्या ग्राहका चेत्यन्तः। एवं विद्या संस्कारा असंस्कृतं च तत्प्रतिपक्षः। यावज्जरामरणं ग्राह्यं ग्राहकं चेत्यन्तस्तन्निरोधो ग्राह्यो ग्राहको वेत्यन्तो येन मार्गेण तन्निरुध्यते। एवं ग्राह्यग्राहकान्तो द्विधा कृष्णशुक्लपक्षभेदेन तत्परिवर्जनार्थं मध्यमा प्रतिपद्द्विधा चाविद्या चाद्वयमेतदिति विस्तरेण विद्याविद्यादीनां ग्राह्य-ग्राहकत्वाभावात्।

今译：其中，我与色等相异性是一边，同一性是一边。为离此而说中道，观无我乃至观无儒童①。依据我见，则认为命②即身或命异于身。色常是外道一边，无常是声闻一边。为离此而说中道，观色等非常非无常。说有我是补特伽罗增益一边，说无我是减损一边，也减损有假名③。为离此而说中道，有我和无我二边中间无分别智。心有实是法增益一边，无实是减损一边。为离此而说中道，无心、无思、无意和无识。不善等法污染是所治一边，善等清净是能治一边。为离此而说中道，不认可这二边，无喻证，无所说。补特伽罗和法有是恒常一边，非有是断灭一边。为离此而说中道，这二边中间。无明所取和能取各为一边。同样，明所取和能取各为一边，诸行和能治它们的无

---

① "儒童"的原词是 mānava，词义为青年或人。佛经中，与"无我"的同义表述有无补特罗伽、无众生、无命者、无养育者乃至无儒童等。
② 此处"命"（jīva）也是指称"我"。
③ "减损有假名"指"我"本身是假名，故而说无我，也减损有假名。

为，乃至老死，所取和能取各为一边。①由正道灭除它们，那么，能灭除它们者，所取和能取各为一边。这样，所取和能取各为一边，二者是黑方和白方差别。为离此而说中道，明和无明不二，乃至广说②，因为明和无明等所取和能取性非有。

谛译：色等諸陰立我別異一邊，立我與色一一邊。為離此二邊，佛說中道，不見我、不見人、不見眾生及不見壽者。云何如此？若人執我見者，不離此二邊，壽者別異，身亦別異。若不取執異，即是壽名③即是身。此二見決定有為。此中道此二執不得起。色等常住是外道邊，無常是聲聞邊。為離此二邊故，佛說中道，色等諸法不觀常及無常故，是名中道。有我者增益邊，毀謗④無我者損減邊，毀謗有假名人故。為離此二邊故，佛說中道，有我無我二彼中間，非二所觸，無分別故。心實有是增益法邊，不實有損減法邊。為離此二邊故，佛說中道，此處無意、無心、無識、無作意。一切不善法名不淨品、名非助道，一切善法等是淨品名對治邊。為離此二邊故，佛說中道。佛說此二種邊不去，不來，無譬，無言。有者名常邊人及法，無者名斷邊人及法。離此二邊故，佛說中道，是二種中間名中道，如前說。無明者，所取一邊，能取第二邊。如無明，明亦如是。一切有為法所取一邊，能取一邊。無為法亦如是，如無明乃至老死所取能取，老死滅所取一邊，能取第二邊，是滅道者所取能取。如是所取能取二邊，由黑分白分別異故。為離此二邊故，佛說中道。佛說無明及明此二無，二無如經廣說。云何如此？無明及明等所取能取體無故。

奘译：論曰：若於色等執我有異，或執是一，名為一邊。為離此執，說中道行，謂觀無我乃至儒童。見有我者，定起此執，我異於身或即身故。若於色等執為常住，是外道邊。執無常者，是聲聞邊。為

---

① 这里是说以无为对治无明、诸行乃至老死十二支，构成所治和能治二边。
② "明和无明不二，乃至广说"指明和无明不二，同样，明和诸行乃至老死不二。
③ 此处"名"字，据《中华大藏经》校勘记，《资》、《碛》、《普》、《南》、《径》、《清》作"者"。
④ "毁谤"的原词是 apavāda，词义与"损减"相通。

離此執，說中道行，謂觀色等非常無常①。定執有我，是增益有情②邊。定執無我，是損減有情邊，彼亦撥無假有情③故。為離此執，說中道行，謂我無我二邊中智。定執心有實，是增益法邊。定執心無實，是損減法邊。為離此執，說中道行，謂於是處無心、無思、無意、無識。執有不善等諸雜染法，是所治邊。執有善等諸清淨法，是能治邊。為離此執，說中道行，謂於二邊不隨勸讚④。於有情法定執為有，是常住邊。定執非有，是斷滅邊。為離此執，說中道行，謂即於此二邊中智。執有無明所取能取各為一邊。若執有明所取能取各為一邊，如是執有所治諸行、能治無為，乃至老死及能滅，彼諸對治道所取能取各為一邊。此所能治⑤、所取能取，即是黑品白品差別。為離此執，說中道行，謂明與無明無二、無二分⑥，乃至廣說，明無明等所取能取皆非有故。

त्रिविधः संक्लेशः। क्लेशसंक्लेशः। कर्मसंक्लेशः। जन्मसंक्लेशश्च। तत्र क्लेशसंक्लेशस्त्रिविधः। दृष्टिः रागद्वेषमोहनिमित्तं पुनर्भवप्रणिधानं च। यस्य प्रतिपक्षो ज्ञानशून्यता ज्ञाननिमित्तं ज्ञानाप्रणिहितं च। कर्मसंक्लेशः। शुभाशुभकर्मा-भिसंस्कारः यस्य प्रतिपक्षो ज्ञानानभिसंस्कारः। जन्मसंक्लेशः। पुनर्भवजातिः जातस्य चित्तचैत्तानां प्रतिक्षणोत्पादः। पुनर्भवप्रबन्धश्च यस्य प्रतिपक्षो ज्ञानजातिः ज्ञानानुत्पादो ज्ञानास्वभावता च। एतस्य त्रिविधस्य संक्लेशस्यापगमो व्यवदानं। तत्र ज्ञानशून्यतादिभिः ज्ञेयशून्यतादयो धर्मा एतेन त्रिविधेन संक्लेशेन यथायोगं यावन्न शून्यतादयः क्रियन्ते। प्रकृत्यैव शून्यतादयो धर्मधातोः प्रकृत्यसंक्लिष्टत्वात्तेन यदि धर्मधातुः संक्लिश्यते वा विशुध्यते वेति कल्पयत्ययमन्तः। प्रकृत्यसंक्लिष्टस्य

---

① "非常無常"指非常和非無常。
② 此處"有情"的原詞是 pudgala（"補特伽羅"，或譯"人"）。
③ "假有情"指假名有情。此詞諦譯"假名人"。
④ 此處"勸讚"，據《中華大藏經》校勘記，《資》、《磧》、《普》、《南》、《徑》、《清》作"隨觀"。而按此處原文 anupagamana（"不趨向"或"不認知"），奘譯"不隨勸讚"，意謂不認可，不贊同。故而"勸讚"一詞可取。
⑤ "所能治"指所治能治。
⑥ "無二、無二分"意謂沒有明和無明，沒有明和無明分別。按此處原文是 advaya，詞義為不二或無二。

संक्लेशविशुद्धभावादेतस्यान्तस्य परिवर्जनार्थं। मध्यमा प्रतिपत्। यन्न शून्यतया धर्माञ्छून्यां करोति। अपि तु धर्मा एव शून्या इत्येवमादि।

今译：三种污染：烦恼污染、业污染和生污染。其中，烦恼污染有三种：见①、贪瞋痴相和后有②愿。对治者是空性智、无相智和无愿智③。业污染是所作善恶业。对治者是无作智④。生污染是后有生、生后心和心所刹那刹那生起和后有相续。对治者是无生智、无起智和无自性智⑤。去除这三种污染是清净。其中，依据空性智等，而有境空性⑥等。诸法与这三种污染相应，以致不成为空性等。而依据本性，则有空性等，因为法界本性不受污染。因此，如果妄想法界受污染或得清净，则各为一边。本性不受污染者无污染或清净。为离此而说中道，非空性令诸法空，而是诸法本空，如此等等。

谛译：染污有三种：一烦恼，二业，三生染污。烦恼染污复有三：一者诸见，二者欲瞋癡起相，三更有生愿。為對治此三，佛說知空解脫門，知無相解脫門，知無願解脫門。業染污者，善惡造作。為對治此業，佛說智慧無造作。生染污者，更有中生，已生，意、心及心法念念生，有生相續不斷。為對治此，佛說智慧無生，智慧無起，智慧無自性。如是三種染污滅除，名清淨。知空等者及染污空等，是名境界清淨。智及一切對治，名行清淨因。此行烦恼除不更起，名果清淨。此三種清淨染污空等，如三種清淨所作空等，諸法自性無⑦故，法界自性無別異故。復有智慧，空等諸法非染污所造及非智所造作。云何如是？空等諸法自性有故，法界自性無染污故。若人思惟分別法界有時染污，有時清淨，是邊。自性無染污，法自體無染淨故。此執成邊。

---

① "见"指各种邪见。
② "后有"（punarbhava）指有来生。
③ "空性智、无相智和无愿智"指一切法本性为空，故而无形相可得，也就对一切法无所欲求。这三智合称三解脱门。
④ "无作智"指心于一切法无造作之意。
⑤ "无生智、无起智和无自性智"指一切法无生、无起和无自性。
⑥ "境空性"指一切所知对象本性为空。
⑦ 此处"无"字，据《中华大藏经》对勘记，诸本无。

為遠離此邊故，佛說此中道，非二空作空①，令諸法空，諸法自體空。如是等如《寶頂經》廣說。

奘译：雜染有三，謂煩惱雜染，業雜染，生雜染。煩惱雜染復有三種：一諸見，二貪瞋癡相，三後有願。此能對治，謂空智、無相智、無願智。業雜染，謂所作善惡業。此能對治，謂不作智。生雜染有三種：一後有生，二生已，心、心所念念起，三後有相續。此能對治，謂無生智、無起智、無自性智。如是三種雜染除滅，說為清淨。空等智境，謂空等法，三種雜染隨其所應。非空等智令作空等，由彼本性是空性等，法界本來性無染故。若於法界或執雜染，或執清淨，各為一邊，本性無染，非染淨故。為離此執，說中道行，謂不由空能空於法，法性自空，乃至廣說。

अपरः सप्तविधो विकल्पद्वयान्तस्तद्यथा भावे ऽपि विकल्पो ऽन्तः। अभावे ऽपि पुद्गलो ऽस्ति यस्य विनाशाय शून्यता नैरात्म्यमपि वा नास्तीति कल्पनात्। तदेतस्य विकल्पद्वयान्तस्य परिवर्जनार्थमियं मध्यमा प्रतिपत्। न खलु पुद्गलविनाशाय शून्यता अपि तु शून्यतैव शून्या पूर्वान्तशून्यता। अपरान्तशून्यता इत्येवमादिविस्तरः।

今译：另有七种分别二边。分别有一边，分别非有一边。有补特伽罗，为灭除它而说空性。或者出于妄想，也将无我说成无。为离这种分别二边，而说中道，不为灭除补特伽罗而说空性。还有，空性自空，前际空性，后际空性②，如此等等广说。

谛译：復有七種分別二邊。何者七？一有中分別一邊，二無中分別一邊。有真實人，為滅此人，是故立空。有真實無我，為滅此法，是故立不空。因此二分別，起有執無執。為離此二邊故，佛說中道，空者不滅人等。何所為無所為？一切諸法自然性故，如經廣說。

---

① "非二空作空"按原文是"非空性"。此处谛译中的"二空"可能指污染和清净二空。
② "前际空性，后际空性"指自始至终空性。

奘译：復有七種分別二邊。何等為七？謂分別有，分別非有，各為一邊。彼執實有補特伽羅，以為壞滅，立空性故。或於無我分別為無。為離如是二邊分別，說中道行，謂不為滅補特伽羅方立空性，然彼空性本性自空，前際亦空，後際亦空，中際亦空，乃至廣說。

शाम्ये ऽपि विकल्पो ऽन्तः। शमने ऽपि विकल्पो ऽन्तः प्रहेयप्रहाणकल्पनया शून्यताया्रसनादेतस्य विकल्पद्वयान्तस्य परिवर्जनार्थमाकाशदृष्टान्तः।

今译：分别所寂是一边，分别能寂是一边。因惧怕空性而妄想所断和能断①。为离此分别二边而说虚空喻②。

谛译：一切无明等诸惑应止令灭，明等诸法道应生，能令止灭。如此分别应止及能止故，空中生怖畏。为离此二种分别边，佛说空譬。

奘译：分別所寂，分別能寂，各為一邊。執有所斷及有能斷，怖畏空故。為離如是二邊分別，說虛空喻。

त्रास्ये ऽपि विकल्पो ऽन्तस्ततश्च त्रास्याद्वये ऽपि परिकल्पितरूपादि-त्रसनात् दुःखभीरुतया एतस्य विकल्पद्वयान्तस्य परिवर्जनार्थं चित्रकरदृष्टान्तः। पूर्वको दृष्टान्तः श्रावकानारभ्यायं तु बोधिसत्वान्।

今译：分别恐怖是一边，由恐怖而畏惧是一边。由妄想色等恐怖而畏惧痛苦。为离此分别二边而说画师喻③。前喻用于声闻，后喻用

---

① 这里所说"所断"和"能断"也就是"所寂"和"能寂"。"所断"是造成痛苦的十二因缘，即所寂灭者。"能断"是八正道，即能寂灭者。由于惧怕空性而有这种妄想分别。

② "虚空喻"见于《大宝积经》中《普明菩萨会》："譬如有人怖畏虚空，悲嗥椎胸，作如是言：'我舍虚空！'于意云何，是虚空者可舍离不？……若畏空法，我说是人狂乱失心。所以者何？常行空中而畏于空。"这是说原本处在如同虚空的空性中，何必惧怕空性。

③ "画师喻"也见于《大宝积经》中《普明菩萨会》："譬如画师自手画作夜叉鬼像，见已怖畏，迷闷躄地。一切凡夫亦复如是，自造色声香味触故，往来生死，受诸苦恼而不自觉。"这是说原本是空，却不知是空。

于菩萨①。

　　谛译：可怖畏分別一邊，因此可畏起怖畏復是一邊。分別所作色等諸塵，起怖畏及起苦怖畏。為離此二種怖畏分別邊，佛說畫師譬。前譬者依小乘人說，今譬依菩薩說。

　　奘译：分別所怖，分別從彼所生可畏，各為一邊。執有遍計所執色等，可生怖故。執有從彼所生苦法，可生畏故。為離如是二邊分別，說畫師喻。前虛空喻為聲聞說，今畫師喻為菩薩說。

ग्राह्ये ऽपि विकल्पो ऽन्तः ग्राहके ऽपि एतस्य विकल्पद्वयान्तस्य परिवर्जनार्थं मायाकारदृष्टान्तः। विज्ञप्तिमात्रज्ञानकृतं ह्यर्थाभावज्ञानं। तच्चार्थाभावज्ञानं। तदेव विज्ञप्तिमात्रज्ञानं निवर्तयति। अर्थाभावे विज्ञप्त्यसंभवादित्येतदत्र साधर्म्यं।

　　今译：分别所取是一边，分别能取是一边。为离此分别二边而说幻师喻②。由唯识智产生无境智，而无境智又消除唯识智。因为依据无境，识也无。这里是二者同法。

　　谛译：所取分別一邊，能取分別一邊。為離此二邊，佛說幻師譬。云何如此？唯識智所作無塵智，無塵智者滅除唯識智。塵無體故，識亦不生。此中是相似。

　　奘译：分別所取，分別能取，各為一邊。為離如是二邊分別，說幻師喻。由唯識智無境智生，由無境智生復捨唯識。智境既非有，識亦是無，要託所緣，識方生故。由斯所喻與喻③同法。

---

① "前喻用于声闻，后喻用于菩萨"指声闻只要不惧怕空性而进入涅槃，便达到目的。而菩萨不住涅槃，仍要在生死轮回中救度众生，因此，不要因色等恐怖而畏惧生死轮回中的痛苦。
② "幻师喻"也见于《大宝积经》中《普明菩萨会》："譬如幻师作幻人已，还自残食。行道比丘亦复如是有所观法皆空皆寂，无有坚固，是观亦空。"这是说如同幻师所作幻人互相残食，皆是幻像，无境智和唯识智二者皆无。
③ "所喻"指唯识智和无境智，"喻"指幻师喻。

सम्यक्त्वे ऽपि विकल्पो ऽन्तः मिथ्यात्वे ऽपि भूतप्रत्यवेक्षां सम्यक्त्वेन कल्पयतो मिथ्यात्वेन वा एतस्यान्तद्वयस्य परिवर्जनार्थं। काष्ठद्वयानिदृष्टान्तः। यथाकाष्ठद्वयाद् अनग्निलक्षणादग्निर्जायते। जातश्च तदेव काष्ठद्वयं दहत्येव-मसम्यक्त्वलक्षणाया यथाभूतप्रत्यवेक्षायाः सम्यक्त्वलक्षणमार्यं प्रज्ञेन्द्रियं जायते जातं च तामेव भूतप्रत्यवेक्षां विभावयतीत्येतदत्र साधर्म्यं न चासम्यक्त्वलक्षणापि भूतप्रत्यवेक्षा मिथ्यात्वलक्षणा सम्यक्त्वानुकूल्यात्।

今译：分别正性是一边，分别邪性是一边。由正性或邪性妄想如实观①。为离此分别二边而说两木生火喻②。如两木无火相，而从中产生火。火产生后，又焚烧两木。同样，虽然如实观没有正性相，而从中产生正性相圣智根。产生后，又消除如实观。这里是二者同法。如实观虽然没有正性相，由于随顺正性，也无邪性相。

谛译：正位分别一邊，邪位分别一邊。分别真實見③為正位，分别邪位。為離此二邊，佛說兩木截火譬。譬如兩木無火相，從此起火。火起成，還燒兩木。如是不正位相及正位相，真實見正通達為相。聖智根起成已，是真實見相正位復有了滅。此中譬與其相似。真實見邪位相無有邪位相，邪位亦無，隨順真實位故。

奘译：分别正性，分别邪性，各為一邊，執如實觀為正為邪二種性故。為離如是二邊分別，說兩木生火喻。謂如兩木雖無火相，由相鑽截而能生火。火既生已，還燒兩木。此如實觀亦復如是，雖無聖道正性之相，而能發生正性聖慧。如是正性聖慧生已，復能除遣此如實觀。由斯所喻與喻同法。然如實觀雖無正性相，順正性故，亦無邪性相。

व्यापृतावपि विकल्पो ऽन्तः। अव्यापृतावपि ज्ञानस्य बुद्धिपूर्वं क्रियां

---

① "如实观"属于见道位前的加行位，与见道位的正行相比，仍是邪行。
② "两木生火喻"也见于《大宝积经》中《普明菩萨会》。经中还说："真实观故，生圣智慧，圣智生已，还烧实观。"这里是比喻说如实观虽然属于邪行，但能引发圣智。圣智产生后，便焚毁属于邪行的如实观。因此，不必执著二边。
③ 此处"真实见"即奘译"如实观"。

निःसामर्थ्यं वा कल्पयतः। एतस्य विकल्पद्वयान्तस्य परिवर्जनार्थं। तैलप्रद्योत-दृष्टान्तः।

今译：分别有用是一边，分别无用是一边。妄想智先有知觉的作用或无作用。为离此二边而说灯喻①。

谛译：分别有事一邊，分別無事一邊。有事者，智慧先分別作意。復有分別無功用。為離此二種功德邊，佛說燈光譬。

奘译：分別有用，分別無用，各為一邊。彼執聖智要先分別，方能除染，或全無用。為離如是二邊分別，說初燈喻。

अजन्मत्वे ऽपि विकल्पो ऽन्तः समकालत्वे ऽपि यदि प्रतिपक्षस्यानुत्पत्तिं वा कल्पयति संक्लेशस्यैव वा दीर्घकालत्वमेतस्य विकल्पद्वयान्तस्य परिवर्जनार्थं द्वितीयस्तैलप्रद्योतदृष्टान्तः।

今译：分别不起是一边，分别同时是一边。妄想能治不起和与污染同样长时间②。为离此分别二边而说后灯喻③。

谛译：分別無生一邊，分別等時一邊。若分別對治道無生，分別煩惱長時。為離此二邊，佛說第二燈光譬。

奘译：分別不起，分別時等，各為一邊。彼執能治畢竟不起，或執與染應等時長。為離如是二邊分別，說後燈喻。

---

① "灯喻"也见于《大宝积经》中《普明菩萨会》："譬如然灯，一切黑暗皆自无有，无所从来，去无所至。……而此灯明，无有是念：'我能灭暗。'但因灯明，法自无暗。明暗俱空，无作无取。……实智慧生，无智便灭。智与无智，二相俱空，无作无取。"这里是比喻说不必妄想分别，执著智有作用和无作用二边。

② 这里是说妄想污染原本存在，而圣智不起，或者，圣智和污染永远同时存在。

③ "后灯喻"也见于《大宝积经》中《普明菩萨会》："譬如千岁冥室，未曾见明，若然灯时，于意云何，暗宁有念我久住此，不欲去耶？……若然灯时，是暗无力而不欲去，必当磨灭。……百千万劫久结业以一实观即皆消灭。其灯明者，圣智慧是。其黑暗者，诸结业是。"这里是比喻说只要灯明，暗即消灭，即使暗在先，灯明在后，也是如此。因此，不必妄想分别圣智不起或者与污染同时。

उक्तान्तद्वयपरिवर्जने प्रतिपत्तिः।

今译：已说离二边正行。

谛译：離十四二邊①修行已說。

奘译：如是已說離二邊正行。

[e. विशिष्टा चाविशिष्टा च प्रतिपत्तिः]

[e. 差别无差别正行]

विशिष्टा चाविशिष्टा च प्रतिपत्तिः। कतमा।

今译：何为差别无差别正行？

谛译：云何勝有等修行？

奘译：差別無差別正行云何？頌曰：

विशिष्टा चाविशिष्टा च ज्ञेया दशसु भूमिषु।

今译：应知差别无差别在十地中。

谛译：勝有等修行，應知於十地。

奘译：差別無差別，應知於十地，
十波羅蜜多，增上等修集。

यस्यां भूमौ या पारमितातिरिक्ततरा सा तत्र विशिष्टा सर्वासु च सर्वत्र समुदागच्छतीत्यविशिष्टा।

今译：在十地中，波罗蜜逐一增加，这是有差别。而在一切地中，

---

① "离十四二边"指前面所说离七种二边，加上这里所说离七种分别二边，共离十四种二边。

修习所有一切，这是无差别。①

谛译：何者勝有等②修行？十地中隨一此中波羅蜜最勝無比，此波羅蜜名勝修行。若一切處同無差別，是名有等修行。

奘译：論曰：於十地中，十到彼岸隨一增上而修集者，應知說為差別正行。於一切地皆等修集布施等十波羅蜜多，如是正行名無差別。

六正行總義者：謂即如是品類最勝，由此思惟如所施設大乘法等。由如是品無亂轉變，修奢摩他。及無倒轉變，修毗鉢舍那。為如是義，修中道行而求出離。於十地中修習差別無差別行。③

उक्तं प्रतिपत्त्यानुत्तर्यं।

今译：已说正行无上。

谛译：修行無上已說。

奘译：如是已說正行無上。

[3. आलम्बनानुत्तर्यं [

[3. 所缘无上]

आलम्बनानुत्तर्यं। कतमत्।

今译：何为所缘无上？

谛译：何者境界無上？

奘译：所緣無上，其相云何？頌曰：

---

① 这句中，"波罗蜜逐一增加"是说每一地增加波罗蜜，这是指每一地着重修习的波罗蜜，并不是不修习其他波罗蜜。"所有一切"指所有十种波罗蜜。

② "胜有等"中的"胜"，原词是 viśiṣṭa，词义为特殊，故而兼有殊胜和差别的意思。"有等"的原词是 aviśiṣṭa，词义为无特殊或无差别，谛译"有等"，指平等无差别。

③ 奘译这段"六正行总义者"，按原文和谛译在本品结尾部分，包含在无上乘总义中。

व्यवस्थानं तथा धातुः साध्यसाधनधारणा ॥२७॥

今译：安立、法界、所立、能立、受持、（27）

अवधारप्रधारा च प्रतिवेधः प्रतानता।
प्रगमः प्रशठत्वं च प्रकर्षालम्बनं मतं ॥२८॥

今译：印持、内持、通达、增广、分证、
等运和最胜，这些被认为是所缘。（28）

谛译：安立及性界，所成能成就，
持决定依止，通達及廣大，
品行及生界，最勝等應知。

奘译：所緣謂安界，所能立任持，
印内持通達，增證運最勝。

इत्येतत्। द्वादशविधमालम्बनं। यदुत धर्मप्रज्ञप्तिव्यवस्थानालम्बनं धर्म-धात्वालम्बनं साध्यालम्बनं साधनालम्बनं। धारणालम्बनं अवधारणालम्बनं। प्रधारणालम्बनं। प्रतिवेधालम्बनं। प्रतानतालम्बनं। प्रगमालम्बनं। प्रशठत्वालम्बनं प्रकर्षालम्बनं च। तत्र प्रथमं ये पारमितादयो धर्मा व्यवस्थाप्यन्ते। द्वितीयं तथा तृतीयचतुर्थे त एव यथाक्रमं धर्मधातुप्रतिवेधेन पारमितादिधर्माधिगमात्। पञ्चमं श्रुतमयज्ञानालम्बनं। षष्ठं चिन्तामयस्यावगम्य धारणात्। सप्तमं भावनामयस्य प्रत्यात्मं धारणात्। अष्टमं प्रथमायां भूमौ दर्शनमार्गस्य। नवमं भावनामार्गस्य यावत्सप्तम्यां भूमौ। दशमं तत्रैव लौकिकलोकोत्तरस्य मार्गस्य। प्रकारशो धर्माधिगमात्। एकादशमष्टम्यां भूमौ द्वादशं नवम्यादिभूमित्रये तदेव हि प्रथमद्वयं। तस्यान्तस्यामवस्थायां तत्तदालम्बनं नाम लभते।

今译：以上是十二种所缘：安立法施设所缘、法界所缘、所立所缘、能立所缘、受持所缘、印持所缘、内持所缘、通达所缘、增广所缘、分证所缘、等运所缘和最胜所缘。其中，第一是安立波罗蜜等法。第二是真如。第三和第四①依次是前两种，因为由通达法界而获得波罗蜜等法。第五是闻所成慧所缘②。第六是思所成慧所缘，由认知而受持③。第七是修所成慧，由内证而受持④。第八是初地中见道位⑤。第九是修道位中乃至第七地中⑥。第十是世间和出世间道，证得各种法⑦。第十一是第八地中⑧。第十二是第九等三地中⑨。这些即前二所缘，在种种分位中获得种种所缘名称。

谛译：如是境界有十二。何者十二？一安立法名境界，二法性境界，三所成就境界，四能成境界，五持境界，六决持境界，七定依止境界，八通达境界，九相续境界，十胜得境界，十一生境界，十二最胜境界。此中第一者，波罗蜜等诸法，如佛所安立。第二法如如。第三第四此二如前次第，通达法界故，得行波罗蜜等诸法故。第五闻慧境界。第六思慧境界。云何名决持？已知此法能持故。第七修慧境界，依内依体得持故。第八初地中见境界。第九修道境界乃至七地中。第十是七种地中世及出世道，如品类诸法得成故。第十一八地中。第十二九地等三处是。第一第二境界如前说，处处位中平等境界⑩。所余境界者，前二所显差别。

奘译：论曰：如是所缘有十二种：一安立法施设所缘，二法界所缘，三所立所缘，四能立所缘，五任持所缘，六印持所缘，七内持所缘，八通达所缘，九增广⑪所缘，十分证所缘，十一等运所缘，十二最胜所缘。此中最初谓所安立，到彼岸等差别法门。第二谓真如。第

---

① "第三"是所立所缘，指波罗蜜等法。"第四"指能立所缘，指法界，即真如。
② "第五"是受持所缘，指以闻听经教所成慧受持佛法。
③ "第六"是印持所缘，指以思考和认知经义所成慧受持佛法。
④ "第七"是内持所缘，指以修习和亲证经义所成慧受持佛法。
⑤ "第八"是通达所缘，指消除障碍，进入见道位。
⑥ "第九"是增广所缘，指在修道位中，智慧获得增广。
⑦ "第十"是分证所缘，指在修道位中，证得世间和出世间各种法。
⑧ "第十一"是等运所缘，指在第八地中达到无功用行，一切运用自如。
⑨ "第十二"是最胜所缘，指第九地、第十地和佛地。
⑩ "平等境界"指共同的境界。
⑪ 此处"增广"，据《中华大藏经》校勘记，《丽》作"增长"。

三第四如次應知，即前二種到彼岸等差別法門，要由通達法界成故。第五謂聞所成慧境，任持文①故。第六謂思所成慧境，印持義②故。第七謂修所成慧境，內別持③故。第八謂初地中見道境。第九謂修道中乃至七地境。第十謂即七地中世出世道品類差別分分證境。第十一謂第八地境。第十二謂第九第十如來地境。應知此中即初第二，隨諸義位得彼彼名。

उक्तमालम्बनं ॥

今译：已说所缘。

谛译：境界已說。

奘译：如是已說所緣無上。

[4. समुदागमानुत्तर्यं [

[4. 修证无上]

समुदागमः कतमः ।

今译：何为修证？

谛译：何者習起？

奘译：修證無上，其相云何？頌曰：

अवैकल्याप्रतिक्षेपो ऽविक्षेपश्च प्रपूरणा ।
समुत्पादो निरूढिश्च कर्मण्यत्वाप्रतिष्ठिता ।
निरावरणता तस्याप्रस्रब्धिसमुदागमः ॥२९॥

今译：无缺、不毁谤、不扰乱、圆满、

---

① "任持文"指闻听和受持经文。
② "印持义"指思考、印证和受持经义。
③ "内别持"指修习而亲证经义。

生起、坚固、调柔、不安住、
无障碍和不休息，这些是修证。（29）

谛译：具足及不毁，避离令圆满，
生起及坚固，随事无住处，
无障及不捨，十習起應知。

奘译：修證謂無闕，不毁動圓滿，
起堅固調柔，不住無障息。

इत्येष दशविधः समुदागमः। तत्र प्रत्ययावैकल्यं। गोत्रसमुदागमः। महायानाप्रतिक्षेपो ऽधिमुक्तिसमुदागमः। हीनयानाविक्षेपश्चित्तोत्पादसमुदागमः। पारमितापरिपूरणा प्रतिपत्तिसमुदागमः। आर्यमार्गोत्पादो नियामावक्रान्ति-समुदागमः। कुशलमूलनिरूढिः दीर्घकालपरिचयात्सत्वपरिपाकसमुदागमः। चित्तकर्मण्यत्वं क्षेत्रपरिशुद्धिसमुदागमः। संसारनिर्वाणाप्रतिष्ठता अविनिवर्तनीय-भूमिव्याकरणलाभसमुदागमः संसारनिर्वाणाभ्यामविनिवर्तनात्। निरावरणता बुद्धभूमिसमुदागमः। तदप्रस्रब्धिर्बोधिसंदर्शनसमुदागमः॥

今译：以上是十种修证。其中，因缘无缺①是种性修证。不毁谤大乘是信解修证。不受下劣乘扰乱是发心②修证。波罗蜜圆满是正行③修证。圣道生起④是入正位⑤修证。长时修习⑥而善根坚固是成熟众生修证。心调柔⑦是国土清净修证。不住生死和涅槃⑧是不退转地⑨受记⑩修证。无障碍⑪是佛地修证。于佛地不休息是示现菩提⑫修证。

---

① "因缘无缺"指种性无缺，即具有菩萨种性。
② "发心"指发菩提心。
③ "正行"即前面所述十波罗蜜。
④ "圣道生起"指进入见道位。
⑤ "入正位"指脱离生死，进入真如正位。
⑥ "长时修习"指在修道位修习。
⑦ "心调柔"指心达到清净，心清净则国土清净。
⑧ "不住生死和涅槃"指脱离生死，但也不安住涅槃。
⑨ "不退转地"指不会再从菩萨地退转，而必定成佛。
⑩ "受记"指受记成佛。
⑪ "无障碍"指灭尽烦恼障和所知障。
⑫ 这里是说即使成佛，也不会休息，而继续示现菩提。

谛译：如是習起有十種。此中因緣具足，名性習起。不毁謗大乘法，是名願樂習起。避下乘法，是名發心習起。修行圓滿波羅蜜，名修行習起。生起聖道，名入正位習起。堅固善根、長時數習故，名成熟眾生習起。心隨事得成，名淨土習起。不住生死涅槃中，得不退位授記，不退墮生死涅槃故。滅盡諸障，名佛地習起。不捨此等事，名顯菩薩①習起。

奘译：論曰：如是修證總有十種：一種性修證，緣無闕故。三②信解修證，不謗毁大乘故。三發心修證，非下劣乘所擾動故。四正行修證，波羅蜜多得圓滿故。五入離生③修證，起聖道故。六成熟有情修證，堅固善根長時集故。七淨土修證，心調柔故。八得不退地受記修證，以不住著生死涅槃，非此二種所退轉故。九佛地修證，無二障故。十示現菩提修證，無休息故。

無上乘總義者：略有三種無上乘義，謂正行無上故，正行持無上故，正行果無上故。④

[शास्त्रनामव्याख्यान]

[说明论名]

इत्येतत्

今译：以上这些是——

谛译：如是此論名《中邊分別》，了中道故。復有分別中道及二邊故，是中兩邊能現故，離初後，此中兩處不著，如理分別顯現故，故名《中邊分別論》。

奘译：何故此論名《辯中邊》？頌曰：

---

① "显菩萨"的原词是 bodhisaṃdarśana，词义为示现菩提。
② 此处"三"字，据《中华大藏经》校勘记，诸本作"二"。
③ "入离生"的原词是 niyāmāvakrānti（"入正位"），指入正性离生位，即入见道位。
④ 这段奘译"无上乘总义者"，按原文和谛译在本品结尾部分。

शास्त्रं मध्यविभागं हि

今译：辩中①论，

谛译：此論分別中，甚深真實義，
　　　大義一切義，除諸不吉祥。

奘译：此論辯中邊，深密堅實義，
　　　廣大一切義，除諸不吉祥。

मध्यमा प्रतिपत्प्रकाशनान्मध्यान्तविभागमप्येतन्मध्यस्यान्तयोश्च प्रकाशनात्। आद्यपरवर्जितस्य मध्यस्य वा।

今译：称为《辩中边》，由于说明中道，也由于说明中间和二边，或离前离后的中间。

谛译：此《中邊分別論》名義如前說。

奘译：論曰：此論能辯中邊行故，名《辯中邊》，即是顯了處中二邊能緣行義。又此能辯中邊境故，名《辯中邊》，即是顯了處中二邊所緣境義。②或此正辯離初後邊中道法故，名《辯中邊》。

गूढसारार्थमेव च।

今译：　　　　　深密义和坚固义，

तर्कस्यागोचरत्वात्परवादिभिरभेद्यत्वाच्च यथाक्रमं।

今译：依次由于非寻思行处③，由于不被他论④摧毁。

谛译：甚深祕密義，非覺觀等境界故。真實堅義，諸說不可破故，無上菩提果故。

---

① "辩中"的原词是 madhyavibhāga，词义为分辨或辨别中间。
② 这里是说此论阐明中道和二边的"能缘行"和"所缘境"。其中，"能缘行"指心识的认知活动，"所缘境"指心识认知的对象。
③ "非寻思行处"指不是通常的或世俗的思惟或思辨所在。
④ "他论"指各种外道邪论。

奘译：此論所辯是深密義，非諸尋思所行處故。是堅實義，能摧他辯，非彼伏故。

महार्थं चैव

今译：广大义，

स्वपराधिकारात्।

今译：助益自己和他人。

谛译：大义，自他利益事為義故。

奘译：是廣大義，能辯①利樂自他事故。

सर्वार्थं

今译：　　　　　一切义，

यानत्रयाधिकारात्।

今译：助益三乘。

谛译：一切義，因此論三乘義得顯現故。

奘译：是一切義，普能決了②三乘法故。

सर्वानर्थप्रणोदनं ॥३०॥

今译：　　　　　消除一切不吉祥。（30）

क्लेशज्ञेयावरणप्रहाणावाहनात्।

今译：消除烦恼障和所知障。

谛译：能除一切不吉祥。不吉祥者，三品煩惱及三品生死③。能

---

① 此处"辩"字，据《中华大藏经》校勘记，《资》、《碛》、《普》、《南》、《径》、《清》作"办"。
② "决了"指确定。
③ 此处"三品烦恼"和"三品生死"具体所指不明确。前面离二边正行释文中提到"烦恼污染"和"生污染"，各有三种。

離滅此生死及煩惱不吉祥故，能滅四德障①故，能攝持四德故，故說除不吉祥。

奘译：又能除滅諸不吉祥，永斷煩惱所知障故。

[यानानुत्तर्यपिण्डार्थ]

[无上乘总义]

आनुत्तर्यस्य पिण्डार्थः। समासतस्त्रिविधमानुत्तर्यं प्रतिपत्तिः प्रतिपत्त्याधारः प्रतिपत्तिफलं चैव। सा च प्रतिपत्तिर्यादृशी परमा। येन च यथाप्रज्ञप्तितो धर्ममहायानमनस्क्रिया इत्येवमादिना। यथा येन प्रकारेणाविक्षेपपरिणता च शमथभावनया अविपर्यासपरिणता च विपश्यनाभावनया। यदर्थं च मध्यमया प्रतिपदा निर्याणार्थं। यत्र च दशसु भूमिषु। विशिष्टा चाविशिष्टा च।

今译：无上乘总义：总括有三种无上：正行无上、正行持无上和正行果无上。②而正是这种最胜无上③，由此"思惟大乘所施设诸法"等④。由修习止⑤而无散乱转变。由修习观⑥而无颠倒转变⑦。为此而修中道，求出离⑧。"十地中差别和无差别"⑨。

谛译：無上眾義者：略說無上有三種：一正行，二正依持，三正行果。此修行如品類無比，如方便，如佛所立諸法大乘中思惟等，如

---

① "四德"指如来法身的四德：常、乐、我和净。"灭四德障"指灭除阻碍这四德的障碍。
② 这里所说三种无上是指正行无上、所缘无上和修证无上。
③ "最胜无上"指最胜正行无上，参阅本品第 2 颂。
④ 这是指思惟正行无上，参阅本品第 7 颂。
⑤ "止"（śamatha，音译"奢摩他"）指寂止、寂静或入定。
⑥ "观"（vipaśyanā，音译"毗钵舍那"）指观想、观照或观察。
⑦ 这里所说"修习止"和"修习观"是指随法正行无上中的无散乱转变和无颠倒转变，参阅本品第 11 颂。
⑧ 这里是指离二边正行无上，参阅本品第 23 至第 26 颂。
⑨ 这里是指差别无差别正行无上，参阅本品第 27 颂。以上是对六种正行无上的总结。故而奘译称为"六正行总义"（见前面）。

前說。如道理，無散動無倒，若修奢摩他無散動，若修毗婆舍那無顛倒變異。如所為，為出離隨中道故，如處十地中，如勝有等行。

अविपर्यासानां पिण्डार्थः। व्यञ्जनाविपर्यासेन शमथनिमित्तं प्रतिविध्यति। अर्थाविपर्यासेन विपश्यनानिमित्तं प्रतिविध्यति। मनस्काराविपर्यासेन विपर्यास-निदानं परिवर्जयति। अविसाराविपर्यासेन तन्निमित्तं सुगृहीतं करोति। स्वलक्षणाविपर्यासेन तत्प्रतिपक्षेणाविकल्पं मार्गं भावयति। सामान्यलक्षणा-विपर्यासेन व्यवदानप्रकृतिं प्रतिविध्यति। अशुद्धिशुद्धिमनस्काराविपर्यासेन तदावरणप्रहीणाप्रहीणतां प्रजानाति। तदागन्तुकत्वाविपर्यासेन संक्लेशव्यवदानं यथाभूतं प्रजानाति। अत्रासानुन्नत्यविपर्यासेन निरावरणे निर्याति॥

今译：无颠倒总义：由文字无颠倒而通达止相。由对象无颠倒而通达观相。由思惟无颠倒而消除颠倒因缘。由不散乱无颠倒而善于摄取它们的相。由自相无颠倒而依据它们的对治，修习无分别道。由共相无颠倒而通达本性清净。由污染清净思惟无颠倒而知道它们的障碍已断和未断。由它们的客性无颠倒而如实知道污染和清净。由无恐怖和无高傲消除障碍而出离。

谛译：無倒眾義者：名句無倒故，通達禪定相。義無倒故，通達智慧相。思惟無倒故，得遠離顛倒因緣故。無不散動顛倒故，是中道相分明所得令成就。別相無倒故，依此起對治得生死①分別道。通相無倒故，得通達淨品自性。不淨及淨無倒故，惑障未滅及滅。得智各無倒故，不淨及淨如實見。無怖畏無高慢無倒故，滅除諸障得出離故。

आनुत्तर्यपरिच्छेदः पञ्चमः॥

今译：以上是《辩中边论》中第五《无上乘品》。

---

① 此处"死"字，似应为"无"。这样，这句读为"依此起对治得生无分别道"，与原文和奘译一致。

समाप्तो मध्यान्तविभागः ॥

今译：《辩中边论》终。

व्याख्यामिमामुपनिबध्य यदस्ति पुण्यं
पुण्योदयाय महतो जगतस्तदस्तु।
ज्ञानोदयाय च यतो ऽभ्युदयं महान्तं
बोधित्रयं च न चिराज्जगदश्नुवीत ॥

今译：我已阐释此论有功德，
愿广大世间增长功德，
增长智慧，由此迅速
证得繁荣广大三菩提①。

谛译：空涅槃一路，佛日言光照，
聖眾行純熟，盲者不能見。

已知佛正教，壽命在喉邊，
諸惑力盛時，求道莫放逸。②

此《中邊分別論》無上乘品究竟。婆藪槃豆③釋迦道人大乘學所造。

我今造此論，為世福慧行，
普令一切眾，如願得菩提。

奘译：我辯此論諸功德，咸持普施群生類，
令獲勝生增福慧，疾證廣大三菩提。

इति मध्यान्तविभागकारिकाभाष्यं समाप्तम् ॥

今译：以上《辩中边论颂释》终。

---

① "三菩提"（bodhitraya）指佛、声闻和缘觉所得觉智。其中，以佛菩提为无上菩提。
② 谛译这两首偈颂不见于原文和奘译。
③ "婆藪槃豆"是 vasubandhu 的音译，意译是世亲。

奘译：《辯中邊論》。

कृतिराचार्यभदन्तवसुबन्धोः ॥

今译：尊师世亲造。

विंशतिका विज्ञप्तिमात्रतासिद्धिः

今译：唯识二十颂释

瞿译①：唯識論 一名破色心论②

谛译③：大乘唯識論

奘译④：唯識二十論

---

① "瞿译"指后魏瞿昙般若流支译。
② 关于《破色心论》这个论名，真谛《大乘唯识论序》中的一段话可供参考："唯识论言唯识者，明但有内心，无色香等外境界。……若尔，但应言破色，不应言破心。此亦有义。心有二种：一者相应心，二者不相应心。相应心者，谓无常妄识虚妄分别，与烦恼结使相应，名相应心。不相应心者，所谓常住第一义谛，古今一相自性清净心。今言破心者，唯破妄识烦恼相应心，不破佛性清净心，故得言破心也。"
③ "谛译"指陈真谛译。
④ "奘译"指唐玄奘译。

विंशतिकाकारिकाः

二十颂[1]

विज्ञप्तिमात्रमेवैतदसदर्थावभासनात्।
यथा तैमिरिकस्यासत्केशचन्द्रादिदर्शनं ॥ १ ॥

今译：一切皆唯识，由于显现不实对象，
　　　犹如翳障者所见不实毛发和月等。（1）

瞿译：唯識無境界，以無塵妄見，
　　　如人目有瞖，見毛月等事。

谛译：修道不共他，能說無等義，
　　　頂禮大乘理，當說立及破。
　　　無量佛所修，除障及根本，
　　　唯識自性靜，昧劣人不樂[2]。
　　　實無有外塵，似塵識生故，
　　　猶如瞖眼人，見毛二月等。

यदि विज्ञप्तिरनर्था नियमो देशकालयोः।
संतानस्यानियमश्च युक्ता कृत्यक्रिया न च ॥ २ ॥

今译：如果识没有对象、地点和时间限定，

---

[1] 按照本论原文（指 S.莱维编订本原文，下同），先列出二十颂，然后是对二十颂的释文。瞿译二十颂在释文前，谛译二十颂在释文后，奘译没有单列二十颂。为便于对照，这里按照原文，将瞿译、谛译和奘译二十颂统一排在释文前。但要指出，名为二十颂，实际按原文是二十二颂，而瞿译实有二十三颂，谛译实有二十四颂，奘译实有二十一颂。对这些颂的相关注释见下面释文部分，这里不再重复作注。

[2] 此处"樂"字据谛译释文中所引此颂应为"信"。

众生不限定，所作事作用，都不成立。（2）

瞿译：若但心無塵，離外境妄見，
處時定不定，人及所作事。

谛译：處時悉無定，無相續不定，
作事悉不成，若唯識無塵。

奘译：若識無實境，則處時決定，
相續不決定，作用不應成。

देशादिनियमः सिद्धः स्वप्नवत्प्रेतवत्पुनः ।
सन्तानानियमः सर्वैः पूयनद्यादिदर्शने ॥३॥

今译：地点等限定成立，如梦，还有如饿鬼，
众生不限定，依据他们全都看见脓河。（3）

瞿译：處時等諸事，無色等外法，
人夢及餓鬼，依業虛妄見。

谛译：定處等義成，如夢如餓鬼，
續不定一切，同見膿河等。

奘译：處時定如夢，身不定如鬼，
同見膿河等，如夢損有用。

स्वप्नोपघातवत्कृत्यक्रिया नरकवत्पुनः ।
सर्वं नरकपालादिदर्शने तैश्च बाधने ॥४॥

今译：如梦中损失，所作事作用，还有如地狱，
一切依据他们都看见狱卒等和同受迫害。（4）

瞿译：如夢中無女，動身失不淨，
獄中種種主，為彼所逼惱。

谛译：如夢害作事，復次如地獄，

一切見獄卒，及共受逼害。

奘译：一切如地獄，同見獄卒等，
　　　能為逼害事，故四義皆成。

तिरश्चां सम्भवः स्वर्गे यथा न नरके तथा।
न प्रेतानां यतस्तज्जं दुःखं नानुभवन्ति ते ॥५॥

今译：地狱中没有如同天国的畜生，也没有
　　　饿鬼，因为他们不感受地狱中的痛苦。（5）

瞿译：畜生生天中，地獄不如是，
　　　以在於天上，不受畜生苦。

谛译：如畜生生天，地獄無雜道，
　　　地獄中苦報，由彼不能受。

奘译：如天上傍生，地獄中不爾，
　　　所執傍生鬼，不受彼苦故。

यदि तत्कर्मभिस्तत्र भूतानां संभवस्तथा।
इष्यते परिणामश्च किं विज्ञानस्य नेष्यते ॥६॥

今译：如果认为由于他们的业，而在这里有四大的
　　　产生和变化，为何不认为是识的产生和变化？（6）

瞿译：若依眾生業，四大如是變，
　　　何故不依業，心如是轉變？

谛译：由罪人業故，似獄卒等生，
　　　若許彼變異，於彼①何不許？

奘译：若許由業力，有異大種生，
　　　起如是轉變，於識何不許？

---

① 此处"彼"字据谛译释文中所引此颂应为"识"。

कर्मणो वासनान्यत्र फलमन्यत्र कल्प्यते।
तत्रैव नेष्यते यत्र वासना किं नु कारणम्॥७॥

今译：妄想业的熏习在某处，果在别处，
而不认为在熏习之处，有何理由？（7）

瞿译：業熏於異法，果云何異處？
善惡熏於心，何故離心說？

谛译：業熏習識內，執果生於外，
何因熏習處，於中不說果？

奘译：業熏習餘處，執餘處有果，
所熏識有果，不許有何因？

रूपाद्यायतनास्तित्वं तद्विनेयजनं प्रति।
अभिप्रायवशादुक्तमुपपादुकसत्ववत्॥८॥

今译：有色等处，是依据密意，针对
受教者而说，如同化生众生。（8）

瞿译：說色等諸入，為可化眾生，
依前人受法，說言有化生。

谛译：色等入有教，為化執我人，
由隨別意說，如說化生生。

奘译：依彼所化生，世尊密意趣，
說有色等處，如化生有情。

यतः स्वबीजाद्विज्ञप्तिर्यदाभासा प्रवर्तते।
द्विविधायतनत्वेन ते तस्या मुनिरब्रवीत्॥९॥

今译：从自己的种子，识似对象显现转出，
牟尼说它们具有它的两种处性。（9）

瞿译：依彼本心智，識妄取外境，
　　　是故如來說，有內外諸入。

谛译：識自種子生，顯現起似塵，
　　　為成內外入，故佛說此二。

奘译：識從自種生，似境相而轉，
　　　為成內外處，佛說彼為十。

तथा पुद्गलनैरात्म्यप्रवेशो हि ह्यन्यथा पुनः।
देशना धर्मनैरात्म्यप्रवेशः कल्पितात्मना ॥१०॥

今译：这样，进入人无我，还有，另一种
　　　教导，进入法无我，根据妄想的我。（10）

瞿译：觀虛妄無實，如是入我空，
　　　觀於諸異法，入諸法無我。

谛译：若他依此教，得入人無我，
　　　由別教能除，分別入法空。

奘译：依此教能入，數取趣無我，
　　　所執法無我，復依餘教入。

न तदेकं न चानेकं विषयः परमाणुशः।
न च ते संहता यस्मात्परमाणुर्न सिध्यति ॥११॥

今译：依据极微，境界非一，非多，
　　　也非聚合，由于极微不成立。（11）

瞿译：彼一非可見，多亦不可見，
　　　和合不可見，是故無塵法。

谛译：外塵與隣虛，不一亦不異，
　　　彼聚亦非塵，隣虛不成故。

奘译：以彼境非一，亦非多極微，
又非和合等，極微不成故。

षड्केन युगपद्योगात्परमाणोः षडंशता।
षण्णां समानदेशत्वात्पिण्डः स्यादणुमात्रकः ॥१२॥

今译：由于六个同时聚合，极微应有六部分，
六个同一地点，聚合物应是唯一极微。（12）

真译：六塵同時合，塵則有六廂，
若六唯一處，諸大是一塵。

谛译：一時六共聚，隣虚成六方，
若六同一處，聚量如隣虚。

奘译：極微與六合，一應成六分，
若與六同處，聚應如極微。

परमाणोरसंयोगे तत्संघाते ऽस्ति कस्य सः।
न चानवयवत्वेन तत्संयोगो न सिध्यति ॥१३॥

今译：如果极微不聚合，有谁造成它们聚合？
也非由于无部分性，它们的结合不成立。（13）

真译：若微塵不合，彼合何所成？
言微塵無廂，能成則有相。

谛译：若隣虚不合，聚中誰和合？
復次無方分，隣虚聚不成。

奘译：極微既無合，聚有合者誰？
或相合不成，不由無方分。

दिग्भागभेदो यस्यास्ति तस्यैकत्वं न युज्यते।
छायावृती कथं वान्यो न पिण्डश्चेन्न तस्य ते ॥१४॥

今译：存在方位差别，它的一性不成立，或者，为何有
　　　阴影和障碍？如果聚合物非不同，它们不属于它。（14）

瞿译：有法方所别，彼不得言一，
　　　影障若非大，则彼二非彼。

谛译：若物有方分，不應成一物，
　　　影障復云何？若同則無二。

奘译：極微有方分，理不應成一，
　　　無應影障無，聚不異無二。

एकत्वे न क्रमेणेतियुंगपन्न ग्रहाग्रहौ।
विच्छिन्नानेकवृत्तिश्च सूक्ष्मानीक्षा च नो भवेत्॥१५॥

今译：如果是一性，则无依次行，无同时取不取，
　　　也无间隔和多个的方式以及不看见细微物。（15）

瞿译：若一行不次，取捨亦不同，
　　　差别無量處，微細亦應見。

谛译：若一無次行，俱無已未得，
　　　及別類多事，亦無細難見。

奘译：一應無次行，俱時至未至，
　　　及多有間事，并難見細物。

प्रत्यक्षबुद्धिः स्वप्नादौ यथा सा च यदा तदा।
न सो ऽर्थो दृश्यते तस्य प्रत्यक्षत्वं कथं मतम्॥१६॥

今译：现证的知觉如在梦等中，它出现时，
　　　对象已不见，怎能认为它有现证性？（16）

瞿译：現見如夢中，見所見不俱，
　　　見時不分別，云何言現見？

谛译：證智如夢中，是時如證智，
　　　是時不見塵，云何塵可證？

奘译：現覺如夢等，已起現覺時，
　　　見及境已無，寧許有現量？

उक्तं यथा तदाभासा विज्ञप्तिः स्मरणं ततः।
स्वप्ने दृग्विषयाभावं नाप्रबुद्धो ऽवगच्छति ॥१७॥

今译：已说识似显现对象，由此才有记忆，
　　　若不醒来，不知道梦见的对象非有。（17）

瞿译：先說虛妄見，則依彼虛憶，
　　　見虛妄夢者，未寤則不知。

谛译：如說似塵識，從此生憶持，
　　　夢見塵非有，未覺不能知。

奘译：如說似境識，從此生憶念，
　　　未覺不能知，夢所見非有。

अन्योन्याधिपतित्वेन विज्ञप्तिनियमो मिथः।
मिद्धेनोपहतं चित्तं स्वप्ने तेनासमं फलम्॥१८॥

今译：通过互相的威力，互相之间确定识，
　　　梦中心受昏睡毁损，因此果报不同。（18）

瞿译：迭共增上因，彼此心緣合，
　　　無明覆於心，故夢寤果別。

谛译：更互增上故，二識正邪定，
　　　夢識由眠壞，未來果不同。

奘译：展轉增上力，二識成決定，
　　　心由睡眠壞，夢覺果不同。

मरणं परविज्ञप्तिविशेषाद्द्विक्रिया यथा।
स्मृतिलोपादिकान्येषां पिशाचादिमनोवशात्॥१९॥

- 今译：死是有他者特殊的识造成的变异，
  如受鬼等意念控制，人们失忆等。(19)

- 瞿译：死依於他心，亦有依自心，
  及①種種因緣，破失自心識。

- 谛译：由他識變異，死事於此成，
  如他失心等，因鬼等心力。

- 奘译：由他識轉變，有殺害事業，
  如鬼等意力，令他失念等。

कथं वा दण्डकारण्यशून्यत्वमृषिकोपतः।
मनोदण्डो महावद्यः कथं वा तेन सिध्यति॥२०॥

- 今译：或者，弹宅迦林怎会因仙人愤怒而空寂？
  或者，意杖是大罪，如何能由此而成立？(20)

- 瞿译：經說檀拏迦，迦陵摩燈國，
  仙人瞋故空，是故心業重。
  諸法心為本，諸法心為勝，
  離心無諸法，唯心身口名

- 谛译：云何檀陀林，空寂由仙瞋？
  心重罰大罪，若爾云何成？

- 奘译：彈咤迦等空，云何由仙忿？
  意罰為大罪，此復云何成？

---

① 此处"及"字据瞿译释文中所引此颂应为"依"。

परचित्तविदां ज्ञानमयथार्थं कथं यथा।
स्वचित्तज्ञानमज्ञानाद्यथा बुद्धस्य गोचरः ॥२१॥

今译：知他心者的智不如实，怎么样？如同
　　　知自心的智，由于不知，如佛境界。（21）

瞿译：他心知於境，不如實覺知，
　　　以非雜①識境，唯佛如實知。

谛译：他心通人智，不如境云何？
　　　如知自心故，不如知②佛境。

奘译：他心智云何，知境不如實？
　　　如知自心智，不知如佛境。

विज्ञप्तिमात्रतासिद्धिः स्वशक्तिसदृशी मया।
कृतेयं सर्वथा सा तु न चिन्त्या बुद्धगोचरः ॥२२॥

今译：我只是尽我所有的能力说明唯识，
　　　它的所有方面不可思议，佛境界。（22）

瞿译：作此唯識論，非我思量義，
　　　諸佛妙境界，福德施群生。

谛译：成就唯識理，我造隨自能，
　　　如理及如量，難思佛等境。

奘译：我已隨自能，略成唯識義，
　　　此中一切種，難思佛所行。

---

① 此处"杂"字据瞿译释文中所引此颂应为"离"。
② 此处"不如知"据谛译释文中所引此颂应为"不知如"。

अथ वृत्तिः

以下是释

अथ वृत्तिः

महायाने त्रैधातुकं विज्ञप्तिमात्रं व्यवस्थाप्यते। चित्तमात्रं भो जिनपुत्रा यदुत त्रैधातुकमिति सूत्रात्। चित्तं मनो विज्ञानं विज्ञप्तिश्चेति पर्यायाः। चित्तमत्र ससंप्रयोगमभिप्रेतं। मात्रमित्यर्थप्रतिषेधार्थं।

今译：大乘中确立三界唯识。诸位胜者子①啊，这是依据经中所说三界唯心。心、意、识和了别是同义词。②这里，"心"意味有相应③。"唯"意味排除对象④。

谛译：修道不共他⑤，能說無等義⑥，
　　　頂禮大乘理，當說立及破⑦。
　　　無量佛⑧所修，除障及根本⑨，
　　　唯識自性静⑩，昧劣人不信。⑪

於大乘中立三界唯有識。如經言，佛子！三界者唯有心。心、識、

---

① "胜者"（jina）是佛的称号。"胜者子"（jinaputra）指菩萨。
② "心"（citta）指第八识，即阿赖耶识（ālaya）。"意"（manas）指第七识。"识"（vijñāna）指前六识（眼识、耳识、鼻识、舌识、身识和意识）。了别（vijñapti）指识的识别或分别的功能。它们是同义词（paryāya）。
③ "有相应"指有与心相应的心所（caitta），即附属于"心王"（即八识）的各种心理活动。
④ "排除对象"指排除外界对象，也就是唯有识，而无外界对象。"对象"的原词是 artha，与 viṣaya 一词的词义相通，也可译为"境界"、"外境"和"境"，或译"尘"、"外尘"和"外法"。
⑤ "不共他"指不与其他教法共通，即不共法，唯独佛宣示的法。
⑥ "无等义"指无与伦比的或无上的义理。
⑦ "立及破"指确立唯识论，破除外道论。
⑧ "无量佛"指无量无数的佛。
⑨ "除障及根本"指破除二障和根本烦恼。"二障"指烦恼障和所知障。"根本烦恼"指贪、瞋、痴、慢、见和疑六种主要的烦恼。
⑩ "自性静"指自性寂静，即空性。
⑪ 这两颂是礼敬辞。原文及瞿译和奘译中均无。

意①等是總名②。應知此心有相應法。唯言者③為除色塵等。

奘译：安立大乘三界唯識。以契經④說三界唯心。心、意、識、了，名之差別。此中說心，意兼心所⑤。唯遮⑥外境，不遣相應。

विज्ञप्तिमात्रमेवैतदसदर्थावभासनात्।
यथा तैमिरिकस्यासत्केशचन्द्रादिदर्शनं ॥ १ ॥

今译：一切皆唯识，由于显现不实对象，
　　　犹如翳障者所见不实毛发和月⑦等。（1）

瞿译：唯識無境界，以無塵妄見，
　　　如人目有翳，見毛月等事。

谛译：實無有外塵，似塵識生故，
　　　猶如翳眼人，見毛二月等。

瞿译：問曰：此初偈者明何等義？答曰：凡作論者皆有三義。何等為三？一者立義，二者引證，三者譬喻。立義者，如偈言唯識無境界故。引證者，如偈言以無塵妄見故。譬喻者，如偈言如人目有翳，見毛月等事故。有⑧復有義，如大乘經中說三界唯心。唯是心者，但有⑨内心，無色香等外諸境界。此云何知？如《十地經》說，三界虛妄，但是一心作故。心、意與識及了別等，如是四法，義一名異。此依相應心說，非依不相應心說。心有二種。何等為二？一者相應心，

---

① 此处"识、意"，据《中华大藏经》校勘记，诸本作"意、识"。
② "总名"的原词是 paryāya，词义为同义词。汉译佛经中也译"异名"或"别名"。此词瞿译"义一名异"，奘译"名之差别"。
③ "唯言者"指"唯"这个字的意思。
④ "契经"指文字经典，也就是通常所说的"经"（sūtra，音译"修多罗"）。
⑤ "意兼心所"中的"意"，对应原文中的 abhipreta（"意味"）一词。"意兼心所"指意思是兼有心所。
⑥ "遮"指排除或摒弃。
⑦ "毛发和月"指毛发状的幻影和月亮的重影。
⑧ 此处"有"字，据《中华大藏经》校勘记，诸本作"又"。
⑨ "但有"指只有。

二者不相應心。相應心者，所謂一切煩惱結使①、受、想、行等諸心相應。以是故言，心、意與識及了別等義一名異故。不相應心②者，所謂第一義諦③，常住不變，自性清淨心故。言三界虛妄，但是一心作。是故，偈言唯識無境界故。已明立義，次辯引證。問曰：以何事驗得知色等外境界無，但有內心能虛妄見前境界④也？答曰：偈言以無塵妄見故。無塵妄見者，明畢竟無色等境界，但有內心妄生分別，能見色等外諸境界。已明引證，次顯譬喻。問曰：若無色等外境界者，為但有言說，為亦有譬況？答曰：偈言如人目有瞖，見毛月等事故。此明何義？譬如人目或有膚瞖、熱氣病等。是故，妄見種種諸事，於虛空中覩見毛炎⑤等，見第二月⑥，及以夢幻乾闥婆城⑦。如是等法實無前事，但虛妄見而有受用色香味等。外諸境界皆亦如是，無始世來內心倒惑妄見有用，實無色等外諸境界。

　　諦譯：大乘中立義，外塵實無所有。若爾，云何見有外塵？為證此義故，言似塵識⑧生故。由識似塵現故，眾生於無塵中見塵。為顯此識，故立斯譬，如眼有病及眼根亂，於無物中識似二月及鹿渴⑨等而現。唯識義亦如是。是故，三界實無外塵，識轉⑩似塵顯。三性二諦⑪同無性性⑫，名非安立⑬。

---

① "结使"即烦恼的另一译名，意谓受烦恼束缚驱使。
② "不相应心"指心不与烦恼相应。
③ "第一义谛"（paramārthasatya）也称"胜义谛"或"真谛"，指出世间的真理。与此对应的是"俗谛"（saṃvṛtisatya），指世间的真理。
④ "前境界"指眼前的境界或对象。
⑤ "毛炎"指毛发幻影和阳炎。"阳炎"（marīci，或译"阳焰"）指阳光造成的幻影。
⑥ "第二月"指月亮重影。
⑦ "乾闼婆城"（gandharvanagara，或译"健达缚城"）指虚幻的城，相当于海市蜃楼。
⑧ "似尘识"指似乎显现外境的识。
⑨ "鹿渴"（mṛgatṛṣṇā）与"阳焰"（marīci）词义相通，指焦渴的鹿误认阳光为水。
⑩ "识转"指识转出。
⑪ "三性"指三自性，即妄想自性、依他自性和圆成自性。"二谛"指俗谛和真谛。
⑫ "无性"指无自性。"无性性"也就是无自性性，即空性。
⑬ "非安立"指无分别和无名言的真谛或真如。以上瞿译和谛译释文不见于原文。

奘译：內識生時，似外境現，如有眩瞖見髮蠅等，此中都無少分實義。①

अथ चोद्यते।

今译：对此，非难说：

瞿译：問曰偈言：

奘译：即於此義有設難言。頌曰：

**यदि विज्ञप्तिरनर्थो नियमो देशकालयोः।
संतानस्यानियमश्च युक्ता कृत्यक्रिया न च ॥ २ ॥**

今译：如果识没有对象，地点和时间限定，
　　　众生不限定，所作事作用，都不成立。（2）

瞿译：若但心無塵，離外境妄見，
　　　處時定不定，身②及所作事。

谛译：處時悉無定，無相續不定，
　　　作事悉不成，若唯識無塵。

奘译：若識無實境，則處時決定，
　　　相續不決定，作用不應成。

किमुक्तं भवति। यदि विना रूपाद्यर्थेन रूपादिविज्ञप्तिरुत्पद्यते न रूपाद्यर्थात्। कस्मात्क्वचिद्देश उत्पद्यते न सर्वत्र। तत्रैव च देशे कदाचिदुत्पद्यते न सर्वदा। तद्देशकालप्रतिष्ठितानां सर्वेषां संतान उत्पद्यते न केवलमेकस्य। यथा तैमिरिकाणां संताने केशाद्याभासो नान्येषां। कस्माद्यत्तैमिरिकैः केशभ्रमरादि दृश्यते तेन केशादिक्रिया न क्रियते न च तदन्यैर्न क्रियते। यदन्नपानवस्त्रविषायुधादि स्वप्ने दृश्यते तेनान्नादिक्रिया न क्रियते न च तदन्यैर्न क्रियते। गन्धर्वनगरेणा-

---

① "无少分实义"指无任何真实对象。奘译这段散文相当于原文第1颂。
② 此处"身"字，据《中华大藏经》校勘记，诸本作"人"。

सत्त्वान्नगरक्रिया न क्रियते न च तदन्यैर्न क्रियते। तस्मादर्थाभावे देशकालनियमः संतानानियमः कृत्यक्रिया च न युज्यते।

今译：这是说什么？如果没有色等对象①，色等识不由色等对象产生，为何它在某地产生，而不在一切地点产生？为何在某地某时产生，而不在一切时间产生？②它出现在某地某时一切众生③中，不仅仅在个别众生中，如同在那些翳障者众生中有毛发等似显现，而在其他众生中没有④。为何那些翳障者看见毛发、蜜蜂⑤等，这些毛发等不产生毛发等作用，而其他人看见，并非不产生作用？梦中看见食物、饮料、衣服、毒药和武器等，这些食物等不产生食物等作用，而其他人看见，并非不产生作用。健达缚城不实，不产生城的作用，而其他城并非不产生城的作用。⑥因此，如果依据显现不实对象，那么，地点和时间限定、众生不限定和所作事作用都不能成立。

瞿译：此偈明何义？若離色等外諸境界虛妄見者，以何義故？於有色處，眼則見色，餘無色處，則不見色。又復有難，若無色等外諸境界虛妄見者，以何義故？即彼見處，於有色時，眼則見色，於無色時，則不見色。又復有難，若無色等外諸境界虛妄見者，如是則應一切時見。若不如是，應一切時悉皆不見。是故，偈言若但心無塵，離外境妄見，處時定不定故。又復有難，若無色等外諸境界虛妄見者，以何義故？多人共集，同處同時，於有色處，則同見色，於無色處，則同不見。又復有難，若無色等外諸境界虛妄見者，以何義故？眼瞖之人妄見日月、毛輪、蠅等，淨眼之人則不妄見。又復有難，若等無

---

① "色等对象"指色、声、香、味、触和法这些外界对象，即"六境"。
② 这是非难者认为外界对象都有地点和时间的限定。
③ 此处"众生"的原词是 saṃtāna，词义通常是延续、连续、子孙、后代或家族。这里指众生，即处于生死相续中的众生。瞿译将此词译为"人"（或"身"）。谛译和奘译译为"相续"，也译为"人"。
④ 这是非难者认为真实对象的认知在众生中无限定，不像毛发等幻影只限定在翳障者中。
⑤ "翳障者看见毛发、蜜蜂等"相当于"飞蚊症"。此处"蜜蜂"（bhramara）一词，瞿译、谛译和奘译均为"蝇"。
⑥ 这是非难者认为一切事物有作用，而非像幻梦那样无作用。

有色香味等外諸境界虛妄見者，以何義故？眼瞖之人所見日月、毛輪、蠅等皆悉無用，淨眼之人有所見者皆悉有用。又復有難，若等無有色香味等外諸境界虛妄見者，以何義故？夢中所見飲食、飢飽、刀杖、毒藥，如是等事皆悉無用，寤時所見飲食、飢飽、刀杖、毒藥，如是等事皆悉有用。又復有難，若等無有色香味等外諸境界虛妄見者，以何義故？乾闥婆城實無有城而無城用，自餘城者皆實有城而有城用。以是義故，色香味等外諸境界皆悉實有，不同瞖、夢、乾闥婆①等。是故，處、時、人、所作業皆是實有，不同夢等。是故，偈言處、時定、不定人及所作事故。

諦譯：此偈欲顯何義？若離六塵，色等識生不從塵生，何因此識有處得生，非一切處生？於此處中或生、不生而不恒生？若眾人同在一時一處，是識不定相續②生，非隨一人。如人眼有瞖，見毛、二月等，餘人則不見。復有何因？瞖眼人所見髮蠅等塵不能作髮蠅等③，餘塵能作。又夢中所得飲食、衣服、毒藥、刀杖等，不能作飲食等事，餘物能作。又乾闥婆城實非有，不能作城事，餘城能作。若同無塵，是四種義云何不同？是故，離塵，定處、定時、不定相續及作事，是四義悉不成。

奘譯：論曰：此說何義？若離識實有色等外法④，色等識生不緣色等，何因此識有處得生，非一切處？何故此處有時識起，非一切時？同一處時有多相續，何不決定⑤隨一識生？如眩瞖人見髮蠅等，非無眩瞖有此識生。復有何因？諸眩瞖者所見髮等無髮等用，夢中所得飲

---

① 此處"乾闥婆"，據《中華大藏經》校勘記，《資》、《磧》、《南》、《徑》、《清》、《麗》作"乾闥婆城"。
② "不定相續"指對眾生沒有限定。
③ 此處"等"字，據《中華大藏經》校勘記，諸本作"等事"。
④ 此處"若離識實有色等外法"，原文為 yadi vinā rūpādyarthena（"如果沒有色等對象"），瞿譯"若離色等外諸境界"，諦譯"若離六塵"。而在下面一段中，類似的用語 vināpy arthena（"即使沒有對象"）出現兩次，奘譯分別為"雖無實境"和"雖無離識實境"。其中，"雖無實境"契合原文。若仿照這個譯法，"若離識實有色等外法"應譯為"若無色等外法"，"雖無離識實境"同樣應譯為"雖無實境"。
⑤ "決定"指確定或限定。

食、刀杖、毒藥、衣等無飲等用，尋香城①等無城等用，餘髪等物其用非無。若實同無色等外境，唯有內識似外境生，定處、定時、不定相續、有作用物皆不應成。

न खलु न युज्यते यस्मात्।

今译：并非不能成立，因为

瞿译：答曰偈言：

谛译：非不成。

奘译：非皆不成，颂曰：

देशादिनियमः सिद्धः स्वप्नवत्

今译：地点等限定成立，如梦。

瞿译：處時等諸事，無色等外法，
　　　人夢及餓鬼，依業虛妄見。

谛译：定處等義成，如夢。

奘译：處時定如夢，身不定如鬼，
　　　同見膿河等，如夢損有用。

स्वप्न इव स्वप्नवत्। कथं तावत्। स्वप्ने विनाप्यर्थेन कचिदेव देशे किंचिद् भ्रमरारामस्त्रीपुरुषादिकं दृश्यते न सर्वत्र। तत्रैव च देशे कदाचिद्दृश्यते न सर्वकाल- मिति सिद्धो विनाप्यर्थेन देशकालनियमः।

今译："如梦"即像梦那样。怎么样？在梦中，即使没有对象，也看见某地某个蜜蜂、花园、妇女和男子等，而非一切地点。看见某地某时，而非一切时间②。因此，即使没有对象，地点和时间限定也能成立。

---

① "寻香城"是健达缚城的另一译名。
② 这里是说梦中所见不实对象也有地点和时间的限定。

瞿译：此偈明何義？汝言，以何義故？於有色處眼則見色，餘無色處不見色者。此義不然，何以故？以彼夢中於無色處則見有色，於有色處不見色故。又汝言，以何義故？即彼見處於有色時，眼則見色。若無色時，不見色者。汝以何①故？於彼夢中一處見有聚落城邑及男女等，或即彼處聚落城邑及男女等皆悉不見。或有時②見，或時不見，非是常見。又汝言，若無色等外諸境界虛妄見者，如是則應一切時見。若不如是，應一切時不見者。此義不然。何以故？有於處時無色香等外諸境界，亦有同處同時同見，亦有同處同時不見。是故，偈言人夢及餓鬼，依業虛妄見故。此明何義？以汝向言若無色等外諸境界。③此義不成，是虛妄說。何以故？以④離色等外諸境界，時處等事皆悉成故。

谛译：云何夢中離諸塵，有處或見國園男女等，非一切處。或是處中有時見，有時不見，而不恒見？是故，離塵，定處定時得成立。

奘译：論曰：如夢，意說⑤如夢所見。謂如夢中，雖無實境，而或有處見有村園男女等物，非一切處。即於是處或時見有彼村園等，非一切時。由此，雖無離識實境，而處時定非不得成。

प्रेतवत्पुनः।

सन्तानानियमः

今译：　　　　　　　　还有，如饿鬼，
众生不限定，

---

① 此处"何"字，据《中华大藏经》校勘记，《丽》作"何义"。
② 此处"有时"，据《中华大藏经》校勘记，《丽》作"时有"。
③ 此处"境界"后面，据《中华大藏经》校勘记，诸本有"云何有时处等见不见者？"一句。
④ 此处"以"字，据《中华大藏经》校勘记，《丽》作"以应"。
⑤ "意说"指意思是说或意谓。

सिद्ध इति वर्तते प्रेतानामिव प्रेतवत्। कथं सिद्धः समं।

今译：所说成立。"如饿鬼"即像饿鬼那样。为何同样成立？

सर्वैः पूयनद्यादिदर्शने ॥ ३ ॥

今译：　　　　　依据他们全都看见脓河等。（3）

पूयपूर्णा नदी पूयनदी। घृतघटवत्। तुल्यकर्मविपाकावस्था हि प्रेताः सर्वे ऽपि पूयपूर्णां नदीं पश्यन्ति नैक एव। यथा पूयपूर्णामेवं मूत्रपुरीषादिपूर्णां दण्डासिधरैश्च पुरुषैरधिष्ठितामित्यादिग्रहणेन। एवं संतानानियमो विज्ञप्तीनाम-सत्यप्यर्थे सिद्धः।

今译："脓河"即充满脓汁的河，如酥油罐①。因为具有同样业报的所有饿鬼而非一个饿鬼看见充满脓汁的河。正如看见充满脓汁的河，也看见充满粪便等的河。"等"意谓还看见手持棍棒刀剑的人们守护的河。这样，即使识的对象不实，众生不限定也成立。

瞿译：汝言②，以何义故？多人共集，同處同時，於有色處則同見色，於無色處則同不見。又汝言，眼瞖之人妄見日月、毛輪、蠅等，淨眼之人不妄見者。此義不然。何以故？如餓鬼等離色香等外諸境界，處、時、人等一切皆成。此義云何？如餓鬼等，或百同業，或千同業，同見河中皆悉是膿，或皆見血，或見小便，或見大便，或見流鐵，或見流水，而兩岸邊多有眾人執持刀杖守掌防護，不令得飲。此則遠離色聲香等外諸境界而虛妄見。是故，偈言人夢及餓鬼，依業虛妄見故。又汝言，以何義故？眼瞖之人所見日月、毛輪、蠅等皆悉無用，淨眼之人皆悉有用。夢中所見飲食、飢飽、刀杖、毒藥，如是等事皆悉無③，寤時所見飲食、飢飽、刀杖、毒藥，如是

---

① "如酥油罐"指充满酥油的罐。
② 此处"汝言"，据《中华大藏经》校勘记，诸本作"又汝言"。
③ 此处"无"字，据《中华大藏经》校勘记，《丽》作"无用"。

等①皆悉有用。又汝言，以何義故？乾闥婆城實無有城而無城用，自餘城者皆實有城而有城用者。此義不然。何以故？又偈言：

谛译：如餓鬼，相續不定。如餓鬼，相續不定得成。云何得成？一切同見膿河等②。膿遍滿河，故名膿河，猶如酥甕。餓鬼同業報位故，一切悉見膿等遍滿河中，非一。如見膿河，餘糞穢等河亦爾。或見有人捉持刀杖遮護，不令得近。如此唯識相續不定離塵得成。

奘译：說如鬼言③顯如餓鬼。河中膿滿，故名膿河，如說酥瓶，其中酥滿。謂如餓鬼同業異熟④，多身共集，皆見膿河，非於此中定唯一見。等言⑤顯示或見糞等，及見有情⑥執持刀杖遮捍守護，不令得食。由此雖無離識實境，而多相續不定義成。

स्वप्नोपघातवत्कृत्यक्रिया

今译：如梦中损失，所作事作用。

瞿译：如夢中無女，動身失不淨，
　　　　獄中種種主，為彼所逼惱。

सिद्धेति वेदितव्यं। यथा स्वप्ने द्वयसमापत्तिमन्तरेण शुक्रविसर्गलक्षणः स्वप्नोपघातः। एवं तावदन्यान्यैर्दृष्टान्तैर्देशकालनियमादिचतुष्टयं सिद्धं।

今译：应知所说成立。如在梦中虽无男女交媾，而有遗精相，是梦中损失。⑦这样，由这些例证证明地点和时间限定等四事成立。

瞿译：此偈明何義？如人夢中實無女人，而見女人，與身交會，

---

① 此处"等"字，据《中华大藏经》校勘记，诸本作"等事"。
② 此处阐释谛译第 3 颂："定处得义成，如梦如饿鬼，续不定一切，同见脓河等。"（见前面，下同）
③ "说如鬼言"指所说"如鬼"一词。
④ "异熟"（vipāka）指果报。
⑤ "等言"指"等"这个字。
⑥ "有情"是 sattva（"众生"）一词的又一译名。
⑦ 这里是说虚妄的事物也有作用。

漏失不淨。眾生如是，無始世來虛妄受用色香味等外諸境界，皆亦如是實無而成。以如是等種種譬喻，離色香等外諸境界，有處、時、人、所作業等四種事成。

谛译：如夢害作事。①如夢離男女交會，出不淨為相，夢害得成，作事亦爾。如此由各名譬②，處時定等四義得成。

奘译：又如夢中，境雖無實，而有損失精血等用。由此，雖無離識實境，而有虛妄作用義成。如是，且依別別譬喻，顯處定等四義得成。復次，頌曰：

नरकवत्पुनः।

सर्वं

今译：　　　　　　　还有，如地狱，

一切

सिद्धमिति वेदितव्यं। नरकेष्विव नरकवत्। कथं सिद्धं।

今译：应知所说成立。"如地狱"即像在地狱中那样。为何成立？

瞿译：又復更有一種譬喻，離色香等外諸境界，四種事成，皆虛妄不實。是故，偈言獄中種種主，為彼逼③惱故。此明何義？彼四種事離色香等外諸境界，一切皆成。云何皆成？

谛译：復次，如地獄一切，由地獄譬，四義得成立。云何得成？見獄卒及共受逼害④。

नरकपालादिदर्शने तैश्च बाधने ॥४॥

---

① 这句见于谛译第 4 颂。
② 此处"由各名譬"，据《中华大藏经》校勘记，《丽》作"喻各各譬"。
③ 此处"逼"字，据《中华大藏经》校勘记，诸本作"所逼"。
④ 此处阐释谛译第 4 颂中的"復次如地獄，一切見獄卒，及共受逼害"。

今译：　　　　　　依据他们都看见狱卒等和同受迫害。（4）

奘译：一切如地狱，同见狱卒等，

　　　　能为逼害事，故四义皆成。

यथा हि नरकेषु नारकाणां नरकपालादिदर्शनं देशकालनियमेन सिद्धश्वायसायसपर्वताद्यागमनगमनदर्शनं चेत्यादिग्रहणेन सर्वेषां च नैकस्यैव तैश्च तद्बाधनं सिद्धमसत्स्वपि नरकपालादिषु समानस्वकर्मविपाकाधिपत्यात्। तथान्यत्रापि सर्वमेतद्देशकालनियमादिचतुष्ट्यं सिद्धमिति वेदितव्यं।

今译：因为正如在地狱中，地狱众生看见狱卒等，因地点和时间限定而成立。"等"指看见狗、乌鸦和铁山等来去。由于相同的自己的业报威力，即使并无真实的狱卒等，所有地狱众生而非一个众生受狱卒等迫害①，故而成立。同样，应知在别处，地点和时间限定等四事也都成立。

瞿译：如地狱中無地獄主②，而地獄眾生依自罪業見地獄主。彼地獄主與種種苦，而起心見此是地獄，此是地獄處，此是地獄時，此是夜時，此是晝時，此中前時，此中後時，彼是地獄主，我是作罪人。以惡業故，見狗見烏，或見鐵鉤，或見兩羊，或見兩山從兩邊來逼罪人身，或見劍樹，罪人上時劍刃向下，罪人下時劍刃向上，周匝而有。何以故？以業同故，同共聚集，皆悉同見，同受果報。若業不同，則不同集，亦不同見，不同受苦。以是義故，汝言處、時定、不定身及所作事應有色等外諸境界，處、時及身、所作業等皆是實者。彼亦虛妄。以是義故，處、時及身、所作業等此四種事，唯以一種地獄譬喻，皆成虛妄，應如是知。問曰：地獄中主、烏、狗、羊等，為是眾生，為非眾生？答曰：非是眾生。

谛译：如地獄中諸受罪人見獄卒等，定處定時。見狗、烏、山等

---

① 这里是说不限定一个地狱众生，并且有迫害之事的作用。
② "地獄主"指獄卒。

來，平等見，非一。受逼害亦爾。實無獄卒等，由同業報增上①緣故。餘處亦如是。由此，通譬四義得成。

奘译：論曰：應知此中一地獄喻，顯處定等一切皆成。如地獄言，顯在地獄受逼害苦諸有情類。謂地獄中，雖無真實有情數攝②獄卒等事，而彼有情同業異熟增上力故，同處同時，眾多相續皆共見有獄卒、狗、烏、鐵山物等來至其所，為逼害事。由此，雖無離識實境，而處定等四義皆成。

किं पुनः कारणं नरकपालास्ते च श्वानो वायसाश्च सत्वा नेष्यन्ते। अयोगात्। न हि ते नारका युज्यन्ते। तथैव तदुःखाप्रतिसंवेदनात्। परस्परं यातयतामिमे नारका इमे नरकपाला इति व्यवस्था न स्यात्। तुल्याकृतिप्रमाणबलानां च परस्परं यातयतां न तथा भयं स्यात्। दाहदुःखं च प्रदीप्तायामयोमय्यां भूमावसहमानाः कथं तत्र परान्यातयेयुः। अनारकाणां वा नरके कुतः संभवः।

今译：根据什么理由认为那些狱卒、狗和乌鸦不是众生？由于不合适。因为他们是地狱众生不合理。因为他们不感受地狱众生的痛苦。如果他们互相折磨，也就不能确定这些是地狱众生，这些是狱卒③。如果他们具有同样的形相、体型和力量，互相折磨，也就不会有这样的恐惧④。如果他们自己不堪忍受炽热铁地上烧灼的痛苦，怎么还能折磨其他众生？或者，非地狱众生怎么会出生在地狱中？⑤

瞿译：問曰：以何義故？非是眾生。答曰：以不相應⑥故。此以何義？有五種義，彼地獄主及烏、狗等非是眾生。何等為五？一者如地獄中罪眾生等受種種苦，地獄主等若是眾生，亦應如是受種種苦。

---

① "增上"的原词是 ādhipatya，词义为统治或控制，此处可理解为"威力"。
② "有情数攝"（sattvākhya）指名为或属于众生者，即处于六道轮回中的众生均是"有情数攝"。原文中无此词。
③ 这里是说如果他们是地狱众生，也在地狱中受折磨，他们就不成其为狱卒。
④ 这里是说如果他们也是地狱众生，也受折磨，其他地狱众生就不会对他们产生恐惧。
⑤ 这里是说他们并非地狱众生，怎么可能属于地狱道？
⑥ "不相应"的原词是 ayoga，词义为不合适、不合理或不成立。

而彼一向不受如是種種苦惱。以是義故，彼非眾生。二者地獄主等若是眾生，應迭相殺害，不可分別此是罪人，此是主等。而實不共遞相殺害，可得分別此是罪人，此是獄主。以是義故，彼非眾生。三者地獄主等若是眾生，形、體、力等①，應遞相殺害，不應偏為受罪人畏。而實偏為罪人所畏。以是義故，彼非眾生。四者彼地獄地常是熱鐵，地獄主等是眾生者不能忍苦，云何能害彼受罪人？而實能害彼受罪人。以是義故，彼非眾生。五者地獄主等若是眾生，非受罪人不應於彼地獄中生。而實生於彼地獄中。以是義故，彼非眾生。以何義②？彼地獄中受苦眾生，造五逆等諸惡罪業於彼中生，地獄主等不造惡業，云何生彼？以如是等五種義故，名不相應。

諦譯：何故獄卒、狗、烏等不許是實眾生，無道理故。是獄卒不成地獄道受罪人故，如地獄苦不能受故。若彼地獄人更互相害，云何③分別此是地獄人，彼是獄卒？若同形貌力量，無更互相怖畏義。於赤鐵地火焰恒起，彼自不能忍受燒燃苦，云何於中能逼害他？彼非地獄人，云何得生地獄中？

奘譯：何緣不許獄卒等類是實有情，不應理故。且此不應那落迦攝④，不受如彼所受苦故。互相逼害，應不可立彼那落迦、此獄卒等。形、量、力既等，應不極相怖。應自不能忍受鐵地炎熱猛焰恒燒然苦，云何於彼能逼害他？非那落迦不應生彼。

कथं तावत्तिरश्चां स्वर्गसंभवः। एवं नरकेषु तिर्यक्प्रेतविशेषणां नरक-पालादीनां संभवः स्यात्।

今譯：为何天国中有畜生？同样，地狱中应该有特殊的畜生和饿鬼为狱卒等。

---

① 此处"等"指等同或相同。
② 此处"以何义"，据《中华大藏经》校勘记，诸本作"此以何义"。
③ 此处"云何"，据《中华大藏经》校勘记，诸本作"云何得"。
④ "那落迦攝"（nāraka）指地狱众生。"那落迦"是naraka（"地狱"）一词的音译。

瞿译：问曰：若彼主等非是众生，不作罪业不生彼者，云何天中得有畜生？此以何义？如彼天中有种种鸟、诸畜生等生在彼处，於地狱中何故不尔？畜生、饿鬼种种杂生①令彼为主。答曰偈言：

谛译：云何畜生得生天上？如是地狱畜生及饿鬼别类②等生地狱中，名为狱生地狱中③名为狱卒。是事不然。

奘译：如何天上现有傍生④？地狱亦然。有傍生、鬼为狱卒等。此救⑤不然。颂曰：

तिरश्चां सम्भवः स्वर्गे यथा न नरके तथा।
न प्रेतानां यतस्तज्जं दुःखं नानुभवन्ति ते ॥५॥

今译：地狱中没有如同天国的畜生，也没有
饿鬼，因为他们不感受地狱中的痛苦。（5）

瞿译：畜生生天中，地狱不如是，
以在於天上，不受畜生苦。

谛译：如畜生生天，地狱无杂道⑥，
地狱中苦报，由彼不能受。

奘译：如天上傍生，地狱中不尔，
所执傍生鬼，不受彼苦故。

ये हि तिर्यञ्चः स्वर्गे संभवन्ति ते तद्भाजनलोकसुखसंवर्तनीयेन कर्मणा तत्र संभूतास्तज्जं सुखं प्रत्यनुभवन्ति। न चैवं नरकपालादयो नारकं दुःखं प्रत्यनुभवन्ति। तस्मान्न तिरश्चां संभवो युक्तो नापि प्रेतानां।

---

① "杂生"指各种众生。
② "别类"的原词是 viśeṣa，词义为不同的或特殊的。
③ 此处"名为狱生地狱中"，据《中华大藏经》校勘记，诸本无。
④ "傍生"（tiryañc）即畜生。
⑤ "救"指补救。
⑥ "地狱无杂道"指地狱道中没有其他各道的众生。

今译：因为生于天国的畜生具有能感应器世间快乐的业，能享受由此产生的快乐①。而狱卒等并不同样感受地狱的痛苦②。因此，畜生和饿鬼生于地狱不合理③。

瞿译：此偈明何义？彼畜生等生天上者，於彼④天上器世间中有少分业⑤。是故，於彼器世间中受乐果报。彼地狱主及乌、狗等不受诸苦。以是义故，彼地狱中无有实主及乌、狗等，除罪众生⑥。

谛译：若畜生生天，由杂业⑦能感起世界乐，生中受天乐报。狱卒等不尔，不受地狱苦报故。是故，畜生及饿鬼无道理得生地狱中。

奘译：论曰：诸有傍生生天上者，必有能感彼器乐业，生彼定受器所生乐。非狱卒等受地狱中器所生苦⑧，故不应许⑨傍生、鬼趣⑩生那落迦。

तेषां तर्हि नारकाणां कर्मभिस्तत्र भूतविशेषाः संभवन्ति वर्णाकृति-प्रमाणबलविशिष्टा ये नरकपालादिसंज्ञां प्रतिलभन्ते। तथा च परिणमन्ति यद्द्विविधां हस्तविक्षेपादिक्रियां कुर्वन्तो दृश्यन्ते भयोत्पादनार्थं। यथा मेषाकृतयः पर्वता आगच्छन्तो गच्छन्तोऽयःशाल्मलीवने च कण्टका अधोमुखीभवन्त ऊर्ध्वमुखी-भवन्तश्चेति। न ते न संभवन्त्येव।

---

① "器世间"指众生所处的自然世界。这里是说天国中的畜生是由于前生所作善业，而能转为天国的畜生，享受天上世界的快乐。
② "狱卒等"指地狱中的狱卒、乌鸦和狗等。这里是说他们在地狱中并不像地狱众生那样感受地狱的痛苦。
③ 这里是说属于畜生道和饿鬼道者不会生于地狱。狱卒等也并非是地狱道中特殊的畜生或饿鬼。
④ 此处"于彼"，据《中华大藏经》校勘记，《资》、《碛》、《普》、《南》、《径》、《清》作"彼于"。
⑤ "有少分业"指有某些业。
⑥ 这里是说地狱中没有真实的地狱主及乌鸦和狗等，除了那些罪恶众生。
⑦ "杂业"指种种业。
⑧ 此处"非狱卒等受地狱中器所生苦"，可读为"狱卒等非受地狱中器所生苦"。原文中"非"（na）字在句首，奘译没有改换词序。此处瞿译"不受诸苦"，谛译"不受地狱苦报"。
⑨ 此处"许"指许可或认可。
⑩ "鬼趣"指饿鬼道的众生。

今译：那么，由于这些地狱众生的业，而在这里产生特殊的四大①，具有特殊的肤色、形相、体型和力量，而获得狱卒等称号。同样，他们呈现变化，能看见为了制造恐怖，做出挥舞手等种种动作，如山羊状的山移来移去，铁刺林中的尖刺朝上朝下。这些并非不存在。

瞿译：問曰：若如是者，地獄眾生依罪業故，外四大等種種轉變，形、色、力等勝者，名主及烏、狗等。云何名為四大轉變？彼處四大種種轉變，動手腳等及口言說，令受罪人生於驚怖。如有兩羊②從兩邊來共殺害彼地獄眾生，見有諸山或來或去殺害眾生，見鐵樹林，見棘林等，罪人上時樹刺向下，罪人下時樹刺向上。以是義故，不得說言唯有內心無外境界。答曰偈言：

谛译：由罪人業故，似獄卒等生，
　　　若許彼變異，於識何不許？③

由地獄人業報故，四大別類生獄卒等種種差別，顯現色、形、量異，說名獄卒等。變異亦爾，或顯現動搖手足等，生彼怖畏，作殺害事，或有兩山相似㺚羊乍合乍離，鐵樹林中鐵樹利刺或低或豎。彼言不無此事。

奘译：若爾，應許彼那落迦業增上力生異大種④，起勝形，顯量、力差別，於彼施設⑤獄卒等名。為生彼怖，變現種種動手足等差別作用，如羺羊山乍離乍合，剛鐵林刺或低或昂，非事全無。然不應理。頌曰：

यदि तत्कर्मभिस्तत्र भूतानां संभवस्तथा।
इष्यते परिणामश्च किं विज्ञानस्य नेष्यते ॥ ६ ॥

---

① "四大"指地、火、水和风四大元素。
② 瞿译此处和前面所译"两羊"一词，原文为 meṣākṛtayaḥ parvatāḥ（"山羊状的山"），谛译"两山相似㺚羊"，奘译"羺羊山"。
③ 谛译这首偈颂据原文以及瞿译和奘译，在下面这段释文后面。
④ "异大种"（bhūtaviśeṣa）指特殊的四大。此词谛译"四大别类"。
⑤ "施设"指使用或指称。

今译：如果认为由于他们的业，在这里有四大的
　　　产生和变化，何不认为是识的产生和变化？（6）

瞿译：若依眾生業，四大如是變，
　　　何故不依業，心如是轉變？

奘译：若許由業力，有異大種生，
　　　起如是轉變，於識何不許？

विज्ञानस्यैव तत्कर्मभिस्तथा परिणामः कस्मान्नेष्यते किं पुनर्भूतानि कल्प्यन्ते। अपि च।

今译：为何不认为由于他们的业，识有这样的变化，而妄想四大？还有，

瞿译：此偈明何義？汝向言依罪人業，外四大等如是轉變。何故不言依彼眾生罪業力故，內自心識如是轉變，而心虛妄分別說言外四大等如是轉變？又偈言：

谛译：何故不許由識起業①，識有變異，而說是四大有此變異？復次，

奘译：論曰：何緣不許識由業力如是轉變，而執大種？復次，頌曰：

**कर्मणो वासनान्यत्र फलमन्यत्र कल्प्यते।
तत्रैव नेष्यते यत्र वासना किं नु कारणम्॥७॥**

今译：妄想业的熏习在某处，果在别处，
　　　而不认为在熏习之处，有何理由？（7）

瞿译：業熏於異法，果云何異處？
　　　善惡熏於心，何故離心說？

---

① "由识起业"可理解为由于识生起于业。

谛译：業熏習識內，執果生於外，
何因熏習處，於中不說果？

奘译：業熏習餘處，執餘處有果①，
所熏識有果，不許有何因？

येन हि कर्मणा नारकाणां तत्र तादृशो भूतानां संभवः कल्प्यते परिणामश्च तस्य कर्मणो वासना तेषां विज्ञानसंतानसंनिविष्टा नान्यत्र। यत्रैव च वासना तत्रैव तस्याः फलं तादृशो विज्ञानपरिणामः किं नेष्यते। यत्र वासना नास्ति तत्र तस्याः फलं कल्प्यत इति किमत्र कारणं।

今译：妄想由于地狱众生的业，在这里有这样的四大产生和变化。而这种业的熏习在他们的识的相续中，并不在别处。哪里有熏习，哪里就有它的果，为何不认为是这样的识的变化？妄想无熏习处，而有它的果，有何理由？

瞿译：此偈明何義？以汝虛妄分別，說言依②眾生罪業力故，外四大等如是轉變，生彼罪人種種怖等。以何義故？不如是說，依彼眾生罪業力故，內自心識如是轉變。是故，偈言業熏於異法，果云何異處故。此以何義？彼地獄中，受苦眾生所有罪業，依本心作，還在心中，不離於心。以是義故，惡業熏心，還應心中受苦果報。何以故？以善惡業熏於心識，而不熏彼外四大等。以四大中無所熏事，云何虛妄分別，說言四大轉變，於四大中受苦果報？是故，偈言善惡熏於心，何故離心說？

谛译：是罪人業於地獄中，能見如此等事③四大聚及其變異。此業熏習在地獄人識相續中，不在餘處。此熏習處，是識變異似獄卒等。是業果報而不許在本處，非熏習處而許業果生，何因作如此執？

---

① 这里的两个"余处"对应原文中的两个 anyatra（"别处"），指两个不同的处所。
② 此处"依"字，据《中华大藏经》校勘记，诸本作"依彼"。
③ 此处"事"字，据《中华大藏经》校勘记，《资》、《碛》、《普》、《南》、《径》、《清》无。

奘译：論曰：執那落迦由自業力生差別大種，起形等轉變。彼業熏習理應許在識相續中，不在餘處。有熏習識，汝便不許有果轉變。無熏習處，翻執有果。此有何因？

आगमः कारणं। यदि विज्ञानमेव रूपादिप्रतिभासं स्यान्न रूपादिकोऽर्थस्तदा रूपाद्यायतनास्तित्वं भगवता नोक्तं स्यात्।

今译：经教的理由。如果识显现色等，而无色等对象，那么，世尊不应说有色等处①。

瞿译：問曰：如汝向說，何故不言依彼眾生罪業力故，內自心識如是轉變，而心虛妄分別，說言外四大等如是轉變者？此以何義？以有阿含②證驗知故。言阿含者，謂佛如來所說言教。此以何義？若但心識虛妄分別見境界③，不從色等外境界生眼識等者。以何義故？如來經中說眼色等十二種入。以如來說十二入故，明知應有色香味等外境界④。

谛译：阿含是因。若但識似色等塵生，無色等外塵，佛世尊不應說實有色等諸入。

奘译：有教為因。謂若唯識似色等現無別色等，佛不應說有色等處。

अकारणमेतद्यस्मात्।

今译：这不成为理由，因为

瞿译：答曰偈言：

谛译：此阿含非因，以非阿含意故。

---

① "色等处"指十二处（āyatana，或译"入"）指内六处（眼、耳、鼻、舌、身和意，即六根）和外六处（色、声、香、味、触和法，即六境）。
② "阿含"（āgama，或译"阿笈摩"）指经典。
③ 此处"境界"，据《中华大藏经》校勘记，诸本作"外境界"。
④ 此处"外境界"，据《中华大藏经》校勘记，诸本作"外境界也"。

奘译：此教非因，有别意故。颂曰：

रूपाद्यायतनास्तित्वं तद्विनेयजनं प्रति।
अभिप्रायवशादुक्तमुपपादुकसत्त्ववत्॥ ८ ॥

今译：有色等处，是依据密意①，针对
　　　受教者而说，如同化生众生②。（8）

瞿译：說色等諸入，爲可化眾生③，
　　　依前人受法，說言有化生。

谛译：色等入有教，爲化執我人，
　　　由隨別意說，如說化生生。

奘译：依彼所化生④，世尊密意趣，
　　　說有色等處，如化生有情。

यथास्ति सत्व उपपादुक इत्युक्तं भगवता। अभिप्रायवशाच्चित्तसंतत्य-नुच्छेदमायत्यामभिप्रेत्य।

今译：正如世尊说有化生众生，这是依据密意，意谓心在来世相续不断。

瞿译：此偈有何義？以汝向言。以有阿含證驗知故，色、香、味等十二入外諸境界皆悉是有。若如是者，彼所引經義則不然。何以故？以復有餘修多羅中，如來依彼心業相續不斷不絕，是故說有化生眾生。又復有餘修多羅中說言：

---

① "密意"的原词是 abhiprāya，词义为意图或含义。此词谛译"别意"，奘译"别意"和"密意趣"。
② 此处"化生众生"（upapādukasatva）指"中有"（antarābhava），即众生在死亡至再次受生之间的识身，而非实体众生。
③ "可化众生"指可教化的众生。
④ "所化生"指所教化的众生。

谛译：如佛世尊說有化生眾生，由別意故，說幻①相續不斷乃至來生。復次，佛說：

奘译：論曰：如佛說有化生有情，彼但依心相續不斷能往後世密意趣說。

नास्तीह सत्व आत्मा वा धर्मास्त्वेते सहेतुकाः।

今译：无众生或我，但诸法有因②。

瞿译：無我、無眾生、無壽者③，唯因緣和合有諸法生。

谛译：無眾生及我，但法有因果。

奘译：不說實有化生有情，說無有情、我，但有法因故。

इति वचनात्। एवं रूपाद्यायतनास्तित्वमप्युक्तं भगवता तद्देशनाविनेय-जनमधिकृत्येत्याभिप्रायिकं तद्वचनं।

今译：依据以上所说，这样，世尊说有色等处，只是为了教导适合这种说法的受教者。他的言说含有密意。

瞿译：是故，偈言依前人受法，說言有化生故。如來如是說色等入，為令前人得受法故。以彼前人未解因緣諸法體空，非謂實有色香味等外諸境界。是故，偈言說色等諸入，為可化眾生故。

谛译：由此別說，知是別教。佛世尊說色等諸入亦如是，為度所聞④說入眾生⑤。此說依教意。

奘译：說色等處，契經亦爾，依所化生宜受彼教密意趣說，非別

---

① 此处"幻"字，据《中华大藏经》校勘记，《资》、《碛》、《普》、《南》、《径》、《清》作"约"。"约"的原词是 vaśa，词义为依靠或依据。
② "诸法有因"指一切法皆由缘起而生。
③ "无寿者"即"无命者"，也指"无我"。
④ 此处"所闻"，据《中华大藏经》校勘记，诸本作"宜闻"。
⑤ 按"宜闻"的读法，"为度宜闻说入众生"指为度化适宜听讲述"入"的众生。

實有。

कोऽत्राभिप्रायः।

今译：其中的密意是什么？

瞿译：問曰：若實無有色等入者，以何義故？如來經中作如是說。答曰偈言：

谛译：別教意云何？

奘译：依何密意說色等十①？頌曰：

यतः स्वबीजाद्विज्ञप्तिर्यदाभासा प्रवर्तते।
द्विविधायतनत्वेन ते तस्या मुनिरब्रवीत्॥९॥

今译：从自己的种子②，识似对象显现转出，
牟尼③说它们④具有它⑤的两种处性⑥。（9）

瞿译：依彼本心智⑦，識妄取外境，
是故如來說，有內外諸入。

谛译：識自種子生，顯現起似塵，
為成內外入，故佛說此二。

奘译：識從自種生，似境相而轉，
為成內外處，佛說彼為十。

---

① 此处"十"指眼、耳、鼻、舌和身以及色、声、香、味和触。原文中没有使用"十"这个词。
② "种子"（bīja）指过去受业行熏染而留在阿赖耶识中的印象。这种潜印象或潜意识如同埋在阿赖耶识中的种子。
③ "牟尼"（muni）是对出家人和苦行者的尊称，也常用作佛的称号。
④ "它们"指种子和似对象显现。
⑤ "它"指识。
⑥ "两种处性"指内六处（即六根）和外六处（即六境）。
⑦ "本心智"指种子。

किमुक्तं भवति। रूपप्रतिभासा विज्ञप्तिर्यतः स्वबीजात्परिणामविशेषप्राप्ता-दुपद्यते तच्च बीजं यत्प्रतिभासा च सा ते तस्या विज्ञप्तेश्चक्षूरूपायतनत्वेन यथाक्रमं भगवानब्रवीत्। एवं यावत् स्प्रष्टव्यप्रतिभासा विज्ञप्तिर्यतः स्वबीजात्परिणाम-विशेषप्राप्तादुपद्यते। तच्च बीजं यत्प्रतिभासा च सा ते तस्या कायस्प्रष्टव्यायतनत्वेन यथाक्रमं भगवानब्रवीदित्ययमभिप्रायः।

今译：这是说什么？识由自己的种子发生特殊变化，似色显现转出。这种种子和这种似色显现，世尊依次说它们具有识的眼和色处性。这样，识由自己的种子发生特殊变化，乃至似触显现转出①。这种种子和这种似触显现，世尊依次说它们具有识的身和触处性。这是密意。

瞿译：此偈明何義？唯是內心虛妄分別，見有色等外諸境界。此依無始心意識等種子轉變，虛妄見彼色香味等外諸境界。是故，如來依此虛妄二種法故，作如是說。何者為二？一者本識種子②，二者虛妄外境界等。依此二法，如來說有眼色等入，如是次第，乃至身觸。以虛妄心依無始來心意識等種子轉變，虛妄見彼色香味等外諸境界。是故，如來依此虛妄二種法故，作如是說。何者為二？一者本識種子，二者虛妄外境界等。依此二法，如來說有身觸等入，如是次第。是故，偈言依彼本心智，識妄取外境。是故，如來說有內外諸入故。

谛译：此偈欲顯何義？似塵識從自種子勝類變異③生，是種子及似塵顯現，為似色識生方便門故，佛世尊次第說眼入、色入乃至似觸識。從自種子至變異差別生，是種子及似觸顯現，為觸④識生方便門故，佛世尊說為身入及觸入。

奘译：論曰：此說何義？似色現識從自種子緣合轉變差別而生，佛依彼種及所現色，如次說為眼處、色處，如是乃至似觸現識，從自

---

① "乃至似触显现转出"指似声显现、似香显现、似味显现，乃至似触显现转出。
② "本识种子"指阿赖耶识的种子。
③ "胜类变异"（pariṇāmaviśeṣa）指特殊变化。
④ 此处"触"字，据《中华大藏经》校勘记，《资》、《碛》、《普》、《南》、《径》、《清》作"似触"。

種子緣合轉變差別而生。佛依彼種及所現觸，如次說為身處、觸處。依斯密意，說色等十。

एवं पुनरभिप्रायवशेन देशयित्वा को गुणः।

今译：还有，依据密意这样说，有什么优点？

瞿译：問曰：若依如是義說，有何功德利益？答曰偈言：

谛译：若約此義說入，有何利益？

奘译：此密意說，有何勝利①？頌曰：

तथा पुद्गलनैरात्म्यप्रवेशो हि

今译：这样，进入人无我。

瞿译：觀虛妄無實，如是入我空，
觀於諸異法，入諸法無我。

谛译：若他依此教，得入人無我，
由別教②能除，分別入法空③。

奘译：依此教能入，數取趣④無我，
所執法無我，復依餘教入。

तथा हि देश्यमाने पुद्गलनैरात्म्यं प्रवेशन्ति। द्वयाद्विज्ञानषट्कं प्रवर्तते। न तु कश्चिदेको द्रष्टास्ति न यावन्मन्तेत्येवं विदित्वा ये पुद्गलनैरात्म्यदेशनाविनेयास्ते पुद्गलनैरात्म्यं प्रविशन्ति।

今译：闻听这样的教导，人们进入人无我。六识从两种处转出，

---

① "胜利"的原词是 guṇa，词义为性质、品质、美德、优点、功德或利益。
② "别教"指另一种教导，即唯识的教导。此词奘译"余教"。
③ 这两句可读为"由别教能除分别，入法空"。
④ "数取趣"的原词是 pudgala，音译"补特伽罗"，意译"人"或"众生"。"数取趣"也是意译，意谓一再进入六道轮回的众生。

而没有任何见者，乃至没有思者①。知道这样，受人无我教者进入人无我。

瞿译：此偈明何义？為令聲聞解知因彼六根六塵生六種識，眼識見色，乃至身識覺觸。無有一法是實見者，乃至無有一法是實覺者，為令可化諸眾生等作是觀察，入人無我空。是故，偈言觀虛妄無實，如是入我空故。

谛译：若佛世尊由此義說諸人②，受化弟子得入人空。從唯六雙③，但六識生，無一法為見者，乃至為觸者。若知此義說④人空，所化弟子得入人我空。

奘译：論曰：依此所說十二處教，受化者能入數取趣無我。謂若了知從六二法⑤有六識轉，都無見者，乃至知者，應受有情無我教者，便能悟入有情無我。

अन्यथा पुनः।
देशना धर्मनैरात्म्यप्रवेशः

今译：　　　　　　　　还有另一种教导，进入法无我。

अन्यथेति विज्ञप्तिमात्रदेशना कथं धर्मनैरात्म्यप्रवेशः। विज्ञप्तिमात्रमिदं रूपादिधर्मप्रतिभासमुत्पद्यते न तु रूपादिलक्षणो धर्मः कोऽप्यस्तीति विदित्वा।

今译："另一种"⑥指唯识教导。怎样进入法无我？知道这种唯识

---

① 这里是说一切皆是识的活动，没有任何作为"我"的见者、听者、嗅者、尝者、触者乃至思者。
② 此处"人"字，据《中华大藏经》校勘记，诸本作"入"。
③ "六双"指内外两种六处，即六根和六境。
④ 此处"说"字，据《中华大藏经》校勘记，《资》、《碛》、《普》、《南》、《径》、《清》作"说入"。
⑤ "六二法"也指内外两种六处，即十二处。
⑥ "另一种"的原词是 anyathā，词义为不同的或其他的。此词瞿译"诸异法"，谛译"别说者"，奘译"余说"。

似色等法显现，而没有任何具有色等相的法。

瞿译：觀於諸異法，入諸法無我者。此下半偈復明何義？觀於諸異法者，菩薩觀察唯有內識。云何觀察？謂菩薩觀無外六塵，唯有內識虛妄見有內外根塵，而實無有色等外塵一法可見，乃至實無一觸可覺。如是觀察，得入因緣諸法體空。

谛译：由別說者。由說唯識教，得入法我空。云何得入法空？一切法唯識生似色塵等，無有一法色等為相。

奘译：復依此餘說唯識教，受化者能入所執法無我。謂若了知唯識現似色等法起，此中都無色等相法，應受諸法無我教者，便能悟入諸法無我。

यदि तर्हि सर्वथा धर्मो नास्ति तदपि विज्ञप्तिमात्रं नास्तीति कथं तर्हि व्यवस्थाप्यते।

今译：如果任何法不存在，那么，唯识也不存在。这样，如何成立？

瞿译：問曰：若一切法畢竟無者，何故向言唯有識等？若爾，彼識等亦應是無，何故說言唯有內識？

谛译：若知如此，得入法空，若一切法一向無，是唯識亦應無，云何得成立？

奘译：若知諸法一切種無，入法無我，是則唯識亦畢竟無。何所安立？

न खलु सर्वथा धर्मो नास्तीत्येवं धर्मनैरात्म्यप्रवेशो भवति। अपि तु।

今译：并非由于没有任何法，这样进入法无我。而是

瞿译：答曰：我不說言一切諸法皆畢竟無，如是則入諸法無我。

谛译：非一切法一向無，說為法空。非知此義，名入法空。

奘译：非知諸法一切種無，乃得名為入法無我。

कल्पितात्मना ॥ १० ॥

今译：　　　　　　　　根据妄想的我。（10）

यो बालैर्धर्माणां स्वभावो ग्राह्यग्राहकादिः परिकल्पितस्तेन कल्पितेनात्मना तेषां नैरात्म्यं न त्वनभिलाप्येनात्मना यो बुद्धानां विषय इति। एवं विज्ञप्तिमात्रस्यापि विज्ञप्त्यन्तरपरिकल्पितेनात्मना नैरात्म्यप्रवेशात् विज्ञप्तिमात्रव्यवस्थापनया सर्व-धर्माणां नैराम्यप्रवेशो भवति न तु तदस्तित्वापवादात्। इतरथा हि विज्ञप्तेरपि विज्ञप्त्यन्तरमर्थः स्यादिति विज्ञप्तिमात्रत्वं न विध्येतार्थवतीत्वाद्विज्ञप्तीनां ॥

今译：依据愚夫们妄想分别诸法所取和能取等自性，即根据妄想分别的我①而说诸法无我，不是根据不可言说的我即诸佛的境界②而说诸法无我。这样，根据其他识妄想分别的我③，唯识进入无我。通过确立唯识，进入一切法无我，而不是否定它④的存在。否则，其他识会成为识的对象，唯识性也就不能成立，由于诸识有对象性。

瞿译：问曰：若尔，云何入法无我？答曰：為遮虛妄法故。遮虛妄法者，以諸外道一切凡夫虛妄分別實有色等一切法體。為欲遮彼虛妄分別故，色⑤等一切諸法畢竟空無，非無言處皆悉空無。無言處者，所謂諸佛如來行處⑥。如是唯有真識，更無餘識，不能如是分別觀察，入於識空。如是依識說入一切諸法無我，非謂一向謗真識我⑦，說言無有佛性實識。問曰：如汝向言唯有內識，無外境界。若爾，內識為

---

①　"根据妄想分别的我"指根据或针对愚夫们妄想分别诸法有"自性"（即有"我"）。
②　"佛的境界"指法性、空性或真如。"不可言说的我"是比喻的说法，指不可言说的自性，即法性或空性。此词瞿译"无言处"，谛译"不可言体"，奘译"离言法性"。"无言"或"离言"指不可言说，即不能用语言表述。
③　"其他识妄想分别的我"指其他识妄想分别能取的识和所取的对象，而这些识及其所取对象皆无自性，不是有实体的我。
④　此处"它"的原词是代词 tad，指"唯识"。按谛译和奘译均理解为"一切法"，实际也是说有唯识，而非一切法无。
⑤　此处"色"字，据《中华大藏经》校勘记，诸本作"说色"。
⑥　"行处"（viṣaya）指境界。
⑦　"真识我"也就是瞿译紧接着所说的"佛性实识"，应该是指第八识，即阿赖耶识。这里也是将阿赖耶识比喻为"我"。相对于"真识"，"余识"（即其他七识）则是"妄识"。

可取，為不可取？若可取者，同色香等外諸境界。若不取①者，則是無法。云何說言唯有內識，無外境界？答曰：如來方便漸令眾生得入我空及法空故，說有內識，而實無有內識可取。若不如是，則不得說我空法空。以是義故，虛妄分別此心知彼心，彼心知此心。

諦譯：若爾，云何得入法空？由除②分別性相故，得入法空。如凡夫分別所有法相，由此法相一切法空無所有，是名法空。不由不可言體諸佛境界說諸法空。如此唯識由別識所分別體③無所有故空。若入此理，得成立唯識入法我空，不由撥一切法無④。若不如此，別識應成別識境，唯識義則不成，識塵實有⑤。

奘譯：然達愚夫遍計所執自性差別諸法無我⑥，如是乃名入法無我。非諸佛境離言法性亦都無，故名法無我。餘識所執此唯識性⑦，其體亦無，名法無我。不爾，餘識所執境有，則唯識理應不得成。許諸餘識有實境故。由此道理，說立唯識教，普令悟入一切法無我，非一切種撥有性故。

कथं पुनरिदं प्रत्येतव्यमनेनाभिप्रायेण भगवता रूपाद्यायतनास्तित्वमुक्तं न पुनः सन्त्येव तानि यानि रूपादिविज्ञप्तीनां प्रत्येकं विषयीभवन्तीति। यस्मात्।

今譯：还有，如何理解世尊依据密意说色等处有，而它们并非各自成为色等识⑧的境界？因为

---

① 此处"不取"，据《中华大藏经》校勘记，《资》、《碛》、《南》、《径》、《清》、《丽》作"不可取"。
② 此处"除"指去除。
③ "所分别体"的原文是 parikalpitena ātmanā（"妄想分别的我"）。
④ "不由拨一切法无"指不依据否定一切法。此句奘译"非一切种拨有性故"，即并非否定一切种有性。此处原文中 apavāda 一词的词义是否定，在汉译佛经中常译为"拨"或"拨无"。
⑤ 此处"实有"，据《中华大藏经》校勘记，诸本作"实有故"。
⑥ "遍计所执自性"（parikalpitasvabhāva）指妄想自性。这句是说依据愚夫妄想分别的诸法无我。
⑦ 此处奘译"唯识性"，按原文是"妄想分别的我"（谛译"所分别体"），意谓正因为这种妄想分别的我无实体，而说诸法无我。
⑧ "色等识"指眼识等六识。

瞿译：问曰：又復有難，云何得知諸佛如來依此義故，說有色等一切諸入，而非實有色等諸入，又以識等能取境界？以是義故，不得說言無色等入。答曰偈言：

谛译：此云何可信由此義，佛世尊說色等入是有，不由實有色等入為眼識等境界？由如此理，是義可信。

奘译：復云何知佛依如是密意趣，說有色等處，非別實有色等外法為色等識各別境耶？頌曰：

न तदेकं न चानेकं विषयः परमाणुशः।
न च ते संहता यस्मात्परमाणुर्न सिध्यति ॥११॥

今译：依据极微①，境界非一，非多，
也非聚合，由于极微不成立。（11）

瞿译：彼一非可見，多亦不可見，
和合不可見，是故無塵法。

谛译：外塵與隣虛②，不一亦不異，
彼聚亦非塵，隣虛不成故。

奘译：以彼境非一，亦非多極微，
又非和合等，極微不成故。

इति किमुक्तं भवति। यत्तद्रूपादिकमायतनं रूपादिविज्ञप्तीनां प्रत्येकं विषयः स्यात्तदेकं वा स्याद्यथावयविरूपं कल्प्यते वैशेषिकैः। अनेकं वा परमाणशः। संहता वा त एव परमाणवः। न तावदेकं विषयो भवत्यवयवेभ्यो ऽन्यस्यावयविरूपस्य कचिदप्यग्रहणात्। नाप्यनेकं परमाणूनां प्रत्येकमग्रहणात्। नापि ते संहता विषयीभवन्ति। यस्मात्परमाणुरेकं द्रव्यं न सिध्यति ॥

今译：这是说什么？如果色等处各自成为色等识的境界，那么，

---

① "极微"（paramāṇu）是物质的最小单位，相当于原子，非眼可见。
② "邻虚"是极微的又一译名，意谓接近于虚无。

这种境界或者是一，如胜论者①妄想的有分色。或者依据极微是多，或者是极微的聚合。然而，这种境界不是一，因为无论何处都不可能获得不同于分色的有分色②。也不是多，因为不可能获得个别的极微③。也不可能是它们聚合成为境界，因为极微是一个实体不成立。

瞿译：此偈明何義？汝向說言，色等諸入皆是實有。何以故？以識能取外境界者。此義不然，何以故？有三義故，無色等入。何等為三？一者為實有一微塵④，如彼外道衛世師等虛妄分別，離於頭、目、身分等外，實有神我⑤，微塵亦爾。離色香等⑥，實有不耶？二者為實有多微塵差別，可見不耶？三者為多微塵和合，可見不耶？此明何義？若實有彼一微塵者，則不可見，如彼外道衛世師等虛妄分別，離於頭、目、身分等外，有一神我，不可得見。微塵亦爾，離色香等，不可得見。是故，無一實塵可見。是故，偈言彼一非可見故。若實有多微塵差別者，應二⑦微塵歷然可見，而不可見。以是義故，多塵差別亦不可見。是故，偈言多亦不可見故。若多微塵和合可見者，此亦不然。何以故？以一微塵實無有物⑧，云何和合？是故不成。是故，偈言和合不可見，是故無塵法故。

諦譯：此偈欲顯何義？是色等入各各是眼識等境，為當與隣虛一，如有分色，鞞世師所執。為當不一，由隣虛各別故。為當是隣虛聚色入⑨與隣虛成一，作眼識境。是義不然，是有分色於分中不可

---

① "胜论者"（vaiśeṣika，也译"卫世师"或"鞞世师"）是婆罗门教六派哲学之一。
② "胜论"认为可见的最小微粒是"三微"，由三部分组成，即由三个不可见的"二微"（即两个极微）组成。参阅恰托巴底亚耶《印度哲学》，商务印书馆1980年版，第170页。这里所说"有分色"（avayavirūpa）和"分色"（avayava）也就是整体和部分。所见事物作为整体是"有分色"，由作为部分的"分色"组成。"有分色"由三个和三个以上的"二微"组成，而"分色"是两个不可见、不可分的极微。
③ 这是说个别的极微是不可见的，不能成为认知的实体对象。
④ 此处瞿译"微尘"指极微。按原文指"有分色"。
⑤ "神我"指实体的我。
⑥ "离色香等"指没有色和香等，也就无法感觉其实有。
⑦ 此处"二"字，据《中华大藏经》校勘记，诸本作"一一"。
⑧ 此处"物"字，据《中华大藏经》校勘记，《丽》作"物故"。
⑨ "邻虚聚色入"指邻虚（即极微）聚成色入。

見異體故①。亦非多，隣虛各各不可見故。亦非多隣虛聚集成塵，由隣虛不成一物故。

奘译：論曰：此何所說？謂若實有外色等處，與色等識各別為境，如是外境或應是一，如勝論者執有分色。或應是多，如執實有眾多極微各別為境。或應多極微和合及和集，如執實有眾多極微皆共和合和集為境。且彼外境理應非一，有分色體異諸分色不可取故。理亦非多，極微各別不可取故。又理非和合或和集為境，一實極微理不成故。

कथं न सिध्यति। यस्मात्।

今译：为何不成立？因为

瞿译：問曰：云何不成？答曰偈言：

谛译：云何不成？

奘译：云何不成？頌曰：

षड्केन युगपद्योगात्परमाणोः षडंशता।

今译：由于六个同时结合，极微应有六部分。

瞿译：六塵同時合，塵則有六廂，
　　　若六唯一處，諸大②是一塵。

谛译：一時六共聚，隣虛成六方，
　　　若六同一處，聚量如隣虛。

奘译：極微與六合，一應成六分，
　　　若與六同處，聚應如極微。

षड्भ्यो दिग्भ्यः षड्भिः परमाणुभिर्युगपद्योगे सति परमाणोः षडंशता प्राप्नोति।

---

① 这里是说不同于"分色"的"有分色"实体不可见。
② 此处"诸大"的原词是 piṇḍa，指各种聚合物。

एकस्य यो देशस्तत्रान्यस्यासंभवात्।

今译：极微与六个方位①的六个同时结合，构成极微的六部分②，因为一个的地点不能是另一个的地点。

瞿译：此偈明何義？若諸微塵從六方來，六塵和合。若如是者，塵有六方③。則有六廂。又若微塵有六處所者，不容餘塵。是故，偈言六塵同時合，塵則有六廂故。

諦譯：有六隣虛從六方來，與一隣虛共聚，是一隣虛不成一物，有六方分故。是一隣虛處，他方隣虛不得住故。

奘譯：論曰：若一極微六方各與一極微合，應成六分，一處無容有餘處故。

षण्णां समानदेशत्वात्पिण्डः स्यादणुमात्रकः ॥१२॥

今译：六个同一地点，聚合物应是唯一极微。（12）

अथ य एवैकस्य परमाणोर्देशः स एव षण्णां। तेन सर्वेषां समान-देशत्वात्सर्वः पिण्डः परमाणुमात्रः स्यात्परस्परव्यतिरेकादिति न कश्चित्पिण्डो दृश्यः स्यात्।

今译：如果一个极微的地点就是六个的地点，那么，由于全都在同一地点，所有的聚合物应是唯一极微，因为互相排斥④。由此，无任何聚合物可见⑤。

瞿译：若六微塵唯一處者，一微塵處有六微塵。若如是者，六

---

① "六个方位"指东、西、南、北、上、下。
② 毗婆沙论师认为"七极微成一微尘，是眼、眼识所取色中最细微者"。参阅《阿毗达磨大毗婆沙论》卷一三六。也就是说，一个极微和东、西、南、北、上、下六个方位的极微组成可见的一微尘。
③ 此处"六方"后面，据《中华大藏经》校勘记，《资》、《普》、《径》、《丽》有"若有六方"一句。
④ "互相排斥"指一个空间只能有一个空间的容量。
⑤ 这是说同一地点只有一极微，因而看不见这种聚合物。

塵一處。若一處者，則六塵①不可得見。何以故？彼此微塵無差別故。若如是者，一切麁物山河等事亦不可見。是故，偈言若六唯一處，諸大是一塵故。

谛译：若一隣虛處即是六處，一切同一處故，則一切聚物量同隣虛，更互不相過②故。如隣虛量，聚亦不應可見。

奘译：一極微處若有六微，應諸聚色③如極微量，展轉相望不過量故，則應聚色亦不可見。

नैव हि परमाणवः संयुज्यन्ते निरवयवत्वात्। मा भूदेष दोषप्रसङ्गः। संहतास्तु परस्परं संयुज्यन्त इति काश्मीरवैभाषिकास्त इदं प्रष्टव्याः। यः परमाणूनां संघातो न स तेभ्योऽर्थान्तरमिति।

今译：由于无部分性，而无诸极微互相结合④，这并不存在过失。但由于聚合，而互相结合⑤。迦湿弥罗毗婆沙论师这样说。然而要问，诸极微聚合不是不同于这些极微的另一种对象吗？⑥

瞿译：一塵者無物如向前答，一多和合不可得見故。罽賓⑦國毗婆沙問曰：我無如是過失。何以故？以我微塵無六方相⑧。以離色香味觸而與麁物和合成四大等一切麁物。答曰偈言：

谛译：若汝言隣虛不得聚集，無方分故，此過失不得起故⑨，隣

---

① 此处"尘"字，据《中华大藏经》校勘记，诸本作"微尘"。
② "更互不相过"指互相不超出这个空间容量。
③ "聚色"指极微聚合成的色。此处"聚色"的原词是 piṇḍa，词义为聚合物。此词瞿译"粗物"和"大"，谛译"聚物"和"聚"。
④ 这里是毗婆沙论师认为极微是最小单位，不可分，即无部分性，因此不存在互相聚合。而如果有结合，则有部分。这样，毗婆沙论师的观点也就自我矛盾了。
⑤ 这里是毗婆沙论师说极微聚合成的聚合物，则存在互相结合。
⑥ 这里是反问毗婆沙论师，因为他们认为极微聚合成的聚合物并非不同于极微。
⑦ "罽宾"是 kāśmīra（"迦湿弥罗"）的又一种音译。
⑧ 此处"相"字，据《中华大藏经》校勘记，《丽》作"廂"。
⑨ 此处"故"字，据《中华大藏经》校勘记，《丽》无。

虚是①更互相應②。罽賓國毗婆沙師作如此說。則應問之，如汝所說隣虛聚物，此聚不異隣虛？

奘译：加湿彌羅國毗婆沙師言，非諸極微有相合義，無方分故，離如前失。但諸聚色有相合理，有方分故。此亦不然。頌曰：

परमाणोरसंयोगे तत्संघाते ऽस्ति कस्य सः।

今译：如果极微不聚合，它们聚合中有谁结合？

संयोग इति वर्तते।

今译：还有"结合"一词。③

न चानवयवत्वेन तत्संयोगो न सिध्यति ॥१३॥

今译：也非由于无部分性，它们的结合不成立。（13）

瞿译：若微塵不合，彼合何所成？
言微塵無廂，能成則有相。

谛译：若隣虛不合，聚中誰和合？
復次無方分，隣虛聚不成。

奘译：極微既無合，聚有合者誰？
或相合不成，不由無方分。

अथ संघाता अप्यन्योन्यं न संयुज्यन्ते। न तर्हि परमाणूनां निरवयवत्वात्संयोगो न सिध्यतीति वक्तव्यं। सावयवस्यापि हि संघातस्य संयोगानभ्युपगमात्। तस्मात्परमाणुरेकं द्रव्यं न सिध्यति। यदि च परमाणोः संयोग इष्यते यदि वा नेष्यते।

---

① 此处"邻虚是"，据《中华大藏经》校勘记，诸本作"是邻虚聚"。
② 按"邻虚聚"的读法，"邻虚聚更互相应"指邻虚（即极微）聚合物互相结合。
③ 此处这个短语是说明上面偈颂第一行原文中还有"结合"一词。今译中已经补上"结合"一词。此句瞿译"彼合何所成"，谛译"聚中谁和合"，奘译"聚有合者谁"。

今译：即使聚合，也不互相结合①。那么，不应该说由于无部分，诸极微互相结合不成立，因为有部分的聚合的结合也不成立。②因此，极微是一个实体不成立③，无论认为或不认为极微的结合。

瞿译：此偈明何義？為彼④微塵和合成四大等，為離微塵別成四大？此明何義？若以微塵成四大者，不得說言微塵無廂，不相和合。若離微塵成四大者，彼四大是誰家四大？若如是者，不得說言塵⑤無六廂。是故，偈言若微塵不合，彼合何所成故。此明何義？若彼微塵不相和合成四大者，不得說言塵無六廂，與麁物合成四大等。汝言與麁物合成四大者，但有言說，都無實事。是故，微塵不成一物。若彼微塵不成一物，說言成彼四大等物，悉皆虛妄。是故，偈言微塵無六廂⑥，能成則有相故。又偈言：

諦譯：若隣虛無和合，於聚中此和合屬何法？若汝言隣虛更互得和合，此義不然。何以故？隣虛無方分故。若和合不成，何況有假名聚⑦？應如此說，聚有方分。若和合義不可立，無方分，隣虛云何和合得成？是故，隣虛不成一物。隣虛和合，若可然，若不可然，今所不論。⑧

奘譯：論曰：今應詰彼所說理趣，既異極微，無別聚色，極微無合，聚合者誰？若轉救言聚色展轉亦無合義，則不應言極微無合，無方分故。聚有方分，亦不許合故，極微無合不由無方分。是故，一實極微不成。又許極微合與不合，其過且爾。若許極微有分無分，俱

---

① 这是毗婆沙论师又说，即使聚合物聚合，也不结合。
② 这里是说毗婆沙论师前面说"由于无部分性，而无诸极微互相结合"，现在又说"即使聚合，也不互相结合"，也就是"有部分的聚合的结合也不成立"。这样，前后矛盾。
③ 这里是说既然无部分的结合和有分别的结合都不成立，那么，极微是一个实体不成立。
④ 此处"彼"字，据《中华大藏经》校勘记，诸本无。
⑤ 此处"尘"字，据《中华大藏经》校勘记，《丽》作"微尘"。
⑥ "微尘无六厢"，据《中华大藏经》校勘记，《资》、《碛》、《普》、《南》、《径》、《清》作"言微尘无厢"，也就是说，这句读为"偈言：言微尘无厢"。
⑦ "假名聚"指借名或称为"聚"的聚物。
⑧ 这里是说无论认为邻虚和合或不和合，邻虚都不成一物。

為大失。所以者何？頌曰：

दिग्भागभेदो यस्यास्ति तस्यैकत्वं न युज्यते।

今译：存在方位差别，它的一性不成立。

瞿译：有法方所别①，彼不得言一，
影障若非大，则彼二非彼。

谛译：若物有方分，不应成一物。

奘译：极微有方分，理不应成一，
无应影障无②，聚不异无二③。

अन्यो हि परमाणोः पूर्वदिग्भागो यावदधोदिग्भाग इति दिग्भागभेदे सति कथं तदात्मकस्य परमाणोरेकत्वं योक्ष्यते।

今译：极微有不同的东方位，乃至下方位④。由于这种方位差别，具有这种性质的极微的一性怎么能成立？

瞿译：此偈明何义？汝向说言微尘和合及不和合⑤。此义不然，何以故？偈言有法方所别，彼不得言一故。有法方所别者，东方所有微尘方处，异于西方微尘方处。西方所有微尘方处，异于东方微尘方处。如是乃至上方下方微尘方处皆尔⑥如是。若微尘体如是差别，云何言一。是故，偈言有法方所别，彼不得言一故。

谛译：邻虚东方分异余五方，乃至下方分亦如是。若分有异，邻虚取⑦分为体⑧，云何得成一物？

---

① "有法方所别"指有事物方位差别。
② "无应影障无"指如果没有方分，便没有影和障。
③ "聚不异无二"指如果聚合并非不同于极微，则影和障不属于聚合。
④ 这里是说极微有东、西、南、北、上、下六个方位。
⑤ 此处"及不和合"，据《中华大藏经》校勘记，《丽》无。
⑥ 此处"皆尔"，据《中华大藏经》校勘记，诸本作"皆亦"。
⑦ 此处"取"字，据《中华大藏经》校勘记，《资》、《碛》、《普》、《南》、《径》、《清》作"聚"。
⑧ 按"邻虚聚"的读法，"邻虚聚分为体"指邻虚聚各部分为体。

奘译：論曰：以一極微六方分異，多分為體，云何成一？

छायावृती कथं वा

今译：或者，为何有阴影和障碍？

यद्येकैकस्य परमाणोर्दिग्भागभेदो न स्यादादित्योदये कथमन्यत्र छाया भवत्यन्यत्रातपः। न हि तस्यान्यः प्रदेशोऽस्ति यत्रातपो न स्यात्। आवरणं च कथं भवति परमाणोः परमाण्वन्तरेण यदि दिग्भागभेदो नेष्यते। न हि कश्चिदपि परमाणोः परभागोऽस्ति यत्रागमनादन्येनान्यस्य प्रतिघातः स्यात्। असति च प्रतिघाते सर्वेषां समानदेशत्वात्सर्वः संघातः परमाणुमात्रः स्यादित्युक्तं। किमेवं नेष्यते पिण्डस्य ते च्छायावृती न परमाणोरिति। किं खलु परमाणुभ्योऽन्यः पिण्ड इष्यते यस्य ते स्यातां। नेत्याह।

今译：如果每个极微没有方位差别，那么，太阳升起时，怎么会一处有阴影，另一处有亮光？因为应该没有另一处无亮光。如果认为没有方位差别，怎么会一个极微阻碍另一个极微？因为没有任何极微的其他部分，由于另一个极微的来到而与之发生冲突。由于不发生冲突，并全都在同一地点，那么，如前所述，所有的聚合应是极微。为何不认为阴影和障碍属于聚合物，而不属于极微？这岂不是认为聚合物不同于诸极微，它们属于它①？回答说，不是这样②。

瞿译：影障若非大者，此明何義？若一一微塵無方處者，以何義故？東方日出，西方有影。日在西方，東方有影。若微塵無東西方相，以何義故？日照一廂，不照餘廂。是故，微塵不成諸大。是故，偈言影障若非大故。則彼二非彼者，何者為二？一光照處，二影障處。此明何義？若彼微塵不障此塵，則不得言塵有方所。何以故？以微塵無方所分處十方③差別。以彼東方微塵來者不能障於西方微塵，西方

---

① "它们属于它"指阴影和障碍属于聚合。
② 这是对方的回答，即聚合不是不同于极微。
③ "十方"是六方加上东南、西南、西北和东北，共十方。

微尘亦不能障於東方微塵。若彼此塵不相障者，則一切塵聚在一處。若一切塵①在一處者，是則無處。以是義故，一切四大皆是微塵。皆微塵者，則不可見，如向所說。

谛译：影障復云何？②若一隣虛無有方分，日正出時，云何一邊有影？何故作如此問？是隣虛無有別分，正為日所照。復次，此隣虛與彼隣虛若並無方分，云何相障？何以故？此隣虛無有餘分，是處相合，他來則障。若無有障，一切六方隣虛同一處故，則一切聚同隣虛量。此義已如前說。是影及障屬聚不屬隣虛，云何不許此義？汝今許聚是有異隣虛不，故說影障屬聚耶？不也。

奘译：若一極微無異方分，日輪纔舉光照觸時，云何餘邊得有影現？以無餘分③光所不及。又執極微無方分者，云何此彼展轉相障？以無餘分他所不行，可說此彼展轉相礙。既不相礙，應諸極微展轉處同，則諸色聚同一極微量。過如前說。云何不許影障屬聚，不屬極微，豈異極微許有聚色發影為障？不爾。

अन्यो न पिण्डश्चेन्न तस्य ते ॥ १४ ॥

今译：　　　　　如果聚合物非不同，它们不属于它。（14）

यदि नान्यः परमाणुभ्यः पिण्ड इष्यते न ते तस्येति सिद्धं भवति। संनिवेशपरिकल्प एषः। परमाणुः संघात इति वा।

今译：如果认为聚合物并非不同于诸极微，那么，它们属于它不成立。这是妄想分别设立极微和聚合。

瞿译：問曰：何故不說四大影障，乃言微塵有影障耶？答曰：

---

① 此处"尘"字，据《中华大藏经》校勘记，《资》、《碛》、《南》、《径》、《清》、《丽》作"尘聚"。

② 此处"影障复云何"以及谛译下一段释文中的"若同则无二"，与前面的谛译"若物有方分，不应成一物"，组成第14首偈颂。

③ "余分"的原词是 anyaḥ pradeśaḥ，词义为别处或其他地方。

我還問汝，為離微塵別有四大，但說四大有影障耶？問曰，難者釋云①：不離微塵而有影障。答曰：不離微塵有四大者，則非四大有影障也。以何義故？不言微塵自有影障，非四大等有影障耶？

谛译：若同則無二②。若聚不異隣虛，此影及障則不屬聚。何以故？但形相分別，謂之為聚。

奘译：若爾，聚應無二。謂若聚色不異極微，影障應成不屬聚色。安布差別，立為極微，或立為聚，俱非一實。

किमनया चिन्तया लक्षणं तु रूपादि यदि न प्रतिषिध्यते।

今译：如果不能驳倒色等相，何必思考这些？③

瞿译：問曰：為是微塵有影障，為是四大有影障耶？且置是事，不須分別。而色等入相不全④令無。

谛译：何用作此思量，是色等諸塵體相未破？

奘译：何用思擇極微聚為，猶未能遮外色等相？

किं पुनस्तेषां लक्षणं चक्षुरादिविषयत्वं नीलादित्वं च। तदेवेदं संप्रधार्यते। यत्तच्चक्षुरादीनां विषयो नीलपीतादिकमिष्यते किं तदेकं द्रव्यमथ वा तदनेकमिति। किं चातः। अनेकत्वे दोष उक्तः।

今译：什么是它们的相？眼等的境界性，青色等性。这正是应该思考的。如果认为眼等的对象是青色和黄色等，那么，是一个实体还是多个？由此会怎样？关于多性的过失前面已讲述。⑤

---

① 这里指非难者解释回答者的所问。
② 此处"无二"指无影和障，即影和障不属于聚物。
③ 这里是对方认为不必再讨论极微和聚合的问题，重要的是要说明色等相的问题。
④ 此处"全"字，据《中华大藏经》校勘记，《资》、《碛》、《普》、《南》、《径》、《清》作"可"。
⑤ 这段中回答者和非难者双方的对话，瞿译中作出明确的区分。只是最后一句非难者的问话："由此会怎样？"瞿译未译。

瞿译：答曰：我還問汝，以何等法是諸入相？問曰，難者釋言：眼等境界青黃赤白，如是等法此是諸入相。答曰：我意正為思惟此事，欲益眾生。何故①？眼等內入取青黃等外諸境界，為是一物，為是多物？若是多物，向已說多不可得見。一物②，亦不可取。偈言：

谛译：何者為其體③？眼等境界及青等類。此義即應共思量。此眼等境界及青等類，汝執為塵體，為是多物，為是一物？若爾，有何失？若多者，其失如前。若一者，亦有過，如偈言：

奘译：此復何相？謂眼等境，亦是青等實色等性。應共審思。此眼等境青等實性，為一，為多？設爾，何失？二俱有過。多過如前，一亦非理。頌曰：

एकत्वे न क्रमेणेतियुगपन्न ग्रहाग्रहौ।
विच्छिन्नानेकवृत्तिश्च सूक्ष्मानीक्षा च नो भवेत्॥१५॥

今译：如果是一性，则无依次行，无同时取不取，
也无间隔和多个的方式以及不看见细微物。（15）

瞿译：若一行不次，取捨亦不同，
差別無量處，微細亦應見。

谛译：若一無次行，俱無已未得，
及別類多事，亦無細難見。

奘译：一應無次行，俱時至未至，
及多有間事，并難見細物。

यदि यावदविच्छिन्नं नानेकं चक्षुषो विषयस्तदेकं द्रव्यं कल्प्यते पृथिव्यां क्रमेणेतिर्न स्याद्गमनमित्यर्थः। सकृत्पादक्षेपेण सर्वस्य गतत्वात्। अर्वाग्भागस्य च

---

① 此处"何故"，据《中华大藏经》校勘记，《资》、《碛》、《普》、《南》、《径》、《清》作"何以故"。
② 此处"一物"，据《中华大藏经》校勘记，诸本作"若是一物"。
③ 此处"体"的原词是 lakṣaṇa（"相"），指体相。

ग्रहणं परभागस्य चाग्रहणं युगपन्न स्यात्। न हि तस्यैव तदानीं ग्रहणं चाग्रहणं च युक्तं। विच्छिन्नस्य चानेकस्य हस्त्यश्वादिकस्यानेकत्र वृत्तिर्न स्याद्यत्रैव ह्येकं तत्रैवापरमिति कथं तयोर्विच्छेद इष्यते। कथं वा तदेकं यत्राप्तं च ताभ्यां न च प्राप्तमन्तराले तच्छून्यग्रहणात्। सूक्ष्माणां चोदकजन्तूनां स्थूलैः समानरूपाणामनीक्षणं न स्यात्।

今译：如果无间隔和无多个，而妄想眼的境界是一个实体，那么，在大地上不可能依次行，即不可能依次行走。由于跨一步，便到达一切地点。不可能同时执取一物这部分和不执取另一部分，因为同时执取和不执取一物不同部分不成立①。不可能有间隔的和多个的象和马等位于多处的方式，因为此者之处也是彼者之处，怎么会认为两者有间隔？或者，因为见到两者之间的空间，怎么会两者在一处有到和未到②？不可能不看见与粗大者一起的小水虫，因为它们与粗大者同等色③。

瞿译：此偈明何義？若純一青物不雜黃等，若人分別眼境界者，行於地中不得說言有次第行。是故，偈言若一行不次故。此句明何義？若純一青是一物者，舉一足時，即應遍躡一切青處。以不遍躡，是故非一。取捨亦不同者，此句明何義？若純一青物者，舉足步時，何故唯當足所躡處、足未躡處及步中間所有空處？以何義故？不一時躡，而有到處，有不到處。又若一物，則不得言足躡此處，不躡彼處。是故，偈言取捨亦不同故。差別無量處者，此句明何義？若純青一段是一物者，以何義故？有多差別，象、馬、車等不共一處。若是一者，白象住處亦應有馬住。若爾，不應有象、馬等住處差別。又若一者，以何義故？象所到處，馬等不到。又若一者，象、馬中間何故有空？是故，偈言差別無量處故。微細亦應見者，此句明何義？若彼青等是

---

① 这里是说如果是一性，就能同时执取一物的这部分和另一部分，而实际情况是在同一时间，能执取一物的这部分，而不能执取另一部分。
② "有到和未到"指有到达这一处和未到达这一处。这里是说实际上不在同一处。
③ 这里是说能看见微细物，因为它们与粗大者在同一地点，与粗大者形态同一。而实际是有看不见的微生物。

一物者，於彼水等諸青物中，有青色等麁細諸虫。以何義故？但見麁虫，不見細虫。是故，偈言微細亦應見故

谛译：若一切青黃等無有隔別，是眼境界執爲一物，於地則無次第行。若一下足，應遍行一切。此間已得，彼處未得，於一時中此二不成。何以故？一時中一物不應有已得未得。不應有多別類如象、馬等軍，亦不應有多別事。何以故？是一物處，多物則在其中，此彼差別云何得成？復次，云何爲一？是二所至，中間則空。復次，是最細水蟲與大同色，無不可見義。

奘译：論曰：若無隔別，所有青等眼所行境執爲一物，應無漸次行大地理，若下一足，至一切故。又應俱時於此於彼無至未至，一物一時理不應有得未得故。又一方處，應不得有多象、馬等有間隙事。若處有一，亦即有餘，云何此彼可辯差別？或二如何可於一處有至不至，中間見空？又亦應無小水虫等難見細物，彼與麁物同一處，所量應等故。

यदि लक्षणभेदादेव द्रव्यान्तरत्वं कल्प्यते नान्यथा। तस्मादवश्यं परमाणुशो भेदः कल्पयितव्यः स चैको न सिध्यति। तस्यासिद्धौ रूपादीनां चक्षुरादि-विषयत्वमसिद्धमिति सिद्धं विज्ञप्तिमात्रं भवतीति।

今译：如果由于相的差别，而妄想有其他实体性，而不是别样。那么，必定会依据极微妄想差别，一性也就不成立[1]。由于它不成立，色等的眼等境界性也不成立[2]，而唯识成立。

瞿译：問曰：以何義故？意識思惟破[3]青黃等。答曰：以汝向言虛妄分別諸入等相、青等境界，以爲實有。是故，我觀微塵差別。而

---

[1] 这是说如果极微有种种差别，一性也就不成立。
[2] 这里是说由于一性不成立，即极微不成立，色等（六境）成为眼等（六根）的对象也不成立。
[3] 此处"破"字，据《中华大藏经》校勘记，诸本作"彼"。

彼微塵不成一物。不成一①故，色等境界眼等不取②。是故，成我唯有內識，無外境界。

谛译：若汝由相差別色等諸塵，執有別物，不由別義。若爾，決定約隣虛別類③，應分別塵差別，則隣虛不成一物。色等五塵非眼等境界。是故，唯識義得成。諸塵者，謂識及識法④為體。離能取所取故無增，立正因果故不減⑤。無無因及不平等因⑥，二空⑦及十二緣生即是其自性⑧。如偈言：

奘译：若謂由相此彼差別即成別物，不由餘義。則定應許此差別物，展轉分析成多極微。已辯極微非一實物，是則離識，眼等色等，若根若境，皆不得成⑨，由此善成唯有識義。

प्रमाणवशादस्तित्वं नास्तित्वं वा निर्धार्यते सर्वेषां च प्रमाणानां प्रत्यक्षं प्रमाणं गरिष्ठमित्यसत्यर्थे कथमियं बुद्धिर्भवति प्रत्यक्षमिति।

今译：依据量，确立有性和无有性。一切量⑩中，现量最重要。而对于不实对象，知觉怎么能现证？

---

① 此处"一"字，据《中华大藏经》校勘记，《资》、《碛》、《普》、《南》、《径》、《清》作"一物"。
② "不取"指不成立。
③ "约邻虚别类"指依据邻虚（即极微）差别。
④ "识及识法"指识和识似显现的法，即能取和所取。
⑤ 这里是说有缘起，而无真实对象，故而离能取和所取便无增，立正因果即确立缘起便不减。
⑥ "无无因及不平等因"指无无因，也无不平等因。"无无因"指并非没有缘起。"无不平等因"指没有与缘起不同的因。
⑦ "二空"指人无我和法无我，人和法二者皆空。
⑧ 这里是说二空和缘起是自性，即缘起性空。
⑨ 这里是说离开了识，眼等诸根和色等诸境皆不得成。
⑩ "量"（pramāṇa）指认知手段。"一切量"通常指现量（pratyakṣa）、比量（anumāna）和圣教量（āgama）。"现量"指由感觉现证或亲证。此词罿译"现见"，谛译"证量"，奘译"现量"。"比量"指逻辑推理。"圣教量"或称"声量"（śabda），指经典或权威言论。另外还有一种"喻量"（upamāna），指比喻类推。

瞿译：问曰：依信①說有。信者有四種：一者現見，二者次知②，三者譬喻，四者阿含③。此諸信中，現信最勝。若無色等外境界者，云何世人言我現見此青等物？答曰偈言：

谛译：是有是無由依諸量可決是非。一切量中，證量最勝。若塵實無如此證智，云何得起所謂我證如此？

奘译：諸法由量刊定有無。一切量中，現量為勝。若無外境，寧有此覺：我今現證如是境耶？此證不成。頌曰：

प्रत्यक्षबुद्धिः स्वप्नादौ यथा

今译：现证的知觉如在梦等中。

瞿译：現見如夢中，見所見不俱，
　　　見時不分別，云何言現見？

谛译：證智如夢中。

奘译：現覺如夢等，已起現覺時，
　　　見及境已無，寧許有現量？

विनाप्यर्थेनेति पूर्वमेव ज्ञापितम्।

今译：没有对象，已在前面说明。

谛译：如夢時，離塵見山樹等色，無有外塵。證智亦如此。

सा च यदा तदा।
न सो ऽर्थो दृश्यते तस्य प्रत्यक्षत्वं कथं मतम्॥१६॥

今译：　　　　　　　　它出现时，

　　　对象已经不见，怎能认为它有现证性？（16）

---

① 此处"信"指量。
② 此处"次知"，据《中华大藏经》校勘记，诸本作"比知"。"比知"即比量。
③ 此处"阿含"指圣教量。

谛译：　　　　　　　是時如證智，
　　　　是時不見塵，云何塵可證？

यदा च सा प्रत्यक्षबुद्धिर्न भवतीदं मे प्रत्यक्षमिति तदा न सोऽर्थो दृश्यते मनोविज्ञानेनैव परिच्छेदाच्चक्षुर्विज्ञानस्य च तदा निरुद्धत्वादिति। कथं तस्य प्रत्यक्षत्वमिष्टं। विशेषेण तु क्षणिकस्य विषयस्य तदानीं निरुद्धमेव तद्रूपं रसादिकं वा। नाननुभूतं मनोविज्ञानेन स्मर्यत इत्यवश्यमर्थानुभवेन भवितव्यं तच्च दर्शनमित्येवं तद्विषयस्य रूपादेः प्रत्यक्षत्वं मतं। असिद्धमिदमननुभूतस्यार्थस्य स्मरणं भवतीति। यस्मात्।

今译：现证知觉出现时①，认为这是我的现证，而那时这种对象已不见，因为需要依靠意识分别，而那时眼识已经停止。怎么还能期望它的现证性？②尤其是刹那生灭的对象即色和味等，那时已停止。由于意识不能记忆未体验的对象，也就必定应该先体验对象，即有所见，然后才认为有对象即色等的现证性。而这种记忆体验的对象也不成立。因为

瞿译：此偈明何義？我已先說夢見虛妄。諸凡夫人煩惱夢中有所見事，皆亦如是。是故，偈言現見如夢中故。見所見不俱者，此句明何義？如現見色，不知色義③。此明何義？如彼現見青色等時，作如是念：我雖現見青黃色等，彼時不見青色等義。何以故？以於後時意識分別，然後了知。意識分別時，無眼等識，以眼等識於先滅故，云何說言我現見彼青黃色等？於佛法中無如是義。何以故？以一切法念念不住故。以見色時，無彼意識及以境界。意識起時，無彼眼識及以境界。以是義故，不得說言於四信中現信最勝。是故，偈言見所見不俱，見時不分別，云何言現見故。

谛译：如汝所說證智起時，謂我如此證。此時中，汝不得見塵，

---

① 此处原文中，有一个否定词 na，疑有误，应删去。
② 这里是说意识进行分别时，对象已不见，眼识已停止，如同梦醒时那样，也就没有现证可言。
③ "不知色义"指不知道或不看见色的对象。

但意識分別，眼識已滅故，是塵云何可證？若人說剎那滅，此人是時執色乃至觸已謝。問若非五識所量，意不能憶持。是故，五塵決定是五識所量。量者是名見。是故，色等六塵說是所證。答是義不然，謂先已證塵，後方憶持。何以故？

奘译：論曰：如夢等時，雖無外境，而亦得有如是現覺，餘時現覺應知亦爾，故彼引此為證不成。又若爾時有此現覺，我今現證如是色等。爾時於境能見已無，要在意識能分別故，時眼等識必已謝故。剎那論者[1]有此覺時，色等現境亦皆已滅，如何此時許有現量？要曾現受，意識能憶。是故，決定有曾受境，見此境者許為現量，由斯外境實有義成。如是要由先受後憶，證有外境，理亦不成。何以故？頌曰：

उक्तं यथा तदाभासा विज्ञप्तिः

今译：已说识似显现对象。

谛译：如說似塵識。

奘译：如說似境識，從此生憶念。

विनाप्यर्थेन यथार्थाभासा चक्षुर्विज्ञानादिका विज्ञप्तिरुत्पद्यते तथोक्तम्।

今译：已说即使没有对象，眼识等识产生似显现对象。

谛译：離色等六塵，眼等六識似六塵起。此義如前說。

स्मरणं ततः।

今译：　　　　　　　　由此产生记忆。

谛译：　　　　　　　　從此生憶持。

ततो हि विज्ञप्तेः स्मृतिसंप्रयुक्ता तत्प्रतिभासैव रूपादिविकल्पिका मनो-

---

[1] "剎那論者"的原词是 kṣaṇika，也可读为"剎那的"，即"剎那生灭的"，在原文中修饰"对象"（viṣaya）一词。奘译"剎那论者"与谛译"若人说剎那灭"一致。

विज्ञप्तिरुपद्यत इति न स्मृत्युपादादर्थानुभवः सिध्यति।

今译:"由此"即由识①。因为似显现对象即妄想分别色等的意识出现,与记忆发生联系,由此依靠记忆产生而体验对象不成立②。

瞿译:問曰:此義不然。何以故?以凡所見外境界者,先眼識見,後時意識憶念了知。是故,必有色香味等外諸境界。以是義故,不得言無彼外境界。何以故?以見青等外諸境界,名為現見青等境界。答曰:此義不然。何故③?汝向說言,先眼識見,後時意識憶念了知。此義不成。何以故?我已先說,内自心識虛妄分別有外境界,而無色等外諸境界。向說眼識虛妄分別,如說夢中一切所見,依彼前時虛妄分別,後時意識思惟憶念。此以何義?依彼前時虛妄分別色等境界。虛妄眼識起心相應,虛妄意識虛妄分別,作是思惟:我分別知青等境界,故不得言眼見境界意識分別。以是義故,眼識見色,後時憶念,此義不成。

谛译:從此似塵識有,分別意識與憶持相應④,似⑤前所起之塵,後時得生。是故,不可執由憶持起。

奘译:論曰:如前所說,雖無外境,而眼識等似外境現,從此後位與念相應,分別意識似前境現。即說此為憶曾所受,故以後憶,證先所見實有外境。其理不成。

यदि यथा स्वप्ने विज्ञप्तिरभूतार्थविषया तथा जाग्रतोऽपि स्यात्तथैव तदभावं लोकः स्वयमवगच्छेत्। न चैवं भवति। तस्मान्न स्वप्न इवार्थोपलब्धिः सर्वा निरर्थिका।

今译:如果像在梦中,识的境界对象不实,甚至在觉醒时也这样,那么,世人应该自知对象不存在,但并非这样。因此,不像在梦

---

① "由识"指由识产生记忆。
② 这里是说记忆依靠先前妄想分别的意识,故而体验即现证对象不成立。
③ 此处"何故",据《中华大藏经》校勘记,诸本作"何以故"。
④ "相应"的原词是 samprayukta,词义为联系。
⑤ 此处"似"字,诸本作"以"。

中那样所得对象皆不实。①

瞿译：問曰：如夢見色，虛妄憶念，寤時亦爾，虛妄分別。若如是者，以何義故？世人見夢皆知虛妄，寤時所見皆不虛妄。是故，寤時所見色等，不同夢時虛妄所見。答曰偈言：

谛译：謂先以識證塵，若如夢中識無塵得起，覺時若爾，如世人自知夢識無塵，亦應自知覺識無塵。既無此事，故知覺時所見塵，異夢中所見。復次，夢有更起義②，覺時則不爾，非一切無塵。

奘译：若如夢中，雖無實境，而識得起，覺時亦然。如世自知夢境非有，覺時既爾，何不自知？既不自知覺境非有，寧如夢識③實境皆無？

इदमज्ञापकं। यस्मात्।

今译：这不令人信服，因为

谛译：答此言非證。

奘译：此亦非證。頌曰：

स्वप्ने दृग्विषयाभावं नाप्रबुद्धो ऽवगच्छति ॥ १७ ॥

今译：若不醒来，不知道梦见的对象非有。（17）

瞿译：先說虛妄見，則依彼虛憶，
　　　見虛妄夢者，未寤則不知。

谛译：夢見塵非有，未覺不能知，

奘译：未覺不能知，夢所見非有。

एवं वितथविकल्पाभ्यासवासनानिद्रया प्रसुप्तो लोकः स्वप्न इवाभूतमर्थं पश्यन्न प्रबुद्धस्तदभावं यथावन्नावगच्छति। यदा तु तत्प्रतिपक्षलोकोत्तरनिर्विकल्प-

---
① 这里是对方认为上述说法不符合实际情况。
② "更起义"指另外产生的不实对象。
③ "宁如梦识"指难道会像梦中识那样。

ज्ञानलाभात्प्रबुद्धो भवति तदा तत्पृष्ठलब्धशुद्धलौकिकज्ञानसंमुखीभावाद्विषयाभावं यथावद्गच्छतीति समानमेतत् ॥

今译：这样，世人长期受虚妄分别的熏染而昏睡，犹如在梦中看见不实对象，不觉醒便不如实知道对象非有。① 一旦获得对治它们② 的出世间无分别智，成为觉醒者，那么，此后获得的清净世间智展现③，便如实知道对象非有。这是相同性④。

瞿译：此偈明何義？汝向說言，如夢見色皆是虛妄，寤時所見皆不如是。此比決者義不相應。何以故？以夢見者當未寤時，皆謂為實。及至寤時，方知虛妄。是故，偈言見虛妄夢者，未寤則不知故。如是世間諸凡夫人為無始來虛妄顛倒分別集熏無明睡夢，夢中不實虛妄分別，見外境界謂以為實，以夢寤者見彼境界皆是虛妄。此以何義？以得出世對治實智無有分別，如實覺知一切世間色等外法皆是虛妄。彼依⑤出世清淨實智，便得世間及出世間勝智現前，如實知見一切境界皆悉虛妄。如是義者，與夢不異。

諦譯：如是虛妄分別串習惛熟⑥，世人見非實塵，如夢所見，謂為實有。覺則不爾，如實能解夢塵非有。如是若觀行人⑦修出世治道，得無分別智，入非安立聖諦見位⑧得覺悟。是時無分別智，後得清淨世智，如理見六塵實無所有。此義平等。

奘譯：論曰：如未覺位，不知夢境非外實有，覺時乃知。如是世間虛妄分別串習惛熟，如在夢中，諸有所見皆非實有，未得真覺，不能自知。若時得彼出世對治無分別智，乃名真覺。此後所得世間淨

---

① 这里是回答对方说，世人长期受妄想分别熏染，如在梦中。
② "对治它们"指对治妄想分别。
③ 这是说有了出世间无分别智，此后出现的世间智便是清净的，即没有妄想分别。
④ "相同性"指梦醒和获得无分别智两者的相同性。"相同性"的原词是 samāna（"相同"），瞿译"不异"，谛译和奘译"平等"。
⑤ 此处"彼依"，据《中华大藏经》校勘记，诸本作"依彼"。
⑥ "串习惛熟"指长期受虚妄分别熏染，浑然不知，已成习惯。
⑦ "观行人"（yogācāra）指修习瑜伽行者。
⑧ "见位"指唯识修行中的见道位。在此位，获得无分别智，即非安立圣谛。

智現在前位①，如實了知彼境非實。其義平等。

यदि स्वसंतानपरिणामविशेषादेव सत्वानामर्थप्रतिभासा विज्ञप्तय उत्पद्यन्ते नार्थविशेषात्। तदा य एष पापकल्याणमित्रसंपर्कात्सदसद्धर्मश्रवणाच्च विज्ञप्ति-नियमः सत्त्वानां स कथं सिध्यति असति सदसत्संपर्के तद्देशनायां च।

今译：如果由于自相续②中的特殊变化，众生的似显现对象的诸识产生，而不是由于特殊的对象，那么，众生接近善友恶友，闻听正法邪法，而确定识。而如果不接近善友恶友以及闻听他们的宣说，如何能成立？③

瞿译：問曰：若但自心如是轉變，虛妄分別見外境界，彼無實者。以何義故？遇善知識聞說善法，值惡知識聞說惡法。若無一切外境界者，彼云何說？若不說者，云何得聞？若不聞者，此云何成？答曰偈言：

谛译：若由自相續轉異勝④故，眾生六識似六塵起，實不從塵生者。由事⑤善惡友，聽受正邪二法，眾生有正邪二定，云何得成？若所親近及說實無。

奘译：若諸有情由自相續轉變差別，似境識起，不由外境為所緣生。彼諸有情近善惡友，聞正邪法，二識決定⑥。既無友教，此云何成？非不得成⑦。頌曰：

अन्योन्याधिपतित्वेन विज्ञप्तिनियमो मिथः।

---

① "现在前位"的原词是 saṃmukhībhāva，词义为出现在面前、面对或当面。此词瞿译"现前"。
② "自相续"指自身的生死相续。
③ 这里是对方质问如果不接近善友恶友，闻听正法邪法，识如何能得到确定？
④ "转异胜"指特殊变化。"异胜"的原词是 viśeṣa（"特殊"）。此词奘译"差别"。
⑤ "事"指侍奉或接近。
⑥ "二识决定"指正识或邪识得到确定，相当于谛译"正邪二定"。
⑦ "非不得成"是对上述质问的回答。此句原文以及瞿译和谛译均无。

今译：通过互相的威力，互相之间确定识。

瞿译：迭共增上因，彼此心緣合，
無明覆於心，故夢寤果別。

谛译：更互增上故，二識正邪定。

奘译：展轉增上力，二識成決定。

सर्वेषां हि सत्त्वानामन्योन्यविज्ञप्त्याधिपत्येन मिथो विज्ञप्तिनियमो भवति यथायोगं। मिथ इति परस्परतः। अतः संतानान्तरविज्ञप्तिविशेषात्संतानान्तरे विज्ञप्तिविशेष उत्पद्यते नार्थविशेषात्।

今译：因为一切众生通过互相的识的威力，互相随其所应①确定识。"互相"指互相之间。因此，由于他者相续中特殊的识，而产生他者相续中特殊的识，而不是由于特殊的对象。

瞿译：此偈明何義？一切眾生虛妄分別思惟憶念彼說我聞，依彼前人說者意識，於此聽人聞者意識起如是心，彼說我聞，而實無有彼前境界。是故，偈言迭共增上②因，彼此心緣合故。

谛译：一切眾生由更互識增上故，有二種識定成，或正定或邪定。更互者，自他共成自他事。是故，別識相續勝能③故，別識相續勝能生，不從外塵起。

奘译：論曰：以諸有情自他相續諸識展轉為增上緣，隨其所應，二識決定。謂餘相續識差別故，令餘相續差別識生，各成決定，不由外境。

यदि यथा स्वप्ने निरर्थिका विज्ञप्तिरेवं जाग्रतोऽपि स्यात्कस्मात्कुशलाकुशल-

---

① "随其所应"指依随个人接近的善友或恶友。
② "增上"的原词是 adhipatitva，词义为统治或控制。此词及其同义词 ādhipatya，在汉译佛经中常译为"增上"。
③ "别识相续胜能"指他者相续中特殊的识的能力。

समुदाचारे सुप्तासुप्तयोस्तुल्यं फलमिष्टानिष्टमायत्यां न भवति। यस्मात्।

今译：如果如梦中有无对象的识，觉醒时也这样，那么，梦中和觉醒时自己所造善业或恶业，为何此后不获得同样的善果或恶果？[1] 因为

瞿译：問曰：若如夢中虛妄心識無實境界，寤亦爾者。以何義故？夢中寤中行善惡法，愛與不愛果報不等。

諦译：若如夢識無境界，覺識亦如此者。云何夢覺[2]二人行善作惡，愛憎兩果未來不同？

奘译：若如夢中，境雖無實，而識得起，覺識亦然，何緣夢覺造善惡行，愛非愛果，當[3]受不同？頌曰：

मिद्धेनोपहतं चित्तं स्वप्ने तेनासमं फलम्॥ १८ ॥

今译：梦中心受昏睡毁损，因此果报不同。[4]（18）

諦译：夢識由眠壞，未來果不同。

奘译：心由睡眠壞，夢覺果不同。

इदमत्र कारणं न त्वर्थसद्भावः।

今译：这是原因，并非由于对象。

瞿译：答曰：偈言無明覆於心，故夢寤果別故。此明何義？我已先說，唯有內心，無外境界。以夢寤心差別不同，是故，不依外境界等成就善業不善業故。

諦译：是正因能令夢心無有果報，謂惛睡所壞故，心弱不能成

---

[1] 这是对方的质问。"善果或恶果"按原文 phalam iṣṭāniṣṭam 也可译为"可爱的或不可爱的果"。
[2] "梦觉"指梦中和觉醒时。
[3] "当"指将来或此后。
[4] 这是说梦中的心识处在昏睡而受毁损的状态，与觉醒时的正常状态不一样，故而果报不同。

善惡業①。

奘译：論曰：在夢位，心由睡眠壞，勢力羸劣。覺心不爾，故所造行當受異熟勝劣不同，非由外境。

यदि विज्ञप्तिमात्रमेवेदं न कस्यचित्कायो ऽस्ति न वाक्। कथमुपक्रम्यमाणानामौरभ्रिकादिभिरुरभ्रादीनां मरणं भवति। अतत्कृते वा तन्मरणे कथमौरभ्रिकादीनां प्राणातिपातावद्येन योगो भवति।

今译：如果只是唯识，没有任何人的身体和言语，怎么会有屠夫杀死羊等？如果羊等死，并非屠夫所为，屠夫怎么会担当杀生罪？

瞿译：問曰：若彼三界唯是內心，無有身口外境界者。以何義故？屠獵師等殺害猪羊及牛馬等。若彼非是屠獵②師等殺害猪羊牛馬等者，以何義故？屠獵師等得殺生罪。是故，應有外色香等身口境界。答曰偈言：

谛译：問若一切唯有識，則無身及言。云何牛羊等畜生，非屠兒所害而死？若彼死非屠兒所作，屠兒云何得殺生罪？答曰：

奘译：若唯有識，無身語等，羊等云何為他所殺？若羊等死不由他害，屠者云何得殺生罪？頌曰：

**मरणं परविज्ञप्तिविशेषाद्विक्रिया यथा।
स्मृतिलोपादिकान्येषां पिशाचादिमनोवशात्॥ १९ ॥**

今译：死是有他者特殊的识造成的变异，
　　　如受鬼等意念控制，人们失忆等。（19）

瞿译：死依於他心，亦有依自心，
　　　依種種因緣，破失自心識。

谛译：由他識變異，死事於此成，
　　　如他失心等，因鬼等心力。

---

① 谛译这句是将偈颂中的"未来果不同"理解为"无有果报"。
② 此处和后面一个"獵"字，据《中华大藏经》校勘记，《碛》、《南》、《径》、《清》、《丽》作"猎"。

奘译：由他識轉變，有殺害事業，
　　　　如鬼等意力，令他失念等。

यथा हि पिशाचादिमनोवशादन्येषां स्मृतिलोपस्वप्नदर्शनभूतग्रहावेशविकारा भवन्ति। ऋद्धिवन्मनोदशाच्च। यथा सारणस्यार्यमहाकात्यायनाधिष्ठानात्स्वप्नदर्शनं। आरण्यकर्षिमनःप्रदोषाच्च वेमचित्रपराजयः। तथा परविज्ञप्तिविशेषाधिपत्यात्परेषां जीवितेन्द्रियविरोधिनी काचिद्विक्रियोत्पद्यते यया सभागसंतिविच्छेदाख्यं मरणं भवतीति वेदितव्यं।

今译：正如受鬼等意念控制，造成人们失忆、做梦和鬼魅附身等变异。还有，受具神通者的意志控制，如受圣者大迦多衍那的意志控制，婆剌拏王做梦①。由于林中仙人愤恨，吠摩质呾利王遭遇失败②。同样，由于他者特殊的识的威力，造成危害命根的某种变异。应知由此变异产生称为众同分③相续断裂的死。

瞿译：此偈明何義？如人依鬼毗舍闍④等，是故失心。或依自心，是故失心。或有憶念愛不愛事，是故失心。或有夢見鬼著失心。或有聖人神通轉變前人失心。如經中說，大迦旃延比丘令娑羅那王見惡夢等。又毗尼⑤中有一比丘，夜蹈瓜皮謂殺蝦蟇⑥，死入惡道。故⑦，偈言依種種因緣，破失自心識故。死依於他心，亦有⑧自心者。此云何

---

① 传说婆剌拏王（瞿译和谛译"娑罗那王"）曾经跟随大迦多衍那（瞿译和谛译"大迦旃延"）在山中修道。一次坐禅时，钵树多带领宫女们入山游玩。宫女们围观坐禅的婆剌拏。钵树多王由此发怒，鞭打婆剌拏至昏厥。婆剌拏苏醒后，决定回国讨伐钵树多王。而当晚，大迦多衍那让婆剌拏做梦，梦见自己战败，将被斩首。从梦中惊醒后，他打消了复仇的毒念。
② 传说帝释天曾入林中仙人修道处，受到仙人们礼敬。吠摩质呾利王（瞿译和谛译"毗摩质多罗"）看到后，破篱而入仙人修道处。仙人们见其行为怪异，不礼敬他。吠摩质呾利王为此准备迫害众仙人。于是，众仙人凭借意念，让他变得衰老，陷入困苦。最后，吠摩质呾利王求得众仙人宽恕，解除困苦。
③ "众同分"（sabhāga）指众生具有相同的性质。一旦这种共性断裂，便造成死亡。此词瞿译"身命"，谛译"同类"。
④ "毗舍闍"是 piśāca（"鬼"）一词的音译。
⑤ "毗尼"（vinaya）指律经或律藏。
⑥ "虾蟇"指蛤蟆。
⑦ 此处"故"字，据《中华大藏经》校勘记，《资》、《普》、《径》、《丽》作"是故"。
⑧ 此处"有"字，据《中华大藏经》校勘记，诸本作"有依"。

知？以依仙人心瞋毗摩質多羅阿修羅王故，殺餘眾生。此依他心，他眾生心虛妄分別命根謝滅，以彼身命相續斷絕。應如是知。又偈言：

谛译：猶如鬼神等心變異故，令他或失念，或得夢，或著鬼等，諸變異得成。復次，有神通人心願故，有如此事，如娑羅那王等得夢，由大迦旃延心願故。復次，阿蘭若①仙人瞋心故，毗摩質多羅王見怖畏事。如是由他識變異，能斷他命根。因此事故，同類相續斷，說名為死。此義應知。復次，

奘译：論曰：如由鬼等意念勢力，令他有情失念、得夢或著魅等，變異事成。具神通者意念勢力，令他夢中見種種事。如大迦多衍那意願勢力，令娑刺拏王等夢見異事。又如阿練若仙人意憤勢力，令吠摩質呾利王夢見異事。如是由他識轉變故，令他違害命根事起。應知死者謂眾同分由識變異，相續斷滅。復次，頌曰：

कथं वा दण्डकारण्यशून्यत्वमृषिकोपतः।

今译：或者，弹宅迦林怎么会因仙人愤怒而空寂？

瞿译：經說檀拏迦，迦陵摩燈國，
　　　仙人瞋故空，是故心業重。

谛译：云何檀陀林，空寂由仙瞋？

奘译：彈咤迦等空，云何由仙忿？
　　　意罰為大罪，此復云何成？

यदि परविज्ञप्तिविशेषाधिपत्यात्सत्वानां मरणं नेष्यते। मनोदण्डस्य हि महासावद्यत्वं सधयता भगवतोपालिगृहपतिः पृष्टः। कच्चित्ते गृहपते श्रुतं केन तानि दण्डकारण्यानि मातङ्गारण्यानि कलिङ्गारण्यानि शून्यानि मेध्यीभूतानि। तेनोक्तं। श्रुतं मे भो गौतम ऋषीणां मनःप्रदोषेणेति।

今译：如果不认为由于他者特殊的识的威力造成众生的死，那

---

① "阿兰若"（āraṇya，或译"阿练若"），指森林、旷野或空闲处。

么，世尊怎么会确立意杖①是大罪，而询问长者优波离："长者啊，你是否听说弹宅迦林②、摩登伽林③和羯陵伽林④为何变得空寂清净？"长者说："世尊乔答摩啊，我听说由于仙人们心中的愤恨。"

瞿译：此偈明何义？若有死者不依他心，不依自心。若如是者，以何义故？如来欲成心業為重。是故，經中問優波離長者言："長者！汝頗曾聞以何因緣，檀拏⑤、迦陵迦國、摩燈伽國曠野空寂，無有眾生及草木等？"優波離長者白佛言："瞿曇！我昔曾聞，依仙人瞋心，殺害如是無量眾生。"是故，得知唯有意業。若不爾者，如來何故於諸經中作如是說？是故，偈言經說檀拏迦、迦陵、摩燈國，仙人瞋故空故。

谛译：若由他識變異增上不許眾生死，世尊成立心重罰最為大罪，問優婆離長者："長者！汝曾聞不，云何檀陀柯林、迦陵伽林、摩登伽林空寂清淨？"長者答言："瞿曇！曾聞由仙人瞋心。"

奘译：論曰：若不許由他識轉變增上力故，他有情死，云何世尊為成意罰是大罪故，返問長者鄔波離言："汝頗曾聞，何因緣故，彈吒迦林、末蹬伽林、羯陵伽林皆空閑寂？"長者白佛言："喬答摩！我聞由仙意憤恚故。"

---

① "意杖"（manodaṇḍa，或译"意罚"）指意念的刑杖，即造成危害他人命根的那种意念。
② "弹宅迦"（daṇḍaka，瞿译"檀拏迦"，谛译"檀陀柯"，奘译"弹吒迦"）。弹宅迦林的传说：一位仙人在山中修行，他的美丽的妻子给他送饭。恰逢弹宅迦王入山游玩。弹宅迦王借口"仙人离欲，何用妇为？"将这位美妇掠回宫中。仙人前往王宫，索要妻子，弹宅迦王不允。于是，仙人凭借意念，天降石雨，摧毁弹宅迦国，使之成为荒芜的弹宅迦林。
③ "摩登伽"（mātaṅga，瞿译"摩灯伽"，奘译"末蹬伽"）。摩登伽林的传说：一位修道仙人先后忍受淫女和国师泼粪的侮辱。后不堪忍受国王一再泼粪的侮辱，凭借意念，天降石雨，摧毁该国，使之成为荒芜的摩登伽林。
④ "羯陵伽"（kaliṅga，瞿译"迦陵迦"，谛译"迦陵伽"）。羯陵伽林的传说：摩登伽仙人是首陀罗种姓，而听人说自己若有儿子，将成为国师。于是，他向国王求娶公主，遭到拒绝。而公主私奔，与他结为夫妻。国王发怒，捆绑他俩，投入河中。河神释放他俩。然后，仙人凭借意念，摧毁该国，使之成为荒芜的羯陵伽林。
⑤ 此处"檀拏"，据《中华大藏经》校勘记，诸本作"檀拏迦国"。

मनोदण्डो महावद्यः कथं वा तेन सिध्यति ॥२०॥

今译：或者，意杖是大罪如何由此成立？（20）

谛译：心重罰大罪，若爾云何成？

यद्येवं कल्प्यते। तदभिप्रसन्नैरमानुषैस्तद्वासिनः सत्त्वा उत्सादिता न त्वृषीणां मनःप्रदोषान्मृता इत्येवं सति कथं तेन कर्मणा मनोदण्डः कायवाग्दण्डाभ्यां महावद्यतमः सिद्धो भवति। तन्मनःप्रदोषमात्रेण तावतां सत्त्वानां मरणात्सिध्यति॥

今译：如果妄想是这样：住在那里的众生遭到敬重仙人的非人①杀害，而不是死于仙人们心中的愤恨。若是这样，依照这种情况，意杖的大罪超过身杖和言杖怎么能成立？因此，唯独仙人们心中的愤恨，造成这些众生死去，得以成立。

瞿译：問曰：依仙人瞋心，信仙人鬼②殺害如是三國眾生，非依仙人瞋心而死。答曰：如來於汝外道，經中問久學尼乾子③言："於三業中，何業為重？"久學尼乾子答如來言："身業為重。"佛言："尼乾子！此波④城中所有眾生為多為少？"久學外道言："無量無邊，不可數知。"佛言："尼乾子！若有惡人欲殺害此諸眾生者，幾日可殺？"尼乾子言："非是一年二年可殺。"佛告久學尼乾子言："摩燈伽等三國眾生，汝頗曾聞云何而死？為身業殺，為意業殺？"尼乾子言："瞿曇！我昔曾聞，仙人瞋心，以意業殺爾數眾生。"佛言："尼乾子！若如是者，云何而言身業為重？"尼乾子言："如是如是，我不審諦，謬聞而說。"以是義故，證成我義：三界唯心，無身口業。此以何義？如世人言，賊燒山林聚落城邑，不言火燒。此義亦爾，唯依心故，善惡業成。以是義故，經中偈言：

諸法心為本，諸法心為勝，

---

① "非人"指鬼怪。
② "信仙人鬼"指信奉或敬仰仙人的鬼。
③ "尼乾子"（nirgranthaputra，或译"尼犍子"）是耆那教徒。
④ 此处"波"字，据《中华大藏经》校勘记，《丽》作"彼"。

離心無諸法，唯心身口名。①

唯心身口名者，但有心識，無身口業。身口業者但有名字，實是意業，身口名說。

谛译：若汝執有諸鬼神愛敬仙人故，殺害此中眾生，不由仙人瞋心。若爾，云何由此業，心重罰大罪劇於身口重罰？由仙人瞋心故，如是多眾生死故，心重罰成大罪。

奘译：若執神鬼敬重仙人，知嫌②為殺彼有情類，不但由仙意憤恚者，云何引彼③成立意罰為大罪性過於身語？由此應知，但由仙忿彼有情死，理善成立。

यदि विज्ञप्तिमात्रमेवेदं परचित्तविदः किं परचित्तं जानन्त्यथ न। किंचातः। यदि न जानन्ति कथं परचित्तविदः भवन्ति।

今译：如果这只是唯识，那些知他心者是否知道他人的心？由此，怎么样？④如果不知道，他们怎么是知他心者？

瞿译：問曰：若但有心，無外境界，此義不然。何以故？他心智者觀察他心，他眾生心是外境界。云何說言無外境界？又復有難，他心智者為實知心，為不實知？若不知者，云何說言知於他心？若實知者，云何說言無外境界？答曰偈言：

谛译：若一切唯識，他心通人為知他心，為不知？若爾，有何所以？⑤若不知，云何得他心通？若知，云何言識無境？

奘译：若唯有識，諸他心智知他心不？設爾，何失？若不能知，何謂他心智？若能知者，唯識應不成。

---

① 这首偈颂不见于原文、谛译和奘译。
② "知嫌"指知道仙人们怨恨。
③ "引彼"指引用此事。
④ "由此，怎么样？"这句是询问质问者的话。
⑤ "若尔，有何所以？"意谓"如果这样，又怎么样？"此处奘译"设尔，何失？"即"如果这样，有什么过失？"

अथ जानन्ति।

今译：他们知道。

奘译：雖知他心，然不如實。頌曰：

परचित्तविदां ज्ञानमयथार्थं कथं यथा।
स्वचित्तज्ञानम्

今译：知他心者的智不如实①。怎么样？
如同知自心的智②。

तदपि कथमयथार्थम्।

今译：为何它不如实？

अज्ञानाद्यथा बुद्धस्य गोचरः ॥२१॥

今译：　　　　　由于不知，如佛境界。（21）

瞿译：他心知於境，不如實覺知，
　　　以非離識境，唯佛如實知。

谛译：他心通人智，不如境云何？
　　　如知自心故，不知如佛境。

奘译：他心智云何，知境不如實③？
　　　如知自心智，不知如佛境。

यथा तन्निरभिलाप्येनात्मना बुद्धानां गोचरः। तथा तदज्ञानात्तदुभयं न

---

① 这里是说他们知道他人的心，然而这种知他心智不如实，因为所知他心也是识似显现的外境。

② 这里是说知自心智也是以自心为实有对象，相当于知他心智以他心为实有对象，而不知实质是空性。

③ "知境不如实"按原文只是 ayathārtham（"不如实"），并无另外的"知境"一词。然而，ayathārtham 中含有的 artha 一词，也可读为"境"（或"对象"），故而谛译将 ayathārtham 译为"不如境"。但奘译中增添的"知境"一词，相当于瞿译中增添的"知于境"，按照这里的语境也适用，即不如实知道对象。

यथार्थं वितथप्रतिभासतया ग्राह्यग्राहकविकल्पस्याप्रहीणत्वात्।

今译：如同诸佛的境界，具有不可言说的我①。这样，由于不知②，这两种智③不如实，由于不断除所取和能取妄想分别，而有虚妄显现。④

瞿译：此偈明何义？他心⑤者不如實知。何以故？以自內心虛妄分別以為他心⑥，不能了知。何以故？以自心、意、意識雜⑦故。是故，偈言他心知於境，不如實覺知，以非離識境故。問曰：為一切聖人皆不能知他眾生心，為有知者？答曰：偈言唯佛如實知故。此明何義？如彼佛地，如實果體⑧，無言語處，勝妙境界，唯佛能知，餘人不知。以彼世間他心智者於彼二法⑨不如實知，以彼能取可取境界虛妄分別故，彼世間人虛妄分別。

谛译：是他心智境云何不如⑩？由無智故。如不可言體，他心則成佛境，如此不能知故。此二⑪境界不如，非是如此顯現故，能取所取分別未滅故。

奘译：論曰：諸他心智云何於境不如實知？如自心智。此自心智云何於境不如實知？由無知故。二智於境各由無知所覆蔽故，不知如佛淨智所行不可言境⑫。此二於境不如實知，由似外境虛妄顯現故，所取能取分別未斷故。

---

① "不可言说的我"指佛境界是空性或真如。参阅前面第10颂释文。
② "不知"（ajñāna，也可译为"无知"）指不知佛的境界。
③ "这两种智"指知他心智和知自心智。
④ 这里是说知他心智和知自心智都不知佛的境界是真如空性，而有所取和能取的妄想分别，因此，都不如实。
⑤ 此处"他心"，据《中华大藏经》校勘记，诸本作"他心智"。
⑥ "虚妄分别以为他心"指虚妄分别所取和能取，以为实有他心。
⑦ "杂"指混乱。
⑧ "如实果体"指"实相"，即真如。
⑨ 此处"二法"指"能取"和"可取"。瞿译前面第13首偈颂释文中，将"本识种子"和"虚妄外境界"称为"二法"。
⑩ "不如"对应的原词是 ayathārtham，即不如实。这段下面的"不如"一词也指"不如实"，原文是 na yathārtham。
⑪ "此二"指他心智和自心智。
⑫ "不可言境"按原文是 nirabhilāpyena ātmanā（"不可言说的我"）。此词瞿译"无言语处"，谛译"不可言体"。

अनन्तविनिश्चयप्रभेदगाधगाम्भीर्यायां विज्ञप्तिमात्रतायां।

今译：唯识性具有无限的抉择类别而深邃，

瞿译：此唯是識，無量無邊甚深境界，非是心識可測量故。偈言：

谛译：此唯識理無窮，簡擇品類甚深無底。

奘译：此唯識理趣無邊，決擇品類差別難度甚深，非佛誰能具廣決擇？頌曰：

विज्ञप्तिमात्रतासिद्धिः स्वशक्तिसदृशी मया।
कृतेयं सर्वथा सा तु न चिन्त्या

今译：我只是尽我自己的能力证明唯识性，
　　　而它的所有方面不可思议，

瞿译：作此唯識論，非我思量義，
　　　諸佛妙境界，福德施群生。

谛译：成就唯識理，我造隨自能，
　　　如理及如量，難思佛等境。

奘译：我已隨自能，略成唯識義，
　　　此中一切種，難思佛所行。

सर्वप्रकारा तु सा मादृशैश्चिन्तयितुं न शक्यते। तर्काविषयत्वात्। कस्य पुनः सा सर्वथा गोचर इत्याह।

今译：它的所有方面，非如我之辈所能思议，因为超出思辨领域。它的所有方面属于谁的境界？回答是：

瞿译：此①明何義？此是諸佛甚深境界，非是我等思量所知。何以故？以彼非是心、意、意識思量境界故。若如是者，是誰境界？

---

① 此处"此"字，据《中华大藏经》校勘记，诸本作"此偈"。

谛译：我等作一切功用，不能思度此理，此理非覺觀所緣故。何人能遍通達？

奘译：論曰：唯識理趣品類無邊，我隨自能已略成立。餘一切種非所思議，超諸尋思所行境故。

बुद्धगोचरः ॥२२॥

今译：　　　　　　　　　　　佛境界。（22）

बुद्धानां हि सा भगवतां सर्वप्रकारं गोचरः सर्वाकारसर्वज्ञेयज्ञानाविघातादिति॥

今译：它①全然是诸佛世尊的境界，因为于一切种类一切境智②无障碍。

瞿译：偈言諸佛妙境界故。此明何義？唯諸佛如來，以一切種智於一切所知境界，皆如實③知故。

谛译：此境是佛境界。何以故？諸佛世尊於一切法知故④無礙故，如量如理，此境唯佛所見。

奘译：如是理趣唯佛所行，諸佛世尊於一切境及一切種智無礙故。

विंशतिका विज्ञप्तिमात्रतासिद्धिः।

今译：以上是《唯识二十颂释》⑤。

कृतिरियमाचार्यवसुबन्धोः।

---

① 此处"它"指唯识性。
② "境智"（jñeyavijñāna）指所知之境和能知之智。
③ 此处"实"字，据《中华大藏经》校勘记，诸本作"实而"。
④ 此处"故"字，据《中华大藏经》校勘记，诸本无。
⑤ 这个书名原文中的 siddhi 一词，词义为成就、成功、证实或证明。这个书名玄奘译为《唯识二十论》。若仿照玄奘所译另一部著作《成唯识论》的书名，也可译为《成唯识二十论》。这里译为《唯识二十颂释》是考虑到本书实际内容包含释文（vṛtti），而无论"释"或"论"都含有解释、说明或证明的意思。

今译：尊师世亲造。

瞿译：《唯識論》。

谛译：婆藪槃豆菩薩造《唯識論》竟。

奘译：《唯識二十論》。

त्रिंशिका विज्ञप्तिकारिकाः

今译：唯识三十颂

奘译：唯識三十論頌

आत्मधर्मोपचारो हि विविधो यः प्रवर्तते।
विज्ञानपरिणामे ऽसौ परिणामः स च त्रिधा ॥ १ ॥

今译：我和法的种种假说①转出，依据
识的变化②，这种变化有三种。（1）

奘译：護法等菩薩③約④此三十頌，造成唯識。今略標所以⑤，謂此三十頌中，初二十四行頌⑥明唯識相，次一行頌明唯識性，後五行頌明唯識行位⑦。就二十四行頌中，初一行半略辯唯識相，此⑧二十二行半廣辯唯識相。謂外問言："若唯有識，云何世間及諸聖教說有我法⑨？"舉頌詶答⑩，頌曰：⑪

由假說我法，有種種相轉，
彼⑫依識所變，此能變唯三⑬。

विपाको मननाख्यश्च विज्ञप्तिर्विषयस्य च।
तत्रालयाख्यं विज्ञानं विपाकः सर्वबीजकम् ॥ २ ॥

---

① "假说"的原词是 upacāra，词义为惯用语。在这里相当于 vijñapti（"施设"或"假名"）的同义词。
② "变化"的原词是 pariṇāma，词义为变化、转变或变异。
③ "护法等菩萨"指护法等唯识三十颂的注家。
④ "约"指依据。
⑤ "所以"指其中的道理。
⑥ "二十四行颂"即二十四颂。
⑦ "行位"指修行的阶位。
⑧ 此处"此"字，据《中华大藏经》校勘记，《丽》作"次"。
⑨ "我法"指我和法。
⑩ "詶答"指应答或回答。
⑪ 这里和后面插入的这些文字是玄奘增添的释文。这些释文大多节录自《成唯识论》。若是单独阅读这三十颂，这些简要的释文很有参考价值。
⑫ "彼"指假说。
⑬ 这里的"所变"和"能变"，原词均为 pariṇāma（"变化"）。

今译：异熟①，名为思量②，境的了别③。其中，
　　　名为阿赖耶的识，异熟，一切种子④。（2）

奘译：謂異熟思量，及了別境識。

次二十二行半廣辯唯識相者，由前頌文略標三能變⑤，今廣明三變相。且初能變⑥其相云何？頌曰：

初阿賴耶識，異熟一切種。

असंविदितकोपादिस्थानविज्ञप्तिकं च तत्।
सदा स्पर्शमनस्कारवित्संज्ञाचेतनान्वितम्॥३॥

今译：它的执受和处的了别不可知⑦，
　　　始终伴随触、作意、受、想和思⑧。（3）

奘译：不可知執受，處了⑨常與觸，
　　　作意受想思，相應⑩唯舍受⑪。

उपेक्षा वेदना तत्रानिवृताव्याकृतं च तत्।
तथा स्पर्शादयस्तच्च वर्तते स्रोतसौघवत्॥४॥

---

① "异熟"（vipāka，或译"果报"）指第八识，即阿赖耶识（ālaya）。
② "名为思量"即名为思量者，指第七识，即末那识（manas，或译"意"）。
③ "境的了别"指前六识，即眼识、耳识、鼻识、舌识、身识和意识。
④ 阿赖耶识又称藏识、异熟识和一切种子识。其中，藏识是自相。异熟识是果相，即由前世善恶业造成的果报。一切种子识是因相，即成为一切现行活动的原因。"种子"（bīja）指前世的业留在阿赖耶识中的潜印象或潜能，如同储藏的种子。
⑤ 这里是说前面的一颂半已经标示阿赖耶识、末那识和前六识这三种能变。
⑥ "初能变"指阿赖耶识。
⑦ "执受"（upādi）指习气种子和有感官的身体。"处"（sthāna）指器世间，即众生所处的国土世界。这里是说阿赖耶识对这两者认知的情形，常人不可知。
⑧ 这里是指五种遍行心所。
⑨ 此处"处了"与"不可知执受"相连成句。"了"指了别或认知。
⑩ 此处"相应"与"常与触、作意、受、想、思"相连成句。"相应"对应的原词是 anvita（"伴随"）。
⑪ "唯舍受"按原文属于第4颂。

今译：其中舍受①。还有，它无覆②和无记③。
触等也是这样④。它如同瀑流转动⑤。（4）

奘译：是無覆無記，觸等亦如是，
恒轉如瀑流，阿羅漢位舍⑥。

तस्य व्यावृत्तिरर्हत्वे तदाश्रित्य प्रवर्तते।
तदालम्बं मनोनाम विज्ञानं मननात्मकम्॥५॥

今译：到达阿罗汉位，它转离⑦。名为末那的识，
依靠它转出，以它为所缘，以思量为特性。（5）

奘译：已說初能變，第二能變⑧其相云何？頌曰：

次第二能變，是識名末那，
依彼轉緣彼，思量為性相⑨。

क्लेशैश्चतुर्भिः सहितं निवृताव्याकृतैः सदा।
आत्मदृष्ट्यात्ममोहात्ममानात्मस्नेहसंज्ञितैः॥६॥

今译：它始终与有覆⑩无记的四种烦恼结合，
它们名为我见、我痴、我慢和我爱⑪。（6）

---

① 受（vedanā）有三种：苦受、乐受和舍受（即不苦不乐受）。伴随阿赖耶识的唯独舍受。
② "无覆"（anivṛta）意谓无覆盖或无遮蔽，这里指无污染的障碍。
③ "无记"（avyākṛta）意谓不可分辨或不可说明，这里指非善非不善。
④ 这里是说触等五种遍行心所的性质也是这样。
⑤ 这里是说阿赖耶识如同湍急的水流生生世世不断流动。
⑥ "阿罗汉位舍"这句按原文属于第5颂。
⑦ 此处"转离"的原词是 vyavṛttiḥ，按安慧释文（据莱维编订本）中引用的此颂用词应该是 vyāvṛttiḥ。这里是说到达阿罗汉位，烦恼的种子灭尽，阿赖耶识也就转离。
⑧ "第二能变"指末那识。
⑨ "性相"的原词是 ātmaka，词义为本质、性质、特性或特征，故而奘译"性相"。
⑩ "有覆"（nivṛta）指有污染的障碍。
⑪ "我见、我痴、我慢和我爱"是六种根本烦恼中的四种，相当于见、痴、慢和贪，另二种是瞋和疑。

奘译：四煩惱常俱，謂我癡我見，
并我慢我愛，及餘觸等俱①。

यत्रजस्तन्मयैरन्यैः स्पर्शाद्यैश्चार्हतो न तत्।
न निरोधसमापत्तौ मार्गे लोकोत्तरे न च ॥७॥

今译：随所生处形成②，以及其他的触等。成阿罗汉，它没有，
在灭尽定③中，它没有，还有在出世间道④中，它没有。(7)

奘译：有覆無記攝⑤，隨所生所系，
阿羅漢滅定，出世道無有。

द्वितीयः परिणामो ऽयं तृतीयः षड्विधस्य या।
विषयस्योपलब्धिः सा कुशलाकुशलाद्वया ॥८॥

今译：这是第二种变化⑥。第三种是六种
境的感知⑦，善的，不善的，非二的⑧。(8)

奘译：如是已說第二能變，第三能變⑨其相云何？頌曰：

次第三能變，差別⑩有六種，

---

① "及余触等俱"按原文属于第 7 颂。
② "所生处"指欲界、色界和无色界。这三界又分为九地。例如，欲界为五趣地，即五道轮回的世界。这里，"随所生处形成"同时修饰上一颂中的"四种烦恼"和这一颂中的"触等"。同样，上一颂中的"有覆无记的"也修饰这一颂中的"触等"。
③ "灭尽定"（nirodhasamāpatti）指灭尽心和心所作用的入定。
④ "出世间道"指菩提道或八正道。
⑤ "有覆无记摄"按原文属于第 7 颂。这两颂句义相连，故而可以依据需要调整词序。此处"摄"对应的原词是 sahita（"一起"、"结合"或"具有"）。此词奘译在上一颂中也译"俱"。
⑥ "第二种变化"指上述末那识的变化。
⑦ "六种境的感知"指感知六境的前六识。"感知"的原词是 upalabdhi，词义为获取、感知或认知。此处奘译"了境"。
⑧ 这里指六识的性质为善、不善和非二（即非善非不善）。
⑨ "第三能变"指前六识。
⑩ 此处"差别"指类别。

了境爲性相，善不善俱非。

सर्वत्रगैर्विनियतैः कुशलैश्चैतसैरसौ।
सम्प्रयुक्ता तथा क्लेशैरुपक्लेशैस्त्रिवेदना ॥९॥

今译：三受与种种遍行、别境和善，
以及烦恼和随烦恼心所相应①。（9）

奘译：此心所遍行，别境善煩惱，
隨煩惱不定②，皆三受相應。

आद्याः स्पर्शादयश्छन्दाधिमोक्षस्मृतयः सह।
समाधिधीभ्यां नियताः श्रद्धाथ ह्रीरपत्रपा ॥१०॥

今译：首先触等③。别境是欲、胜解、念
以及定和慧④。然后，信、惭、愧、（10）

奘译：初遍行觸等，次別境謂欲，
勝解念定慧，所緣事不同⑤。

अलोभादि त्रयं वीर्यं प्रश्रब्धिः साप्रमादिका।
अहिंसा कुशलाः क्लेशा रागप्रतिघमूढयः ॥११॥

今译：无贪等三种⑥、精进、轻安、连同不放逸者⑦，

---

① 这里是说六识的五类心所（caitasa）：遍行（sarvatraga）、别境（viniyata）、善（kuśala）、烦恼（kleśa）和随烦恼（upakleśa）。三受与五类心所相应。"相应"（saṃprayukta，或译"联系"）一词与五类心所（均使用具格）相连。
② "不定"一词按原文无。它指称二十四种随烦恼心所中的后四种。参阅第14颂。
③ "触等"指五种遍行心所。
④ 以上是五种别境心所。
⑤ "所缘事不同"这句按原文无，应该是玄奘增添。
⑥ "无贪等三种"指无贪、无瞋和无痴。
⑦ "连同不放逸者"（sāpramādikā）指不放逸（apramāda）和行舍（upekṣā）这二者。显然为迁就诗律而采用这种表达方式。此词奘译直接译为"不放逸、行舍"。

以及不害，是善心所①。烦恼是贪、瞋和痴、（11）

奘译：善謂信慚愧，無貪等三根，
　　　勤安不放逸，行捨及不害。

मानद्ग्विचिकित्साश्च क्रोधोपनहने पुनः।
म्रक्षः प्रदाश ईर्ष्याथ मात्सर्यं सह मायया ॥१२॥

今译：骄慢、邪见和疑惑②。还有，愤怒、怨恨③、
　　　掩盖④、恼恨⑤、妒嫉、悭吝和虚妄，（12）

奘译：煩惱謂貪瞋，癡慢疑惡見，
　　　隨煩惱謂忿，恨覆惱嫉慳。

शाठ्यं मदोऽविहिंसाहीरत्रपा स्त्यानमुद्धवः।
आश्रद्ध्यमथ कौसीद्यं प्रमादो मुषिता स्मृतिः ॥१३॥

今译：欺骗、骄傲、伤害⑥、无惭、无愧、昏沉、
　　　掉举⑦、不信、懈怠、放逸、忘失忆念，（13）

奘译：誑諂與害憍⑧，無慚及無愧，
　　　掉舉與惛沈，不信並懈怠。

विक्षेपोऽसम्प्रजन्यं च कौकृत्यं मिद्धमेव च।
वितर्कश्च विचारश्चेत्युपक्लेशा द्वये द्विधा ॥१४॥

---

① 以上是十一种善心所。
② 以上是六种烦恼心所。
③ "怨恨"的原词是 upanahana，词义为包裹或包扎，引申义为积怨。奘译"恨"。
④ "掩盖"的原词是 mrakṣa，词义为虚伪。这里指掩盖自己的过失。奘译"覆"。
⑤ "恼恨"的原词是 pradāśa（巴利语 paḷāsa），词义为恶意或怀恨。奘译"恼"。
⑥ 此处"伤害"的原词是 avihiṃsā（"不伤害"），明显有误，按安慧释文中引用的此颂用词，应为 vihiṃsā。
⑦ "掉举"（uddhava）指躁动，不安定。
⑧ "憍"通"骄"，指骄傲（mada）。

今译：散乱、不正知、懊悔、睡眠、寻思、
　　　伺察，这些是随烦恼①。二者各二种②。（14）

奘译：放逸及失念，散亂不正知，
　　　不定③謂悔眠，尋伺二各二。

पञ्चानां मूलविज्ञाने यथाप्रत्ययमुद्भवः ।
विज्ञानानां सह न वा तरङ्गाणां यथा जले ॥१५॥

今译：五识④依据根本识⑤，随缘而生起，
　　　一起或不一起⑥，如同波浪依据水。（15）

奘译：已說六識心所相應，云何應知現起分位⑦？頌曰：

　　　依止根本識，五識隨緣現，
　　　或俱或不俱，如濤波依水。

मनोविज्ञानसम्भूतिः सर्वदासंज्ञिकादृते ।
समापत्तिद्वयान्मिद्धान्मूर्च्छनादप्यचित्तकात् ॥१६॥

今译：意识恒常生起，除了无想天⑧，
　　　无心的两种定、睡眠和昏厥⑨。（16）

奘译：意識常現起，除生無想天，
　　　及無心二定，睡眠與悶絕。

---

① 以上是二十四种随烦恼心所。
② "二者各二种"指懊悔和睡眠二种以及寻思和伺察二种，各有污染和不污染两种性质。
③ "不定"一词按原文无。原文悔、眠、寻、伺这四种又别称不定心所，故而奘译增添"不定"一词。
④ "五识"指眼识、耳识、鼻识、舌识和身识。
⑤ "根本识"（mūlavijñāna，或译"本识"）指阿赖耶识。
⑥ "一起或不一起"指五识同时或不同时生起。
⑦ "现起分位"指六识现行活动的各种状况。
⑧ "无想天"（asaṃjñika）指修无想定而升入色界无想天的众生。
⑨ 这里是说没有心和心所活动的无想定（asaṃjñisamāpatti）、灭尽定（nirodhasamāpatti）、睡眠和昏厥。

विज्ञानपरिणामो ऽयं विकल्पो यद्विकल्प्यते।
तेन तन्नास्ति तेनेदं सर्वं विज्ञप्तिमात्रकम्॥ १७ ॥

今译：这种识的变化是分别，所分别者①
并不存在，因此，这一切是唯识。（17）

奘译：已廣分別三能變相爲自所變二分②所依，云何應知依識所變，假說我法，非別實有③，由斯一切唯有識耶？頌曰：

是諸識轉變，分別所分別，
由此彼④皆無，故一切唯識。

सर्वबीजं हि विज्ञानं परिणामस्तथा तथा।
यात्यन्योन्यवशाद्येन विकल्पः स स जायते ॥ १८ ॥

今译：因为识有一切种子，如此如此变化，
由互相影响⑤而进行，种种分别产生。（18）

奘译：若唯有識，都無外緣，由何而生種種分別？頌曰：

由一切種識，如是如是變，
以展轉力故，彼彼分別生。

कर्मणो वासना ग्राहद्वयवासनया सह।
क्षीणे पूर्वविपाके ऽन्यद्विपाकं जनयन्ति तत्॥ १९ ॥

今译：业的习气⑥和二取⑦的习气，在前一种

---

① "所分别者"指分别的对象。
② "二分"指相分和见分。其中，"相分"指诸识的所缘对象，即所分别。"见分"指诸识的能缘作用，即分别。这两者都是诸识自己的变化。
③ 这里是说依据诸识而变现的一切只是假说为我和法，并非我和法实有。
④ "彼"指所分别者，即所分别的我和法。
⑤ "互相影响"（anyonyavaśa）指阿赖耶识与其他识以及所缘对象之间互相影响。此处奘译"展转力"。
⑥ "习气"（vāsanā）指诸法现象熏染而形成的习气，因潜伏在心中，又称"种子"。"业的习气"指前世各种业留在心中的潜印象或潜意识（即"习气"）。
⑦ "二取"（grāhadvaya）指对能取和所取即分别和所分别这二者的执取。

异熟终结时，使另一种异熟产生①。（19）

奘译：雖有內識，而無外緣，由何有情生死相續？頌曰：

由諸業習氣，二取習氣俱，
前異熟既盡，複生餘異熟。

येन येन विकल्पेन यद्यद्वस्तु विकल्प्यते।
परिकल्पित एवासौ स्वभावो न स विद्यते ॥२० ॥

今译：由种种分别，种种事物被分别，
这是妄想自性，它②并不存在。（20）

奘译：若唯有識，何故世尊處處經中說有三性③？應知三性亦不離識。所以者何？頌曰：

由彼彼遍計，遍計種種物，
此遍計所執，自性無所有。④

परतन्त्रस्वभावस्तु विकल्पः प्रत्ययोद्भवः।
निष्पन्नस्तस्य पूर्वेण सदा रहितता तु या ॥२१ ॥

今译：而依他自性是依缘⑤而生起的分别，
圆成则是它永远与前者的分离性⑥。（21）

奘译：依他起自性，分別緣所生，
圓成實於彼⑦，常遠離前⑧性。

---

① 这里是说前世的习气种子结果时，前一种异熟结束。然后，今世的习气种子又产生另一种异熟。"异熟"指阿赖耶识。这样，众生得以生死相续。
② "它"（词性为阳性）指这种自性。
③ "三性"指三种"自性"（svabhāva）。
④ 这颂中，前面的"遍计"的原词是 vikalpa，指分别。后面的"遍计所执"的原词是 parikalpita，词义为全然分别的，与 svabhāva（"自性"）连用，即全然分别的自性，也就是妄想分别的自性，也译"妄想自性"。
⑤ "依缘"指依据种种因缘。
⑥ 这句中的"它"指依他自性（paratantra），"前者"指妄想自性（parikalpita）。依他自性永远摆脱妄想自性的这种分别，便成为圆成自性（niṣpanna），即真如，空性。
⑦ "彼"指依他自性。
⑧ "前"指妄想自性。

अत एव स नैवान्यो नानन्यः परतन्त्रतः।
अनित्यतादिवद्वाच्यो नादृष्टे ऽस्मिन्स दृश्यते ॥२२॥

今译：因此，它与依他非异非不异①，应该说
如无常性等②。此不被见时，彼也不被见③。（22）

奘译：故此與依他，非異非不異，
如無常等性，非不見此彼④。

त्रिविधस्य स्वभावस्य त्रिविधां निःस्वभावताम्।
सन्धाय सर्वधर्माणां देशिता निःस्वभावता ॥२३॥

今译：三种自性的三种无自性性⑤，
据此宣说一切法无自性性。（23）

奘译：若有三性，如何世尊說一切法皆無自性？頌曰：

即依此三性，立彼三無性，
故佛密意⑥說，一切法無性。

प्रथमो लक्षणेनैव निःस्वभावो ऽपरः पुनः।
न स्वयम्भाव एतस्येत्यपरा निःस्वभावता ॥२४॥

---

① 这里是说圆成自性与依他自性若相异，则像妄想自性那样妄想我和法实有，就不成其为空性。若不异，则像依他自性那样有污染，也不成其为空性。
② "如无常性等"指如同无常性、苦性和无我性与诸行非异非不异。若无常性与诸行相异，则诸行有常性。若不异，则无常性不成其为诸行的共性。苦性和无我性与诸行的关系也是如此。
③ 这句中的"此"指圆成自性，"彼"指依他自性。这里是说若不认清圆成自性，也就不能认清依他自性。
④ 奘译这句"非不见此彼"是按照原文词序直译，而且省略了最后一个"见"字。这是由于迁就五言句字数而造成句义晦涩。但在《成唯识论》释文中，对此句的解释是："非不证见此圆成实，而能见彼依他起性。"意思清楚明白。
⑤ "三种无自性性"（niḥsvabhāvatā）指相无自性性、生无自性性和胜义无自性性。
⑥ "密意"的原词是 sandhāya，词义为依据。在佛经中，此词常表示依据佛的密意。

今译：第一种依据相而无自性性①，另一种
并非自己产生②，后一种即无自性性③。（24）

奘译：初即相无性，次无自然性④，
后由远离前，所执我法性⑤。

धर्माणां परमार्थश्च स यतस्तथतापि सः।
सर्वकालं तथाभावात्सैव विज्ञप्तिमात्रता ॥२५॥

今译：它是诸法胜义⑥，由此也就是真如，
由于永远如此性⑦，它就是唯识性。（25）

奘译：此诸法胜义，亦即是真如，
常如其性故，即唯识实性。

यावद्विज्ञप्तिमात्रत्वे विज्ञानं नावतिष्ठति।
ग्राहद्वयस्यानुशयस्तावन्न विनिवर्तते ॥२६॥

今译：只要识没有安住唯识性，
二取的随眠⑧就不会停息。（26）

奘译：后五行颂明唯识行位者。论曰：如是所成唯识性相⑨，谁依几位⑩，如何悟入？谓具大乘二种种性⑪：一本性种性，谓无始来依

---

① 这是妄想自性的无自性性，即依据幻相，并非实有。
② 这是依他自性的无自性性，即依据因缘产生，并非自己产生。
③ 这是圆成自性的无自性性，即本身无自性，或者说，本身就是空性。
④ "自然性"的原词是 svayaṃbhāva，词义为自己产生、自己存在或自己的状态。
⑤ 这两句按原文无，应该是玄奘增添的文字。这是说后一种圆成自性远离前者妄想自性所执的我性和法性。因此，也可以说，这是玄奘对原文中的"后一种即无自性性"的阐释性翻译。
⑥ "胜义"（paramārtha）也译"第一义"或"真谛"。
⑦ "永远如此性"指永远是空性，无有变异。
⑧ "随眠"（anuśaya）通常指烦恼，这里指烦恼习气种子。
⑨ "唯识性相"指唯识性和唯识相。
⑩ "谁依几位"指什么人依据几种阶位。
⑪ "种性"（gotra）指本性。

附本識法爾所得無漏法因①。二謂習所成種性，謂聞法界等流法已②，聞所成③。具此二性，方能悟入。何謂五位④？一資糧位，謂修大乘順解脫分⑤，依識性相能深信解。其相云何？頌曰：

乃至⑥未起識，求住唯識性，
於二取隨眠，猶未能伏滅。

विज्ञप्तिमात्रमेवेदमित्यपि ह्युपलम्भतः।
स्थापयन्नग्रतः किञ्चित्तन्मात्रे नावतिष्ठते ॥२७॥

今译：即使认为"这只是唯识"，而由于有所得，
在面前确立某些事物，仍然没有安住唯识⑦。（27）

奘译：二加行位，謂修大乘順決擇分⑧。在加行位能漸伏除所取能取。其相云何？

現前立少物⑨，謂是唯識性，
以有所得故，非實住唯識。

यदालम्बनं विज्ञानं नैवोपलभते तदा।
स्थितं विज्ञानमात्रत्वे ग्राह्याभावे तदग्रहात्॥२८॥

---

① 这句中，"本识"指阿赖耶识。"法尔所得"（dharmatāpratilabdha）指自然获得。"无漏法因"指无漏法种子。这里是说依附阿赖耶识而自然获得的无漏法种子。
② 这句中，"法界"（dharmadhātu）指法身或真如。"等流"（niṣyanda 或 niṣyandika）指流出。这里是说闻听真如法界流出的法之后。
③ 此处"闻所成"，据《中华大藏经》校勘记，《丽》作"闻所成等熏习所成"。这句是说由闻所成慧、思所成慧和修所成慧熏习而形成的种性。
④ "五位"指修行的五种阶位，即资粮位、加行位、通达位（或称"见道位"）、修习位（或称"修道位"）和毕竟位。
⑤ "顺解脱分"（mokṣabhāgīya）指属于或有关解脱的，即通向解脱的修行。
⑥ "乃至"的原词是 yāvat，也可译为"只要"。
⑦ 这里是说自以为"这只是唯识"，但还有某些所缘，说明二取尚未除尽，仍然有所得，而没有安住唯识。
⑧ "顺决择分"（nirvedhabhāgīya）指通达或洞悉无分别智的修行。
⑨ "少物"的原词是 kiṃcit，词义为某个或某些。

今译：一旦识于所缘无所得，这时它没有

能取，也就安住没有所取的唯识[①]性。(28)

奘译：三通达位，谓诸菩萨所住见道。在通达位如实通达。其相云何？

若时于所缘，智[②]都无所得，
尔时住唯识，离二取相故。

अचित्तोऽनुपलम्भोऽसौ ज्ञानं लोकोत्तरं च तत्।
आश्रयस्य परावृत्तिर्द्विधा दौष्ठुल्यहानितः ॥२९॥

今译：这是无心[③]，无所得[④]。这是出世间智。
由于消除两种粗重[⑤]，而转变所依[⑥]。(29)

奘译：四修习位，谓诸菩萨所住修道。修习位中如实见理，数数[⑦]修习。其相云何？

无得不思议，是出世间智，
舍二粗重故，便证得转依。

---

① 此处"唯识"的原词是 vijñānamātra，而前面第 17、25、26 和 27 颂中，"唯识"的用词均为 vijñaptimātra。霍韬晦在《安慧〈三十唯识释〉原典译注》中，认为使用 vijñaptimātra 一词，符合"本书立场"，故而将这颂原文中的 vijñānamātra 一词改为 vijñaptimātra。其实，不必改，这样，读者可以体会这两个用词具有互通性。

② 此处"智"按原文是 vijñāna（"识"）。而安慧释文中引用的此颂文字，在 yadā 后面，多出一个 tu。这样，按照诗律，便多出一个音节。由此，霍韬晦在《安慧〈三十唯识释〉原典译注》中，认为应该去除一个音节，也就是去除 vijñāna 中的 vi。这样，jñāna 可以读为"智"，也与奘译一致。然而，安慧释文中的具体阐释，用词仍然是 vijñāna，说明颂中的用词应该是 vijñāna。其实，使用 vijñāna 这个词，在这颂中也是可以的。霍本中，已将原文中这两个 vijñāna 均改为 jñāna。

③ "无心"（acitta）指没有心和心所活动。

④ "无所得"（anupalambha）指没有所缘对象。

⑤ "两种粗重"（dauṣṭhulya）指烦恼障和所知障。

⑥ "转变所依"指转离烦恼，依从涅槃和菩提。

⑦ "数数"指不断。

स एवानस्रवो धातुरचिन्त्यः कुशलो ध्रुवः ।
सुखो विमुक्तिकायो ऽसौ धर्माख्यो ऽयं महामुनेः ॥ ३० ॥

今译：这就是无漏①界②，不思议③，善④，恒常⑤。
这是安乐⑥，解脱身⑦。这名为大牟尼法⑧。（30）

奘译：五究竟位，謂住無上正等菩提。出障圓明⑨，能盡未來化有情類⑩。其相云何？

此即無漏界，不思議善常，
安樂解脫身，大牟尼名法。

त्रिंशिकाविज्ञप्तिकारिकाः समाप्ताः ।

今译：《唯识三十颂》终。

कृतिरियमाचार्यवसुबन्धोः ।

今译：尊师世亲造。

奘译：《唯識三十論頌》。

---

① 此处"无漏"的原词是 anasravaḥ，明显有误，按安慧释文中引用的此颂用词，应为 anāsravaḥ。
② "无漏界"指灭尽烦恼，而成为一切功德的库藏和一切利益的原因。
③ "不思议"（acintya）指不可用心识和语言思虑。
④ "善"（kuśala）指清净无垢。
⑤ "恒常"（dhruva）指永远如此。
⑥ "安乐"（sukha）指安宁快乐。
⑦ "解脱身"（vimuktikāya）指摆脱烦恼和痛苦。
⑧ "名为大牟尼法"（dharmākhyaḥ mahāmuneḥ）指佛世尊的法，即法身。
⑨ "出障圆明"指摆脱障碍，圆满光明。
⑩ "能尽未来化有情类"指能穷尽未来，度化一切众生。